영유아 교과교재연구 및 지도법

정경미 저

Research and guidance on infant study materials

양성원

머리말

"요즘에도 유치원이나 어린이집에서 이렇게 만드나요?"

교과교재 관련 교과목을 수강하는 학생들에게 자주 듣는 질문입니다. 이 질문에는 여러 가지 의미가 있다고 여겨집니다. 첫째는 정말 교과교재를 만들어서 사용하는지 궁금함, 둘째는 영유아교육현장에서 교사가 만든 교과교재를 많이 사용하지 않는데, 왜 교과교재를 제작해 보아야 하는지에 대한 의문스러움입니다.

어쩌면 학생들의 물음은 당연합니다. 누리과정과 표준보육과정 등 교육과정 표준화로 생활주제 중심의 상품화된 교과교재, 컴퓨터 환경 기반의 프레젠테이션이나 동영상 등 교과교재가 보편화되어 교사의 교과교재 제작이 과거에 비해 현저히 덜 이루어지고 있기 때문입니다.

이렇듯 상품화된 교과교재는 보기 좋을 뿐 아니라 제작에 대한 교사의 시간적 · 심적 부담을 덜어줌에도 왜 예비 유아교사들은 교과교재를 제작해 보아야 할까요? 그것은 영유아 교과교재 연구와 제작 경험이 결과물 이상의 교육적 효과를 제공하기 때문입니다.

예비 영유아교사는 교과교재 연구와 제작과정을 통해 자신의 수업목표를 분명히 이해하게 됩니다. 교과교재를 제작하는 과정의 다양한 시행착오를 통해 수업목표에 대한 이해가 강화됩니다. 또한 예비 영유아교사는 교과교재를 활용한 수업을 계획하고 실행하면서 활동지도 능력을 향상시킵니다. 상당한 시간과 정성으로 교과교재를 연구하고 제작하면서 교과교재의 교육적 역할에 대해 고민하게 됩니다. 이로써 예비 영유아교사는 활동과 교과교재의 관계를 기초로 수업에 대한 전문적인 의견을 갖게 되고, 아이디어와 제작이 필요한 영유아교육현장의 크고 작은 행사에 두려움 없이 임할 수 있습니다.

이 책은 예비 영유아교사가 교육활동과 교과교재의 관계를 이해하고, 교과교재의 교육적 기능과 역할을 고려하여 교과교재 연구와 제작 능력을 기를 수 있도록 돕고자 합니다. 넓은 범위에서, 모든 교육활동은 교육과정 개발자 및 교사에 의해 의도되어 있으나, 단위활동의 범위 안에서 교수매체는 교사 주도에 의해 두드러지게 사용되고, 교재교구는 유아에 의해 사용되고 있습니다. 따라서 이 책에서는 영유아 교과교재를 교육활동의 주도성에 따라 교수매체와 교재교구로 구분하여 살펴보았습니다.

영유아 교과교재의 이론적 기초는 영유아 교과교재의 개념, 교육적 가치, 발달과 역사, 이론적 배경에 대해, 제작과 실제는 영유아 교수매체와 교재교구의 제작에 대해 다루고 있습니다. 특히 12장과 13장에서는 멀티미디어를 활용한 창의적 교수-학습 방안과 영유아 교과교재 개발 및 특허에 대한 내용을 통해 국가지식기반으로서의 영유아 교과교재에 대해 생각해 보고자 하였습니다.

이 책에서 제안하는 내용과 방향을 통해 예비 영유아교사의 자질과 역량이 강화되고, 영유아와 교사를 위한 교과교재가 개발되기를 바랍니다. 덧붙여 변하지 않는 교육의 본질과 급변하는 시대의 흐름의 중심에서 영유아 교과교재가 균형 있게 발전하고, 이것이 교과교재 발명 등에 대한 관심으로 연결되길 소망합니다.

이 책이 나오기까지 함께 연구하며 교과교재 제작에 참여한 장안대학교 유아교육과, 평화직업전문학교 보육과, 숭의여자대학교 유아교육과 학생들 한 명 한 명에게 감사합니다. 또한 체험형 교재교구 키즈페어를 이끌어 주신 정남미 교수님, 박부숙 교수님, 김남임 교수님께 감사드립니다. 부족한 원고를 선뜻 맡아 출판해주신 양성원 강철원 대표님께 감사드리며 나의 좋은 스승이신 총신대 김미경 교수님, 소중한 동역자인 박수진 박사, 영원한 후원자인 남편과 세 자녀에게 감사드립니다. 그리고 마지막으로 귀한 사람들을 만나게 하시고 모든 과정에 늘 함께 하시는 나의 주 아버지 하나님께 감사를 드립니다.

2018년 7월

저자 정 경 미

차 례

PART 1 영유아 교과교재의 이론적 기초

Chapter 01 영유아 교과교재의 개념 11

1. 영유아 교과교재의 개념 / 11
2. 영유아 교과교재의 유형 / 11
3. 영유아 교과교재의 분류 / 13

Chapter 02 영유아 교과교재의 교육적 가치 16

1. 영유아 교과교재의 중요성 및 필요성 / 16
2. 영유아 교과교재의 교육적 기능 / 18

Chapter 03 영유아 교과교재의 발달 20

1. 영유아 교과교재의 출현 / 20
2. 영유아 교과교재의 발달 / 23

Chapter 04 영유아 교과교재의 역사 27

1. 코메니우스(Comenius, 1592~1670) / 27
2. 프뢰벨(Frobel, 1782~1852) / 28
3. 몬테소리(Montessori, 1870~1952) / 32

Chapter 05 영유아 교과교재의 이론적 배경 ······ 35

1. 지각의 원리 / 35
2. 학습경험의 원리 / 39
3. 데일의 경험의 원추 / 41
4. 의사소통 이론 / 45

PART 2 영유아 교과교재의 제작

Chapter 06 영유아 교과교재의 종류 ······ 50

1. 교수매체의 종류 / 50
2. 교재교구의 종류 / 59

Chapter 07 영유아 교과교재의 효과적 제작 ······ 66

1. 영유아 교과교재 제작과 활용 절차 / 66
2. 영유아 교과교재 제작과 활용 양식 / 68

Chapter 08 영유아 교과교재의 제작 방법 ······ 80

1. 보드형 교과교재 / 80
2. 융판형 교과교재 / 85
3. 자석형 교과교재 / 90
4. 인형형 교과교재 / 92
5. OHP형 교과교재 / 96

Chapter 09 멀티미디어 교과교재 제작 ······ 100

1. 멀티미디어 교과교재의 개념 및 기능 / 100
2. 멀티미디어 교과교재 제작 방법 / 101
3. 멀티미디어 교과교재 제작 시 유의사항 / 104
4. 멀티미디어 교과교재 보관 시 유의사항 / 105

PART 3 영유아 교과교재의 실제

Chapter 10 영유아 교수매체의 실제 ········ 108

1. 이야기 나누기 자료 / 109
2. 동화 자료 / 157
3. 동시 자료 / 183
4. 동요 자료 / 193
5. 순서안내 자료 / 205
6. 게시판 자료 / 217

Chapter 11 영유아 교재교구의 실제 ········ 232

1. 신체놀이형 자료 / 233
2. 감각형 자료 / 251
3. 조작형 자료 / 273
4. 게임형 자료 / 313
5. 체험형 자료 / 335

Chapter 12 SNS 연계 협력적 교과교재 제작 ········ 348

1. SNS 연계 협력적 교과교재 제작 활동의 목표 / 348
2. SNS 연계 협력적 교과교재 제작 활동 순서 / 349
3. SNS 연계 협력적 교과교재 제작 활동의 교육적 의의 / 352
4. SNS 연계 협력적 교과교재 제작 활동 제안 / 354
5. SNS 연계 협력적 교과교재 제작 시 유의사항 / 357

Chapter 13 영유아 교과교재 개발과 특허 ········ 359

1. 영유아 교과교재 개발 / 359
2. 특허와 출원과정(www.kipo.go.kr) / 363

■ 부록 / 368

■ 참고문헌 / 373

■ 찾아보기 / 374

Part 1

영유아 교과교재의 이론적 기초

Chapter 01. 영유아 교과교재의 개념

Chapter 02. 영유아 교과교재의 교육적 가치

Chapter 03. 영유아 교과교재의 발달

Chapter 04. 영유아 교과교재의 역사

Chapter 05. 영유아 교과교재의 이론적 배경

Worksheet

함께 이야기 나누어 봅시다!

♧ **어렸을 적 기억에 남는 놀잇감이 있나요?**

• 장난감(동화책 포함) 이름 :

• 그 놀잇감이 기억에 남는 이유 :

• 놀잇감을 통해 알게 된 것들이 있나요? (놀잇감을 중심으로 map을 그려보세요)

놀잇감 이름

[ ]

Chapter 1

영유아 교과교재의 개념

1. 영유아 교과교재의 개념

교과교재는 교과목의 교육목표를 달성하기 위한 교육 재료로, 영유아 교과교재는 교육대상인 영유아의 발달적 · 학습적 특성을 고려하여 제공되는 교육적 매개체이다. 좁은 의미에서 영유아 교과교재는 효과적인 교육내용 전달을 위한 영유아 교수매체와 감각적 · 직접적 경험 제공을 위한 영유아 교재교구를 의미하며, 넓은 의미에서는 영유아 교육에 영향을 미치는 교실환경 및 유아교육기관 구조 등 물리적 환경, 유아교육기관에서 영유아가 만나는 모든 인적 환경을 포함한다.

2. 영유아 교과교재의 유형

영유아 교과교재는 활동의 주도성 정도에 따라 교수매체와 교재교구 유형으로 구분된다. 교수매체는 주로 교사에 의해 제시되는 교수-학습자료, 교재교구는 영유아에 의해 선택되는 놀이자료이다.

1) 교수매체

교수매체는 교수와 매체의 결합어이다. 교수는 '가르친다'는 의미로, instruction과

teaching의 두 가지 뜻을 내포하고 있다. instruction은 가르침을 위한 체계적인 구성을, teaching은 학습이 일어나는 모든 상황에서 이루어지는 가르침을 말한다. 그러므로 교수는 좁은 의미에서 instruction, 넓은 의미에서 teaching을 뜻한다(유구종 · 강병재 · 박선희, 2013). 매체는 '매개하는 것'이라는 의미로, 중간에서 연결하는 무언가를 뜻한다. 매체(media)는 신문 · 방송매체 · 대중매체 등의 용어에서 알 수 있듯이, 사건 및 사물에 대한 정보를 간접적인 접근을 통해 전달하는 역할을 한다.

따라서 영유아 교수매체는 효율적이고 효과적인 교수-학습을 위해 언어적 · 비언어적으로 고안된다. 여기에는 교수매체의 다양한 기법과 방법뿐 아니라 효과적인 교수-학습을 위해 교사가 시도하는 방법들, 그리고 교사 그 자체까지도 포함된다(이옥섭 외, 2014).

2) 교재교구

영유아 교재(教材) · 교구(教具)란 영유아의 성장발달을 촉진시키기 위해 활용되는 놀잇감, 환경구성자료 등 그림 및 사진자료, 실물, 자연물 등 모든 학습자료를 의미한다(정연희, 2016).

따라서 영유아 교재교구는 영유아에게 유의미한 학습경험이 이루어질 수 있도록 고안된다. 특히, 영유아 교재교구는 자유선택활동에서 영유아의 자발적인 선택과 활동을 통해 영유아와 직접 상호작용한다.

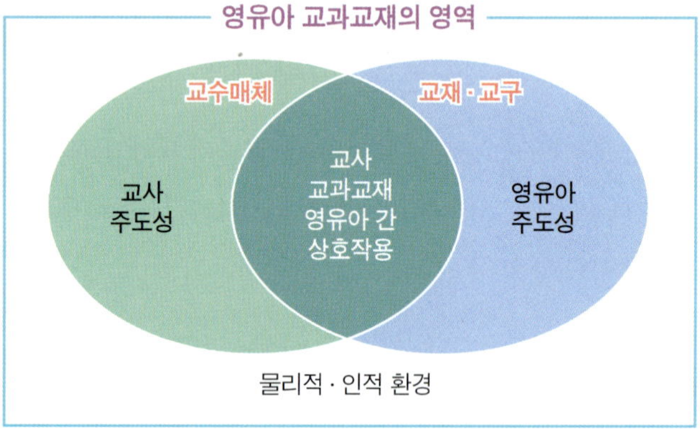

| 그림 1-1 | 교수매체와 교재교구의 관계

3. 영유아 교과교재의 분류

영유아 교과교재는 감각기관, 사용 기자재 특성, 제작 주체, 교과교재의 구체성과 추상성의 정도에 따라 분류할 수 있다.

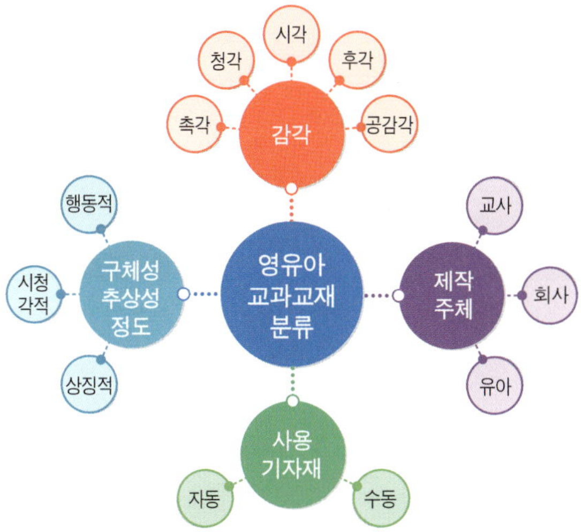

| 그림 1-2 | **영유아 교과교재의 분류**

1) 감각기관에 따른 분류

감각기관에 따른 분류는 시각, 청각, 촉각, 공감각 등 교과교재가 제공하는 주된 감각을 중심으로 한다. 그림 및 사진, 슬라이드, TV, 영화, PPT 자료, 녹음자료 등 대부분의 교과교재는 시청각, 실물, 인형, 모형은 시각과 촉각, 표본은 시각만 사용하는 매체이다.

시청각 매체 - TV

시각 매체 - 표본

2) 사용 기자재

사용 기자재에 따른 분류는 교과교재 조작 주체를 중심으로 한다. 보드자료, 융판자료, 자석자료, 인형자료, 디오라마, 실물, 모형, 표본 등은 주로 사람의 조작으로 이루어지며, TV, 영화, 슬라이드, PPT 자료 등은 기계적인 조작으로 이루어진다.

사람의 조작 - 그림동화

기계적인 조작 - PPT 동화

3) 제작 주체

제작 주체에 따른 교과교재는 완구 및 교구 회사에서 제작되고 기관에 의해 구입된 교과교재, 교사에 의해 직접 제작된 교과교재, 유아와 교사가 함께 제작한 교과교재가 있다.

상품화된 교과교재

교사 제작 교과교재

교사 유아 제작 교과교재

4) 구체성과 추상성 정도

구체성과 추상성 정도에 따른 분류는 교재교구가 제공하는 학습경험이 얼마나 구체적인가, 추상적인가에 따라 구분된다. 데일(Dale)의 경험의 원추에 의하면, 행동적 경험일수록 구체성 정도가 높고 추상성 정도가 낮으며, 상징적 경험일수록 추상성 정도가 높고 구체성 정도가 낮다.

구체성이 높은 자료 - 과수원 사진

추상성이 높은 자료 - 과수원 기호

Chapter 2

영유아 교과교재의 교육적 가치

1. 영유아 교과교재의 중요성 및 필요성

영유아 교과교재는 영유아의 발달과 학습 측면, 영유아교사의 교수-학습 측면에서 그 중요성과 필요성을 알 수 있다.

1) 영유아의 발달 및 학습 측면

(1) 모든 정보를 자신의 입장에서 해석한다

영유아는 자기중심적인 관점에서 사물을 파악하고 해석한다. 따라서 영유아 발달이해를 토대로 제작된 교과교재는 영유아의 학습경험 및 결과와 직결된다.

(2) 짧은 시간동안 선택적으로 주의집중한다

영유아는 주변에서 일어나는 현상이나 장면 중 자신에게 의미 있는 자극을 선택하고 주요 심상을 각인한다. 선호하는 자극이나 집중시간은 개인차에 따라 달라질 수 있지만, 흥미롭고 매력적으로 제작된 교과교재는 영유아의 학습동기를 강화한다.

(3) 놀이를 통해 직접 체험한 학습내용을 내면화한다

영유아는 오감각을 활용하여 직접 체험한 활동에 대해 긍정적인 정서를 갖고, 유의미한 경험으로 내면화한다. 따라서 교육내용에 놀이요소를 결합하여 제작된 교과교재는 영유아의 적극적인 참여를 유도한다.

2) 교사의 교수-학습 운영 측면

(1) 영유아와 질 높은 상호작용을 할 수 있다

영유아 교과교재를 사용함으로써, 교사는 교육내용을 영유아에게 이해시키는 데 소비되는 시간을 줄이고 영유아의 반응에 세심한 관심을 기울일 수 있다. 예를 들어 '우리 동네'를 생활주제로 이야기를 나눌 때 동네 건물의 사진자료를 활용하여 '이 곳을 본 적이 있니? 무슨 일이 있었니?' 등의 질문을 할 수 있다. 이를 통해 교사는 영유아의 일상생활 및 대화 수준을 파악하고 심층적이고 개별적인 상호작용을 계획할 수 있다.

(2) 교육내용을 흥미롭게 전달할 수 있다

영유아 교과교재를 사용함으로써, 교사는 역동적이고 흥미로운 수업을 전개할 수 있다. 예를 들어 '여름의 안전'을 생활주제로 하여 교과교재를 제작할 때, 바닷가에서 일어날 수 있는 한 장면을 융판자료나 자석자료로 제시할 수 있다. 이를 통해 교사는 영유아의 자발적 참여를 유도하고 교육내용을 효과적으로 전달할 수 있다.

(3) 시간적 · 공간적 한계를 극복한 교수활동을 할 수 있다

영유아 교과교재를 사용함으로써, 교사는 교육활동의 범위와 내용을 심화할 수 있다. 예를 들어 빙하기 지구 모습을 보여주거나 과거 역사적 인물, 우주나 바닷속을 보여주고자 할 때, TV, 영화, 인터넷 동영상 자료, 실제 사진 등의 멀티미디어 자료를 활용하여 보다 구체적인 정보를 제공할 수 있다.

영화 '아이스 에이지 4'

거북선 사진

달 표면 사진

2. 영유아 교과교재의 교육적 기능

모든 매체는 매개적 보조 기능, 정보전달 기능, 경험구성 기능, 교수 기능을 갖는다.

1) 매개적 보조 기능

영유아 교재교구는 일목요연한 교육내용, 감각적인 수업전개, 특수한 재료나 효과들을 통해 교육내용이 영유아에게 흥미롭게 전달되도록 돕는다. 교과교재를 사용함으로써 교수활동에 소요되는 시간을 줄일 수 있으며, 효과적인 교수–학습 결과를 기대할 수 있다.

2) 정보전달 기능

영유아 교과교재는 영유아에게 생활주제, 교육목표, 영유아 연령에 따라 언어적 · 비언어적 형태로 전달한다. 영유아 교과교재는 많은 양의 정보를 짧은 시간에 전달할 수 있는 장점이 있으나, 영유아가 자신의 관심과 흥미에 따라 정보를 선택하므로 정확한 정보 선택에 유의해야 한다.

3) 학습경험구성 기능

영유아가 직접 사용함으로써 학습이 이루어지는 교과교재들이 있다. 예를 들어 피아노, 트라이앵글, 컴퓨터 키보드 등을 직접 다루면서 기능을 습득할 수 있다. 영유아는 교사와 함께 직접 트라이앵글을 연주하고, 몸체를 잡아 소리를 멈추면서 트라이앵글에 대해 알고 그 기능을 학습하는데 이는 영유아의 학습경험인 동시에 학습결과가 된다.

4) 교수 기능

영유아 교과교재는 가르침의 기능을 갖는다. 체계적으로 제작된 영유아 컴퓨터 게임 프로그램은 영유아의 선택과 반응에 따라 흥미로운 피드백을 제공하여 영유아가 스스로 자신의 활동에 대한 오류와 성취를 확인할 수 있도록 하여 영유아는 학습내용에 대한 지각 및 인지 능력을 향상시킨다.

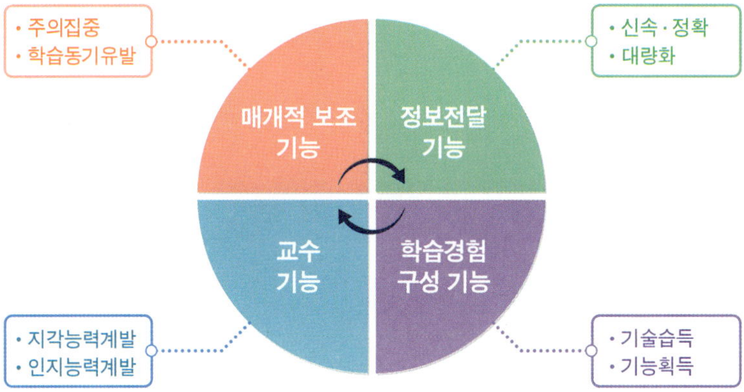

| 그림 2-1 | 영유아 교과교재의 교육적 기능

Chapter 3

영유아 교과교재의 발달

1. 영유아 교과교재의 출현

1) 인간의 교육적 본성

교과교재는 언제부터, 왜 생겨난 것일까? 고대사람들은 생존과 직결된 정보들을 전달하기 위해 동굴벽화를 활용했다. 현존 동굴벽화 가운데는 농사나 사냥의 풍요를 기원하는 주술적 목적을 가진 벽화도 있지만 사냥법이나 곡식 저장법 등을 가르치기 위한 교육적 목적의 벽화들도 있다.

고대 이집트 농사벽화

영화 '크루즈 패밀리'(2013년 작)

| 그림 3-1 | 인간의 교육적 본성

예컨데, 벽화를 남기는 부모는 자녀가 쉽게 볼 수 있는 공간, 비바람에도 잘 지워지지 않는 장소로 동굴 안 쪽 벽을 선정한다(교육환경). 자녀의 수가 많거나 자녀의 연령대가 다양할 때는 정보전달과 표현방법을 고려한다(교육대상). 또한 전달하고자 하는 내용

을 오랜 시간 동안 보존하기 위해 돌칼로 새기는 방법 혹은 염료로 물들이는 방법을 사용한다(교육방법).

이처럼 인간은 자신이 알고 있는 것을 다른 사람에게 알려주고자 할 뿐 아니라 가르침과 배움에 적절한 방식을 고려한다. 따라서 교과교재의 출현은 가르침을 위한 최선의 방안을 탐구하는 인간의 교육적 본능과 관련 있다.

2) 아동관과 교육관의 변화

현대는 아동복지와 권리에 관심을 갖는 아동존중시대이다. 이러한 시대 정신은 사회 구성원들의 아동관에 영향을 미친다. 이에 영유아가 인간 이하의 취급을 받았던 고대에는 영유아 교육과 교재교구가 존재할 수 없었다. 그러나 시대흐름에 따른 아동관과 교육관의 변화로 인해 영유아 교과교재의 중요성과 필요성이 대두되었다.

(1) 고대(~AD 4C)

세상의 시작부터 기원 후 4세기에 이르는 긴 시간 동안, 대부분의 영유아는 가축과 같이 여겨졌다. 고대 관점에서 영유아는 무능력하고 귀찮은 존재, 생산성도, 경제성도 없는 존재였다. 급기야 영아살해가 인구조절의 수단으로 행해졌으며, 이러한 영유아 인식은 보편적인 영유아교육에 대한 무관심을 낳았다. 왕족 및 귀족의 자녀들은 멘토 및 도제제도 같은 고급 교육을 받았으나, 대부분의 영유아는 이러한 교육으로부터 완전히 제외되었다.

코덱스 에그베르티, 베들레헴의 영아살해
10세기경, 트리어 시립도서관

| 그림 3-2 | 고대의 영아 대학살

기원 후 3세기, 콘스탄티누스 황제가 기독교를 국교로 공인하고 영유아 살해금지 및 생명존중 사상을 설파하였다. 이로 인해 영아살해는 사라졌으나 서로마 제국 멸망의 대혼란 속에서 영유아의 인권 및 교육은 국가와 사회구성원들의 이목을 끌지 못했다.

(2) 중세

중세에는 신학사상이 발달했지만, 배고픈 서민들의 삶은 달라지지 않았다. 눈에 보이지 않는 고상한 이론들은 서민 삶과 동떨어져 있었다. 지배층은 기독교를 정치권력의 도구로 삼았다. 돈으로 면죄부와 계급을 매매하는 도덕적 타락은 동로마 멸망과 함께 중세시대 종말을 야기했다.

A.D 3세기 기독교의 공인으로 영유아의 생명은 보전되었으나, 이들의 지위는 별반 달라진 것이 없었다. 영유아는 성인의 축소판으로 작은 크기의 사람일 뿐, 중세시대는 영유아 삶과 교육에 무관심했다.

(3) 근대

근대는 인본주의로의 복귀를 선언하는 르네상스와 함께 점진적으로 시작되었다. 중세 신본주의가 삶에 별다른 해결책이 되지 못함을 경험한 사람들은 중세 이전의 시대, 즉 고대의 인본주의 문화를 그리워하면서 다시 인간의 이성과 능력을 꽃피우는 새로운 시대를 열고자 하였다.

자유와 평등을 외치는 시민중심의 프랑스 혁명은 유럽 전역에 큰 반향을 일으켰고, 조직적 경제의 출현과 공장화 및 기계화는 산업혁명의 발판이 되었으며, 이성과 자본에 대한 관심은 중세의 계급사회를 무너뜨리는 촉진제가 되었다.

근대 코메니우스, 루소, 로크와 같은 학자들은 영유아의 존재에 관심을 갖고 이들이 어떻게 배우는지, 어떻게 가르쳐야 하는지 연구했다. 체감할 만큼의 변화는 아니었으나, 영유아의 존재에 대해 이전과는 다른 관점들이 나타나면서 영유아 교육에 대한 관심이 시작되었다. 이때 아동을 위한 코메니우스의 세계도회, 프뢰벨의 은물과 같은 교과교재들이 나타났다.

(4) 현대

제1차 세계대전 이후 1900년대 초반, 유럽의 세계 패권은 미국과 소련에게 넘어온 듯

했다. 전염병과 걸식으로 생존의 위협에 놓인 어린 아이들이 식량이 아닌 성인의 보살핌 속에서 생존을 이어가는 현장을 목격한 미국과 러시아는 향후 20년 후를 예측하면서 아동연구에 힘을 쏟았다.

특히 근대에 이루어진 영유아 존재와 교육에 대한 철학적 기반을 기초로 아동심리 및 교육에 대한 연구가 활발하게 진행되었다. 수많은 연구들을 통해 아동 존재의 특수성뿐 아니라 발달을 포함하여 '이들이 어떻게 배우는가'에 대한 의미 있는 결과들이 발표되었고, 더 나아가 컴퓨터의 발달로 교육공학 및 교재교구 연구가 활발하게 이루어졌다.

3) 교육의 과학화

근대의 기계화 · 산업화는 학교체제에도 영향을 미쳤다. 기본적으로 기계화는 과학의 발달을 기초로 이루어진다. 이러한 근대적 변화에 힘입어 교육분야는 교육과정이라는 과학적 체계를 창안했다.

이는 교육의 전반적인 과정을 하나의 함수관계로 보는 교육공학의 발전을 낳았고, 효율성 있는 교육목표를 달성하기 위해 교육내용 전달의 효과성 · 효율성 · 신속성 · 대량성 · 정확성에 필요한 교과교재가 개발되었다.

2. 영유아 교과교재의 발달

1) 근대 이전

근대 이전 사람들은 교육적 매체로 돌판, 책과 펜을 사용했다. 이집트 특산 카야츠리그사 과(科) 식물(학명 Cyperus Papyrus L.) 파피루스는 책의 기원으로 추정된다. 우리나라에서도 정치적 · 종교적 · 교육적 이유에서 금속활자를 사용한 예가 있다.

[죽음의 심판]
파피루스 위에 템페라 화.
B.C 1313-01년. 템페라. 런던 대영박물관.
출처: 미술대사전(용어편)

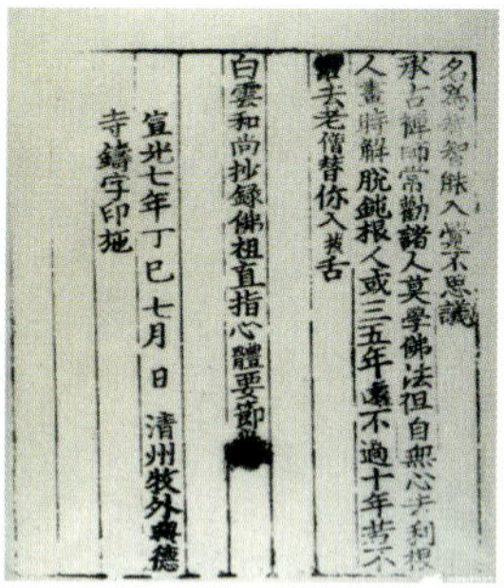

[백운화상초록불조직지심체요절]
고려 말기 1377년 7월 흥덕사(興德寺)
출처: 한국민족문화대백과

| 그림 3-3 | 근대 이전 교육적 매체

2) 근대 이후

현대에도 책과 펜은 활용되고 있으나 기계의 발달과 컴퓨터 발명에 힘입어 교과교재는 비약적으로 성장 · 발전하였다.

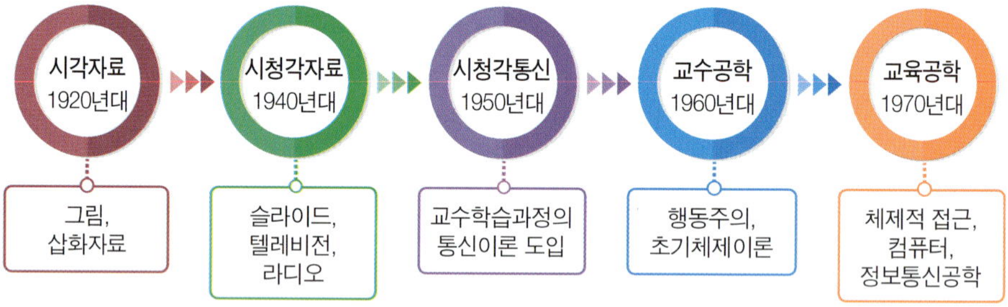

| 그림 3-4 | 현대 교과교재의 발달

(1) 시각자료

시각자료는 1920년대 초반 학습내용의 구체성을 높여주는 교과교재로 활용되었다. 그림이나 모형, 고안된 실물자료 등의 시각자료를 통해 추상적인 개념을 보다 구체적으로 전달하였다. 그러나 시각자료는 교수행위를 위한 보조물 정도로 인식되었다.

(2) 시청각자료

1940년대 제2차 세계대전을 전후하여 시각자료에 청각적 요소를 결합하는 기계과학이 발달하면서 축음기, 유성영화 등이 출현하였다. 시청각교육은 영화, 슬라이드, 녹음, 라디오, 텔레비전 등 시각과 청각을 이용한 다양한 시청각 매체로 학습내용을 전달하였다. 시청각자료를 통한 학습경험과 교육은 호반(C.F. Hoban), 데일(E. Dale), 올센(E.G. Olsen) 등의 이론에 의해 정리되었다.

(3) 시청각통신

1950년대에는 시청각자료가 활용되는 교수-학습 상황을 커뮤니케이션 과정으로 보는 시청각통신이 발달되었다. 시청각통신은 시청각자료를 학습 보조물보다는 교수자와 학습자의 소통체계로 보았다. 이에 교사와 영유아의 상호작용, 유아의 능력에 대한 배려, 환경적 요소 고려 등 교수-학습 과정에 대한 총체적 이해가 가능하게 되었다. 대표적인 커뮤니케이션 모형은 벨로(Berlo, 1960)의 SMCR 모형과 쉐넌-슈람(Schannon-Schramm, 1982)의 통신모형을 들 수 있다.

(4) 교수공학

1960년대에는 시청각통신이 교수공학으로 발전하였다. 행동과학이론과 체제접근이론을 기초로 하는 교수공학은 자극-반응이론에서 나아가 강화를 통해 효과적인 학습을 이루는 데 중점을 두었다. 또한 수업을 준비하고, 설계하고, 개발하는 과정을 하나의 시스템으로 파악하는 교수체제 개발의 개념이 발달하였다(유구종 외, 2013). 이에 교과교재는 학습자의 긍정적인 행동을 강화시키고 교사의 역할을 대신할 수 있어야 한다고 보았다.

(5) 교육공학

1970년대 이후, 교수공학은 기술공학과 전자통신공학, 그리고 컴퓨터의 발달에 따라 교육공학으로 발달하였다. 교수공학은 학습자의 학습행동을 체제와 함께 이해하고자 했다면 교육공학은 보다 학습자의 입장에서 교육의 제반상황과 조건을 고려하였다.

즉, 교육공학은 학습자가 능동적인 주체가 되어 정보를 처리한다고 보는 인지과학과 정보처리과정에 중점을 두었다. 이에 교육공학은 교과교재뿐 아니라 인적자원, 수업내용, 학습을 위한 시설, 더 나아가 교육의 절차, 이념, 조직, 교육평가와 관리를 복합적으로 포괄하고 있다.

Chapter 4

영유아 교과교재의 역사

근대 이후 영유아에 대한 관심이 높아지면서 영유아의 발달과 학습 특성을 고려한 교과교재들이 양적 · 질적으로 발달했다.

1. 코메니우스(Comenius, 1592~1670)

코메니우스는 교수자 중심으로 이루어졌던 기존 교육의 판도를 학습자를 고려한 교육으로 변화시킨 17세기 대표적인 사상가이자 교육자이다.

코메니우스는 "모든 지식은 보편적이므로 방법을 통해 가르칠 수 있다."고 보았다. 그는 모든 사람들이 하나님께서 창조하신 모든 것을 자연의 원리에 의한 모든 방법으로 교육받아야 한다는 우주적 보편교육 사상인 범교육(汎敎育)을 주창하였다.

코메니우스는 당시 교사에게 의존되어 이루어진 언어중심의 교육에 반대하면서 구체적인 사례와 그림과 글자를 함께 제시하는 『세계도회(Orbis Sensualium Pictus, 1653)』를 제작하였다. 이는 단순히 기법의 변화를 넘어 학습자의 특성과 학습양식을 고려한 것이었다. 세계도회는 역사상 그림이 삽입된 최초의 책으로 오랫동안 유럽에서 사용되었으며 오늘날 그림책의 기원이 되었다.

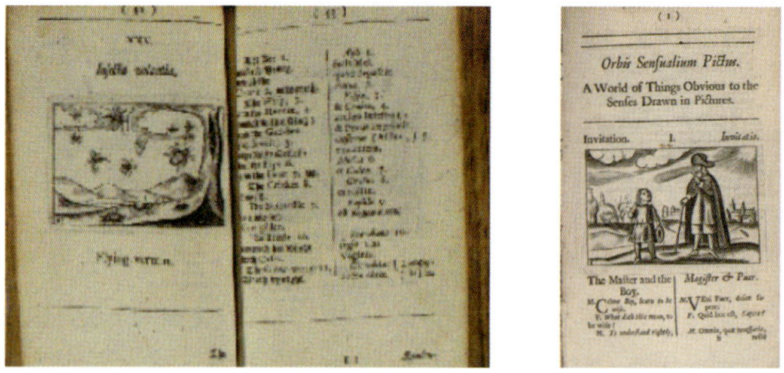

세계최초의 그림책 세계도회(Orbis Sensualium Pictus, 1653)

| 그림 4-1 | 그림과 언어가 함께 제시된 세계도회

2. 프뢰벨(Frobel, 1782~1852)

페스탈로치의 직관교육과 감각교육의 영향을 받은 프뢰벨은 자기활동 원리와 작업 원리를 기초로 유아의 창조적 놀이를 위한 은물을 고안하여 발달에 적합한 교육을 실천하였다.

프뢰벨은 유아가 은물을 통해 감각적으로 세계를 인식한다고 보고 유아의 정신구조를 형성하고자 입체(3차원), 평면(2차원), 입자(1차원) 순서로 은물을 고안하였으며, 유아가 은물을 경험한 후 스스로 활동을 하며 다양성을 추구할 수 있도록 하였다.

은물의 구성은 다음과 같다. 제1은물에서 제6은물은 다양한 형태의 입체적인 은물, 제7은물은 다양한 면으로 구성된 평면적인 은물, 제8, 9은물은 직선과 곡선을 활용하는 은물, 제10은물은 점으로 이루어진 은물이다.

1) 제1은물

제1은물은 빨간색, 주황색, 노란색, 파란색, 초록색, 보라색 털실로 짠 6개의 작은 공으로 직경은 6cm이다. 구(球)는 자연물의 입체, 면, 선, 점을 포함하고 있는 가장 단순하고

기본적인 형태이다. 프뢰벨은 이를 통해 영유아가 세계를 감각적으로 이해하고 느낌과 지각의 명료화를 이루며, 은물에 대한 호기심을 지속할 수 있다고 보았다.

2) 제2은물

제2은물은 제1은물에서 제시된 공과 같은 모양의 6cm 원목 재질의 공과 원기둥, 정육면체로 구성되어 있다. 영유아는 제1은물에서 털실 재질의 공을 경험한 후, 제2은물의 원목 재질의 공을 경험하며 비교와 대조를 감각적으로 경험한다. 또한 원기둥의 원에서 평면적인 공의 모습을 볼 수 있으며, 원기둥 옆면에서 정육면체의 면을 찾을 수 있다.

3) 제3은물

제3은물은 한 변의 길이가 3cm인 정육면체 8개로 구성되어 있다. 제3은물 전체인 8개 조각은 제2은물의 정육면체 1개와 같은 크기이다. 이를 통해 영유아는 전체와 부분의 관계를 감각적으로 경험하며 분리와 결합, 겉과 속의 개념을 알 수 있다.

4) 제4은물

제4은물은 각 변의 길이가 1.5cm, 3cm, 6cm인 직육면체 8개로 구성되어 있다. 제4은물은 제3은물과 겉모양과 크기가 같지만 다른 방식으로 분리된다. 이를 통해 영유아는 정육면체와 직육면체를 감각적으로 비교 · 대조할 수 있으며, 분리와 결합에 대한 호기심을 유지할 수 있다.

5) 제5은물

제5은물은 한 변의 길이가 3cm인 정육면체 21개, 정육면체를 대각선으로 2등분한 삼각기둥 6개, 다시 이 삼각기둥을 2등분한 삼각주 12개로 구성되어 있다. 이를 통해 영유아

는 정육면체를 다양한 각도에서 느낄 수 있으며, 분리와 결합에 대한 흥미를 유지할 수 있다.

6) 제6은물

제6은물은 제4은물의 직육면체 18개, 이 직육면체를 길게 2등분한 기둥 6개, 높이 1.5cm, 길이와 폭이 3cm인 받침 12개로 구성되어 있다. 이를 통해 영유아는 기둥과 받침의 기능을 감각적으로 경험하게 되며, 계속적으로 분리와 결합에 대한 호기심을 증진시킨다.

7) 제7은물

제7은물은 빨간색, 주황색, 노란색, 초록색, 파란색, 보라색, 흰색인 일곱 종류 색깔의 정사각형, 직각이등변삼각형, 정삼각형, 직각삼각형, 둔각이등변삼각형, 원, 반원 등으로 구성되어 있다. 이를 통해 영유아는 면의 느낌, 각 도형의 특성과 관계를 감각적으로 경험하며 비교·대조할 수 있다.

8) 제8은물

제8은물은 3cm, 6cm, 9cm, 12cm, 15cm 다섯 가지 길이의 금속이나 나무로 만들어진 막대로 구성되어 있다. 이를 통해 영유아는 입체나 면과 대비되는 직선의 느낌, 그리고 길이 관계, 합과 차를 감각적으로 경험할 수 있다.

9) 제9은물

제9은물은 3cm, 4.5cm, 6cm의 둥근고리와 반고리로 각각 100개씩 구성되어 있다. 이를 통해 영유아는 곡선의 느낌과 아름다움을 감각적으로 경험하며, 제8은물과 결합하여 직선과 곡선으로 표현하는 활동을 할 수 있다.

10) 제10은물

제10은물은 직경 1cm, 두께 0.5cm의 나무로 된 알갱이 500개로 구성되어 있다. 이를 통해 영유아는 점이 연결되어 선이 되고, 점이 채워지면 면이 됨을 알 수 있어, 세계를 구성하는 형태들에 대한 개념을 통합적으로 학습할 수 있다.

프뢰벨은 은물에 그치지 않고 유아의 자기활동과 놀이를 격려하기 위해 점 · 선 · 면 · 입체개념을 기초로 하는 10가지 작업을 고안하였다. 프뢰벨이 고안한 10가지 작업은 유아교육기관의 자유선택활동과 흥미영역에 영향을 미쳐 현대 유아교육내용과 방법에 기여하고 있다.

작업	내용	개념
1작업	종이에 구멍 뚫기	점
2작업	수놓기	선
3작업	그림 그리기	
4작업	종이로 짜기	면
5작업	종이 접기	
6작업	종이 자르기와 붙이기	
7작업	콩 작업	입체
8작업	두꺼운 종이로 모델 만들기	
9작업	모래놀이	
10작업	찰흙놀이	

| 그림 4-2 | **프뢰벨의 10가지 작업**

3. 몬테소리(Montessori, 1870~1952)

몬테소리는 이탈리아 최초의 여성 의사로 정신지체아에 대한 교육방법에 관심을 가졌으며, 이들을 통해 효과가 검증된 지도법을 일반 유아들에게도 적용하여 몬테소리 교육방법을 발전시켰다.

몬테소리는 유아는 선천적으로 특유한 정신적 본성을 지니고 태어나며 성인에 의해 배우기보다는 유아 스스로 환경과 경험을 통해 배운다고 보았다.

몬테소리는 유아가 작업을 통해 내면적으로 안정되고, 진정한 흥미를 가지고 스스로 선택하여 목적지향적 작업을 하면서 자신감과 만족감을 느끼게 되는 '정상화'를 교육의 목적으로 하였다. 이에 몬테소리는 각 감각속성이 독립할 수 있도록 교구를 고안하고 자기교정적 기능을 갖춘 교구를 제작하였다.

또한 몬테소리는 유아가 민감한 시기를 효과적으로 보낼 수 있도록 도와주기 위해 준비된 환경뿐 아니라 과학적인 교구가 필요하다고 하였다. 몬테소리는 일상생활영역, 감각영역, 수영역, 언어영역, 문화영역에서 과학적이고 매력적인 교구를 창안하여 영유아의 적극적이면서도 진지한 참여가 이루어지도록 하였다.

1) 일상생활영역

몬테소리 교구는 정신지체아의 삶에 현실적인 도움을 주고자 창안되었다. 이에 일상생활영역의 교구들은 신변처리와 관련된 생활소재로 영유아가 흥미롭게 생활의 기능을 익힐 수 있도록 제작하였다. 일상생활영역에는 단추 끼우기, 지퍼 올리기, 리본매기, 벨트매기, 책상 닦기, 가위전달하기, 가만히 걷기 등의 교구와 활동이 있다.

2) 감각영역

감각영역 교구들은 아름다운 색감과 질감을 갖춘 매력적인 구성으로 이루어진다. 수학적 원리인 길이와 높이 등을 영유아가 감각적으로 경험하면서 지각능력을 높일 수 있도록 제작되었다. 감각교구에는 분홍색 탑, 갈색 계단, 빨간색 막대, 원기둥 4세트, 색 원기둥, 벨, 촉각판, 색깔판 등이 있다.

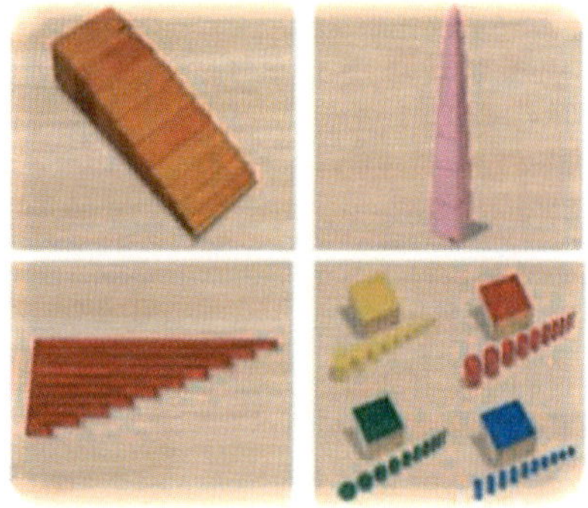

3) 수영역

수영역 교구들은 몬테소리의 수학적 재능과 천재성이 잘 반영되어 있다. 점, 선, 면, 입체와 수의 크기, 양을 감각적 · 인지적으로 학습할 수 있도록 고안된 비즈와 분수의 개념과 다양한 도형의 분할과 결합을 학습할 수 있는 교구들이 제작되었다. 수영역 교구에는 수 막대, 셈하기 상자, 나무가락 상자, 분수모형, 구성도형, 비즈와 나무판 등이 있다.

4) 언어영역

언어영역 교구들은 언어의 구성요소들을 결합하여 글을 알고 사용할 수 있도록 각 나라에서 사용하는 문자의 특성에 맞게 재구성되어 활용되고 있다. 언어영역 교구에는 모래종이 글자판, 그림카드, 자음과 모음 카드 등이 있다.

5) 문화영역

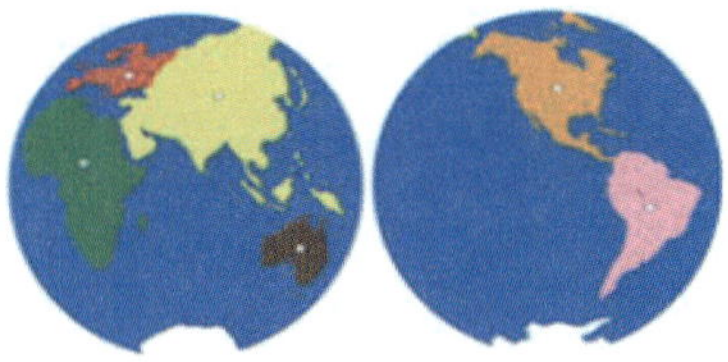

문화영역 교구는 자신의 나라뿐 아니라 지구 전체에 관심을 갖고 그 모양과 특성을 아는 데 유용하다. 전체 지도를 맞추는 큰 퍼즐과 조각을 맞추는 작은 퍼즐들을 통해 인지능력 및 전체와 부분을 이해하는 능력을 향상시킨다. 문화교구는 세계지도, 시계, 나뭇잎 도형서랍, 생물을 위한 퍼즐 등이 있다.

Chapter
5

영유아 교과교재의 이론적 배경

1. 지각의 원리

1) 지각의 정의

지각이란 우리 주변에서 일어나는 것에 대한 즉각적인 인식과정이다. 우리 몸은 지각적 도구인 눈, 코, 귀, 혀, 피부 등 다섯 가지 감각적 기제를 갖고 있다. 이 감각적 기제들은 시각, 후각, 청각, 미각, 촉각 등의 감각적 정보를 저장하였다가 지각체계의 활용을 지시하는 지식체계로 전달 및 전환된다. 따라서 지각은 의사소통과정 이전에 이루어지며, 지각과 의사소통의 결과로 학습이 이루어진다.

| 그림 5-1 | 지각의 과정

2) 지각의 일반원리

형태주의의 전체론은 인간이 경험하고 학습하는 것은 통합된 전체 자체이며, 이를 자극–반응의 단위와 같은 개개의 요소로 분석하는 것은 무의미하다는 입장이다.

감각적인 메시지는 특정 감각에서 경험되기도 하지만 여러 감각에서 복합적으로 경험되기도 한다. 또한 지각은 관심과 흥미에 따라 선택적 · 경제적으로 이루어지며 개인의 선행경험 및 성향 등에 따라 달라진다. 이러한 관점은 인지심리학과 지각과 학습의 관계성에 큰 공헌을 하였다.

(1) 선택적 지각

선택적 지각은 자극을 처리할 때 원하는 자극을 먼저 지각하는 것을 말한다. 자극의 물리적 특성과 세기 등과 같은 외적 요인, 자극에 대한 흥미, 동기, 선행경험 등과 같은 내적 요인의 영향에 따라 먼저 지각되는 것에 주의집중하게 된다.

(2) 경제적 지각

경제적 지각은 자극을 처리할 때 쉬운 자극을 먼저 지각하는 것을 의미한다. 넓은 운동장에 모인 수많은 인파 가운데 내 친구의 얼굴이 가장 잘 보이는 것이 한 예이다. 이에 낯선 자료들은 지각하기 쉽도록 직선, 대칭적 형상으로 제시하고, 익숙한 자료들은 지각되지 않을 가능성을 위해 자극의 강도를 증가시키는 구도들, 곡선이나 비대칭 구도를 활용할 수 있다.

(3) 맥락과 형태 지각

맥락과 형태 지각은 주관적 맥락과 형태가 지각의 해석에 주요 요인이라는 것이다. 지각은 전체적인 장면의 깊이, 거리, 색깔, 명암, 형태 등을 단서로 하여 자극의 맥락과 형태를 이해한다.

| 그림 5-2 | 지각의 일반적 원리 예시

3) 지각의 경향성

인간의 지각은 특수한 경향성을 띤다.

첫째, 근접성 · 인접성의 원리(law of proximity)는 서로 가까이 있는 것들을 함께 묶어서 지각하는 것이다. 인간의 지각은 거리가 달리 구성되어 있으면 그룹으로 나누어 지각하고 가까이 배치된 것들끼리 묶어서 지각하려고 한다.

둘째, 유사성의 원리(law of similarity)는 방향이나 색 등이 유사한 것을 집합화하는 것이다. 형태, 색, 크기, 밝기 등의 비슷한 요소들을 하나의 전체나 통합으로 인식한다.

셋째, 단순성의 원리(law of simplicity) 혹은 최선의 법칙(law of pragnanz)은 특정 대상을 지각할 때 가능한 한 가장 좋은(good) 형태(gestalt)로 경험하려는 것이다. 좋은 형태란 지각하기 쉬운 규칙성, 단순명료, 대칭 등의 특징을 갖고 있어 이는 경제적 지각의 특성과도 관련되어 있다.

넷째, 연속성의 원리(law of good continuation)는 공동운명의 법칙이라고도 한다. 갑작스러운 변화보다는 부드러운 연속을 추구하고자 하는 지각의 이러한 경향성은 시각과 청각, 움직임의 요소에도 적용된다.

다섯째, 완결성의 원리(law of closure) 혹은 폐쇄성의 원리는 주어진 자극의 배열에 틈이 있으면 그 틈을 메워 하나의 통합된 형태로 지각하려는 것이다. 불완전한 윤곽선이나 형태를 완전하게 지각하려는 경향성이다.

여섯째, 전경과 배경의 원리(figure–ground segregation)는 형태의 인식이 고정적인 것이 아니라 앞에 떠오르는 형상인 전경과 전경 이외의 형상인 배경을 조직화하여 인식한다. 이에 무엇을 전경으로 택하느냐에 따라 인식은 달라진다. 이는 맥락과 형태 지각과도 관련 있다.

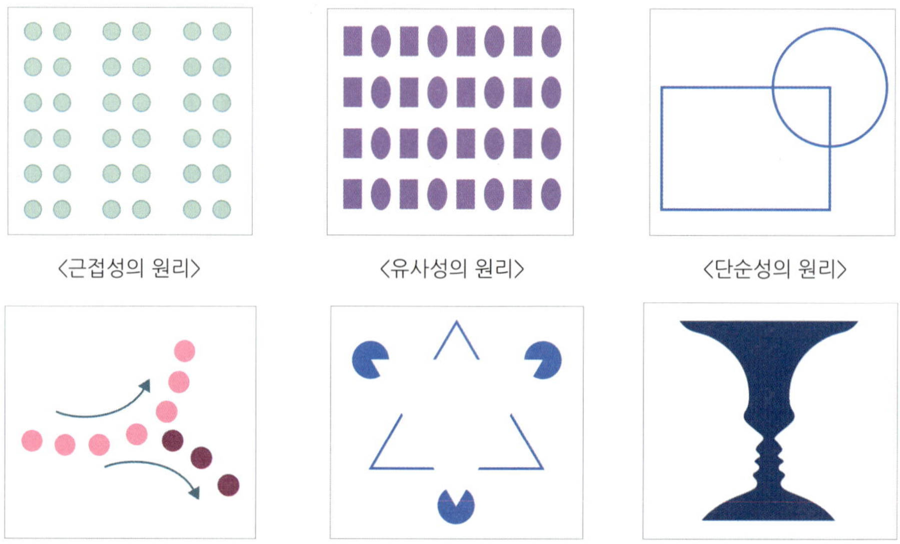

〈근접성의 원리〉 〈유사성의 원리〉 〈단순성의 원리〉

〈연속성의 원리〉 〈완결성의 원리〉 〈전경과 배경의 원리〉

| 그림 5–3 | **지각의 경향성 예시**

4) 영유아의 지각 특성과 교과교재

영유아의 주의집중능력은 연령이 높아짐에 따라 증가한다. 주의집중능력과 관련된 유아의 발달적 성향은 다음과 같다(김정원 · 김유정 · 박현미, 2005).

첫째, 단순포착에서 적극적 탐색으로 변화한다. 출생 초기에는 단순히 사물의 움직임을 따라가는 수준이지만, 생후 2개월경부터는 자신이 보고자 하는 사물에 적극적으로 반응한다.

둘째, 비체계적 탐색에서 체계적 탐색으로 변화한다. 영아는 사물의 부분만으로 전체를 파악할 수 없다. 그러나 사물의 형태 혹은 가장자리를 보고 전체를 가늠해 볼 수 있다. 이러한 특성은 유아기 동안 지속되고 비체계적 탐색을 기반으로 점차 체계적이고 주의 깊은 탐색과 관찰능력이 발달한다.

셋째, 무관한 자극을 무시하고 선택적으로 정보를 수집한다. 영유아는 다양한 자극 가운데 자신에게 필요한 자극을 선택하여 집중하고 그 외의 자극들은 무시할 수 있게 되며 이러한 능력은 성인기까지 계속 발달한다.

영유아의 다양한 감각 활용과 경험을 기초로 교과교재를 구성할 때, 영유아와 교사의 유의미한 교수-학습효과를 기대할 수 있다. 단, 항상 다(多)감각의 활용이 효과적인 것은 아니다. 때로는 감각적인 고립이 상상력과 추론능력, 집중력 향상에 도움을 줄 수 있으므로, 교육목표와 활동에 따라 적절한 감각을 선택 및 결합한 교과교재를 제공해야 한다.

2. 학습경험의 원리

영유아는 놀이를 통해 학습한다. 놀이에는 영유아의 적극적인 참여를 유도하는 흥미요소와 동기요인이 반영되어 있다. 영유아의 흥미를 학습과 연결하기 위해 영유아의 학습경험은 단순한 것에서 복잡한 것으로, 친숙한 것에서 덜 친숙한 것으로, 구체적인 것에서 추상적으로 구성된다. 즉, 영유아가 알기 쉽고 친숙한 소재는 영유아의 선택과 주의를 끌 수 있고 구체적인 자료를 통해 제공되는 학습경험은 점차 추상적인 자료로 심화 · 확장될 수 있다. 경험의 구체성과 추상성에 따라 교과교재와 학습경험을 분류한 이론들을 살펴보자.

1) 호반의 시각자료 분류

호반(Hoban, 1973)은 『교육과정의 시각화』에서 시각자료를 구체성과 추상성에 따라 분류하였다. 효과적인 학습을 위해 구체적인 자료부터 추상적인 자료를 사용해야 하고, 경험을 구체화할 때 언어만 사용하여 자료를 구성하는 것은 바람직하지 않다고 보았다.

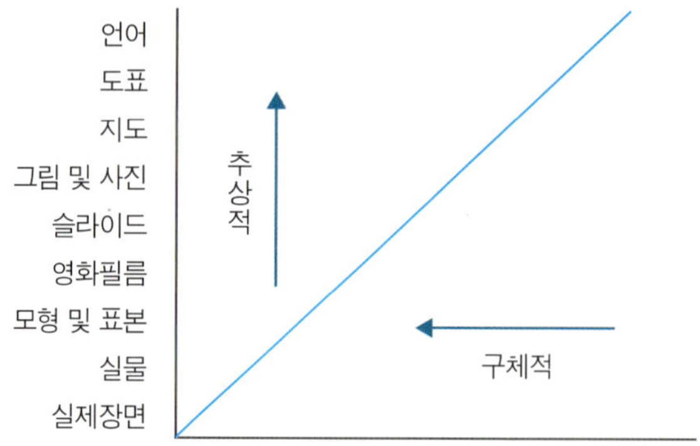

| 그림 5-4 | 호반의 교육과정 시각화

2) 올센의 학습경험 분류

올센(Olsen)은 학습경험을 직접경험과 대리경험 2단계로 나누고, 이를 다시 4단계로 분류하였다. 1단계는 지역사회경험을 통한 직접학습, 2단계는 표현적 활동을 위한 직접학습, 3단계는 시청각자료를 통한 대리학습, 4단계는 언어를 통한 대리학습이다. 특히 3단계인 시청각자료를 통한 대리학습은 1 · 2단계 직접경험과 4단계 언어적 대리학습을 연결해주는 역할을 한다고 볼 수 있다.

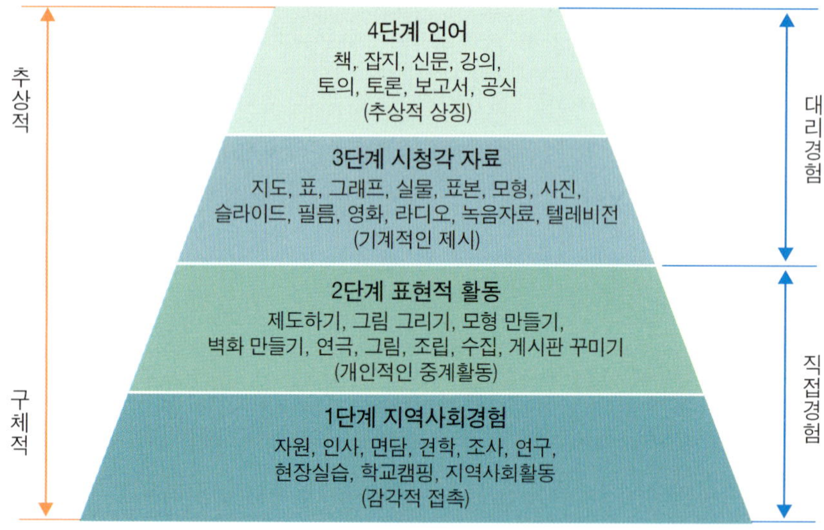

| 그림 5-5 | 올센의 효율적인 학습방법

3. 데일의 경험의 원추

데일(E. Dale)은 학습경험을 경험의 구체성과 추상성 정도에 따라 행동적 경험, 시청각적 경험, 상징적 경험으로 분류하였다. 구체적인 학습 경험일수록 원추의 하단 넓은 면에, 추상적인 경험일수록 원추의 뾰족한 곳에 위치한다. 행동적 경험에는 직접경험, 고안된 경험, 극화 경험, 시청각적 경험에는 시범, 견학, 전시, TV, 영화, 녹음 · 라디오 · 사진 · 그림 · 슬라이드, 그리고 상징적 경험에는 시각적 상징과 언어적 상징이 있다.

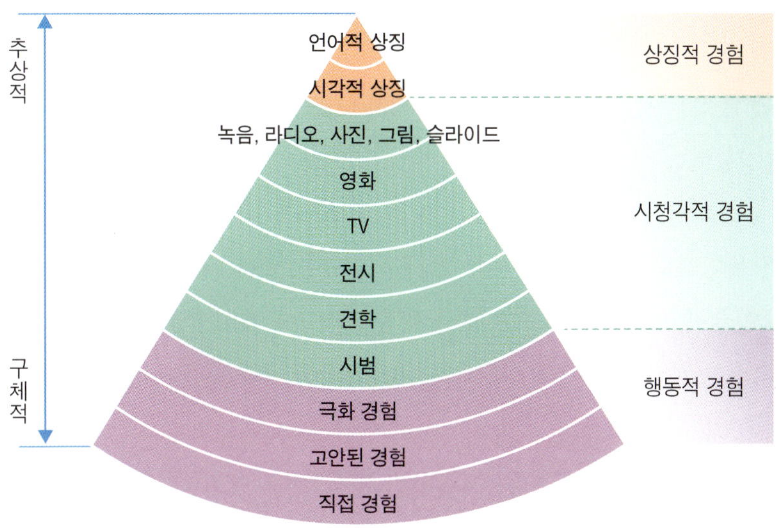

| 그림 5-6 | 데일의 경험의 원추(Cone of experience)

1) 행동적 경험(enactive experience)

행동적 경험은 가장 구체성이 높은 경험으로 영유아의 직접적인 조작과 탐색행동을 통한 학습경험이다.

직접경험은 구체적인 사물을 가지고 탐색하는 실제적인 학습과정이다. 예를 들어 바나나를 알고자 할 때, 맛을 보고 냄새를 맡으면서 바나나에 대해 가장 잘 알 수 있다.

고안된 경험은 실제 사물과 비슷하게 고안된 모형으로 탐색하는 학습경험이다. 직접 경험보다 구체성은 낮으나, 학습 대상물의 크기가 너무 크거나 현존하지 않을 경우 실제적인 접근이 불가능하고 직접 탐색이 어렵기 때문에 활용한다. 예를 들어 입 속이나 몸의 구조, 멸종된 공룡이나 과거 생물의 형태를 학습하고자 할 때 고안된 경험이 적절하다.

극화 경험은 실제 상황에서 직접적으로 경험할 수 없는 경우 상황을 극화하여 체험하는 학습경험이다. 예를 들어 화재 상황이나 도로 안전을 학습하고자 할 때, 공간과 소품을 활용하여 상황을 극화할 수 있다. 이는 실제 경험보다는 구체성이 낮으나, 실제 경험이 불가능한 상황에서 가장 적절한 행동적 경험이다.

2) 시청각적 경험(iconic experience)

시청각적 경험은 실물을 조작하거나 탐색하는 행동적 경험 외에 시각과 청각을 활용하는 학습경험이다.

시범은 활동과정이나 방법을 교사가 직접 행동으로 보여주는 것으로 다른 교과교재와 함께 사용되기도 한다. 예를 들어 교사는 간단한 요리 과정, 종이접기 과정을 순차적으로 보여줄 수 있으며, 새로운 교구 활용방법이나 게임방법을 알려줄 수 있다. 특히, 몬테소리는 교사의 올바른 시범으로 교재교구의 교수-학습을 효과적으로 이룰 수 있다고 강조하였다.

견학은 학습내용이 있는 장소에 방문하여 감각적인 지식과 정보를 얻을 수 있는 학습경험이다. 예를 들어 경찰서나 소방서에 방문하거나, 마트나 약국에 방문하여 교실에서 보고 들을 수 없었던 다양한 학습내용을 만날 수 있다. 최근 영유아를 위한 견학지는 체험위주로 되어 있어 직접경험(김치 담그기), 고안된 경험(공룡의 크기와 모형), 극화경험(교통질서와 안전체험)이 이루어진다. 이로 보면 견학이 행동적 경험에 속하는 것으로 인식될 수 있다. 그러나 견학 장소에 방문하는 목적이 교육목표를 달성하는 데 필요한 시청각 경험을 더욱 상세히 하기 위한 것임을 생각할 때, 견학은 시청각 경험의 범주에 속한다고 보는 것이 타당하다.

전시는 벽면, 테이블, 바닥 등과 같은 다양한 공간의 전시물을 통한 학습경험이다. 예를 들어 유아는 미술관이나 박물관의 그림, 사진, 전통의 도구와 물품들을 보고 들으면서 자신의 선행지식과 경험, 새로운 경험에 대한 느낌 등을 표현할 수 있다. 최근에는 미술관과 박물관에서 큐레이터의 설명이나 청각 시스템 등을 통해 전시물 관련 내용들을 보고 들을 수 있다.

텔레비전과 영화는 현상이나 사건의 전개를 생동감 있게 대리 경험하는 데 활용된다. 편집이 가능하고 동적이며 감각적인 요소를 지니고 있어 흥미유발에 효과적이다. 예를 들어 우주탐사, 빙하기의 모습(영화 '아이스 에이지'), 바닷속의 신비(영화 '니모를 찾아서') 등을 통해 호기심을 충족시킬 수 있다.

녹음, 라디오, 슬라이드, 사진, 그림은 텔레비전이나 영화와 같이 동적이지는 않으나, 오히려 상상력을 자극하고 감각의 집중력을 높이는 학습경험을 제공한다. 특히 그림과 사진자료는 이야기 나누기나 다양한 활동의 도입에 가장 많이 사용되고 있으며, 교육목표에 따라 영유아의 목소리나 노래소리, 동물소리, 물소리 등 자연의 소리를 녹취하여 수업구성에 활용할 수도 있다.

3) 상징적 경험(symbolic experience)

상징적 경험은 행동적 경험이나 시청각에 의한 간접 · 대리 경험이 아닌 추상적 상징에 의한 학습경험이다.

시각적 상징은 복잡한 내용이 간단한 기호나 상징으로 표현되는 것을 의미한다. 시각적 상징은 모든 사람들이 동일한 의미로 해석할 수 있다. 그러나 학습자가 모르는 시각적 상징은 아무런 학습효과를 발휘하지 못한다. 이에 교사는 수업이나 활동의 보조 교과교재로 벤다이어그램이나 그래프 등을 사용하여 영유아가 자연스럽게 시각적 상징에 익숙해질 수 있도록 할 수 있다.

언어적 상징은 가장 추상적이면서도 포괄적인 의사소통 수단이다. '글'은 시각적인 언어상징, '말'은 청각적인 언어상징인데, 대부분의 학습경험은 글과 말로 이루어진다. 언어적 상징은 구체적인 교과교재와 함께 이루어질 때 효과적이다. 예를 들어 '사과'라는 글은 실제 사과와 아무런 관련이 없지만 이 물체를 사과라고 부르기로 약속한 집단에게 '사과'라는 문자는 의미 있는 것이 된다. 이때 실제 사과와 '사과'라는 문자를 함께 제시하면 실제 사과는 사과라는 문자 안에서 이해되고, 사과라는 문자는 실제 사과를 가리키는 언어적 상징이 된다. 이렇듯 구체적인 사물 제시가 언어적 상징을 더욱 포괄적이고 의미 있는 것으로 만들어 주고, 언어적 상징은 구체적 사물을 분명히 인식하도록 한다. 영유아에게 언어적 상징은 매우 추상적이지만, 언어적 상징을 통해 개념에 대한 지식을 확장할 뿐 아니라 추상적 사고를 기를 수 있다.

데일의 경험의 원추는 구체적인 학습경험부터 추상적인 학습경험까지 다양한 학습경험을 활용할 수 있음을 보여준다. 그러나 이에 대한 해석과 활용에는 주의할 점이 있다.

첫째, 원추의 나열, 즉 구체적인 경험부터 추상적인 경험까지의 순서가 실제 수업 진행에서 제시해야 하는 학습경험의 순서나 난이도를 나타내는 것이 아니다. 신체활동의 경우, 덜 구체적인 학습경험인 교사의 시범이 이루어진 후에 가장 구체적인 학습경험인 영유아의 직접경험이 이루어진다.

둘째, 원추는 연령이 낮으면 구체적인 학습경험을, 연령이 높으면 추상적인 학습경험을 제시하는 것을 의미하지 않는다. 단, 영유아의 학습이 구체적인 것부터 추상적인 것으로 이루어지기 때문에 활동에 구체적인 학습경험과 교과교재가 더 많이 고려되고 제공될 수 있다. 그러나 구체적인 경험만 있으면 상상력, 추리력, 종합력, 분석력 등이 발달하지 못하고, 추상적인 경험만 있으면 실제적 · 현실적 경험의 기회가 적어 막연한 지식을 습득할 우려가 있다.

셋째, 원추의 너비(구체성) 혹은 높이(추상성)의 변화가 특정경험이 다른 경험보다 우월하거나 교육효과가 높음을 의미하지 않는다. 교육목적과 활동에 따라 교과교재는 달라질 수 있으며, 제공되어야 하는 학습경험도 달라질 수 있다. 사과에 대해 배우고자 할 때, 사과 모형이나 사과라는 단어의 조합보다는 실물의 색을 관찰하고, 만져보고, 향을 맡아보고, 반으로 잘라 탐색하고, 맛을 보는 활동이 사과를 아는 데 더욱 유용할 것이다.

넷째, 원추는 특정활동에 특정매체만 활용할 것을 권장하지 않는다. 교육목적과 활동에 따라 두 가지 학습경험 혹은 세 가지 학습경험이 결합될 수 있다. 예를 들어 동네 소방서를 견학하고, 실제 불이 난 상황에서의 대피상황을 극화하여 안전과 질서에 대한 이해를 높일 수 있다. 이에 더하여 안전에 관련된 다양한 이미지나 상징도 추가하여 심화활동 및 확장활동을 구상할 수 있다.

4. 의사소통 이론

교수-학습과정에서 의사소통은 학습의 주된 통로이다. 교수-학습에서 영유아와 교사, 영유아와 영유아, 영유아와 교과교재는 의사소통을 통해 자신의 정보와 지식을 확인하고 수정할 수 있다. 특히 새로운 것에 대한 학습에서 의사소통 요인들을 잘 고려하면 효과적인 학습과정과 결과를 기대할 수 있다. 교과교재와 관련된 대표적인 커뮤니케이션 모형은 벨로(Berlo, 1960)의 SMCR 모형과 쉐넌-위버(Schannon & Weaver, 1963), 쉐넌-슈람(Schannon & Schramm, 1964)의 통신모형을 들 수 있다.

1) 벨로(Berlo, 1960)의 의사소통 모형

벨로의 SMCR 모형은 교수자가 학습자에게 시청각 자료를 제시하는 단계를 넘어 교수자와 학습자가 메시지를 주고받는 커뮤니케이션 과정을 강조하였다. SMCR 모형은 송신자(sender)로부터 정보(message)가 통로(channel)인 감각기관을 지나 수신자(receiver)에게로 전달되는 과정을 보여준다. 이는 송신자와 수신자의 송신체계로서, 효율적인 커뮤니케이션을 위해서는 송신자와 수신자의 커뮤니케이션 기술, 개방적 태도, 지적능력 및 공통적인 사회적 · 문화적 배경이 필요하고, 전달내용이 조직적이고 체계적으로 기호화되어야 하며, 오감이 효과적으로 동원되어야 한다.

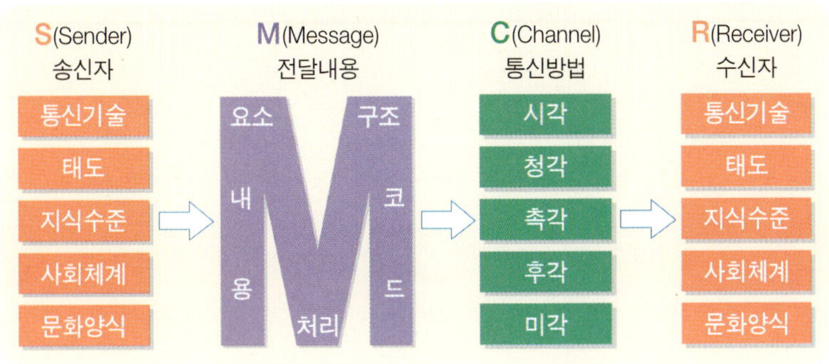

| 그림 5-7 | 벨로의 SMCR 모형

2) 쉐넌-위버(Schannon & Weaver, 1963)의 의사소통 모형

쉐넌-위버의 의사소통 모형은 송신자가 전달할 메시지를 송신기에 담으면 메시지는 전달매체에 의해 신호로 바뀐다고 본다. 말, 실물, 그림, 인쇄매체 등 신호들은 눈과 귀와 같은 감각적 기제, 즉 수신기를 통해 메시지로 바뀌어 수신자의 심상에 전달된다. 이 과정에 소음과 같은 방해요인이 존재한다. 따라서 송신자는 메시지를 가장 정확히 담을 수 있는 신호체계를 사용하여 메시지를 입력하도록 해야 한다.

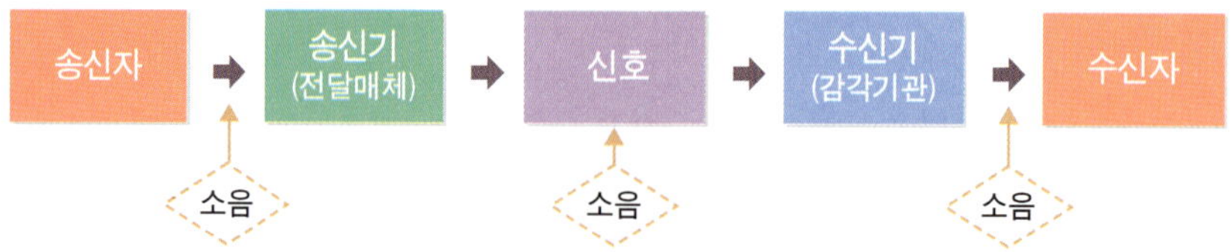

| 그림 5-8 | Schannon & Weaver의 의사소통 모형

3) 쉐넌-슈람(Schannon & Sharamm, 1964)의 의사소통 모형

쉐넌-슈람 의사소통모형은 송신자가 수신자의 물리적 환경, 사전지식과 경험에 적합한 문자나 영상을 통해 메시지를 기호화한다. 수신자가 기호화된 메시지를 해독할 수 있는 능력을 가지고 있을 때 의사소통이 이루어진다. 이 모형은 송신자와 수신자를 쌍방적인 관계로 보고 메시지에 대한 수정과 보완을 지속적으로 이루는 의사소통 과정을 인식하고 있으며, 잡음(noise)이 의사소통의 방해요인이라고 보았다.

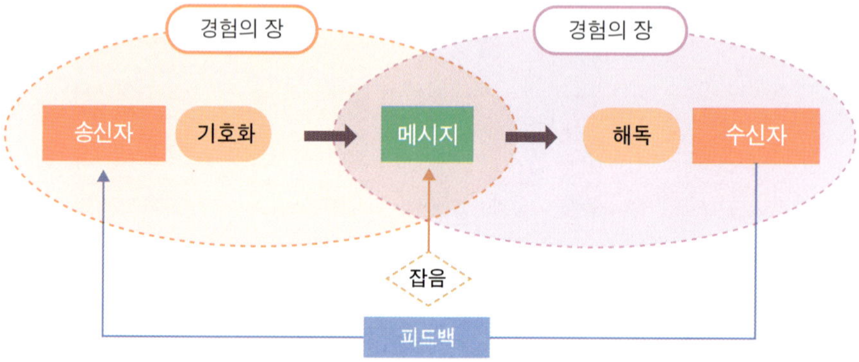

| 그림 5-9 | Schannon & Sharamm의 의사소통 모형

4) 영유아 의사소통의 장애요인

의사소통 모형을 기반으로 볼 때, 영유아 교수–학습과정은 하나의 의사소통 행위이다. 효과적인 교수–학습을 위한 영유아 교과교재 선정 및 활용에서 의사소통 장애요인을 살펴보면 다음과 같다.

(1) 교사의 일방적이고 지나친 언어사용

영유아는 주의집중 시간이 짧으며 흥미롭지 않은 자극에 대해서는 반응하지 않거나 다른 곳에 주의를 돌린다. 영유아에게 교사의 과도한 언어는 복잡하고 추상적이며 이해할 수 없는 교육내용이다. 이에 교사는 일방적 · 설명적 언어사용보다는 영유아의 적극적인 참여를 독려하는 상호적 · 발문적 언어를 사용해야 한다.

(2) 참고대상물의 혼란

영유아의 사전지식이나 선행경험은 새로운 지식을 학습할 수 있는 유용한 연결고리이다. 새로운 자료나 지식이 영유아의 사전지식과 관련이 없을 때, 영유아는 참고 대상물, 즉 제시된 교육내용에 대해 혼란을 일으킬 수 있다. 영유아에게 새로운 내용을 가르칠 때는 사전경험과 연관하여 전달하고, 그림이나 사진 등과 같은 시각적이고 실제적인 자료를 사용하여 영유아의 이해를 돕는 것이 바람직하다.

(3) 공상

영유아는 교사의 이야기를 듣다가도 공상에 빠질 수 있다. 영유아에게 흥미 있는 자료, 이해하기 쉬운 자료 제시를 통해 영유아의 주의를 다시 끌어올 수 있다.

(4) 지각의 어려움

지각은 개개인이 느끼는 감각적 인식이므로 개인마다 차이가 있다. 감각을 통해 얻는 정보 이해력이 영유아마다 다를 수 있으므로 다양한 감각활동을 통해 영유아의 이해를 돕는 것이 바람직하다.

(5) 신체적 불편

영유아의 신체적 상태는 인지적 · 정서적 상태에도 영향을 미친다. 영유아에게 신체적인 불편함이 있으면 학습효과 및 결과는 기대하기 어려워진다. 개인적 질병이나 장애, 교실 온도, 습도, 소음, 채광 등 환경이 신체적 불편을 야기할 수 있다.

Part 2

영유아 교과교재의 제작

Chapter 06. 영유아 교과교재의 종류
Chapter 07. 영유아 교과교재의 효과적 제작
Chapter 08. 영유아 교과교재의 제작 방법
Chapter 09. 멀티미디어 교과교재 제작

Chapter 6

영유아 교과교재의 종류

1. 교수매체의 종류

영유아 교수매체는 교수-학습을 위한 교과교재로서, 교육내용 전달의 보조적 기능, 새로운 지식과 정보 전달기능, 능력과 기술 교수 등의 교육적 기능을 담당한다.

영유아 교수매체의 종류에는 이야기 나누기 · 동화 · 동시 · 동요 · 활동안내 · 게시판 자료 등이 있다.

생활주제별 이야기 나누기 자료

동화자료

동시자료

동요자료

순서안내 자료(요리활동)

순서안내 자료(종이접기)

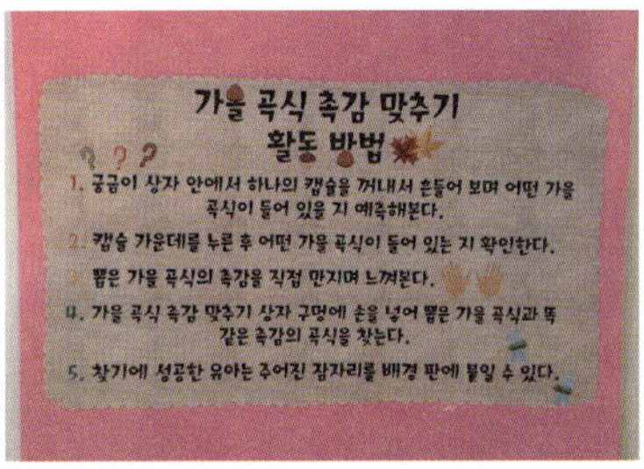

활동안내 자료(흥미영역)

활동안내 자료(체험형 전시)

게시판(영역게시) 자료

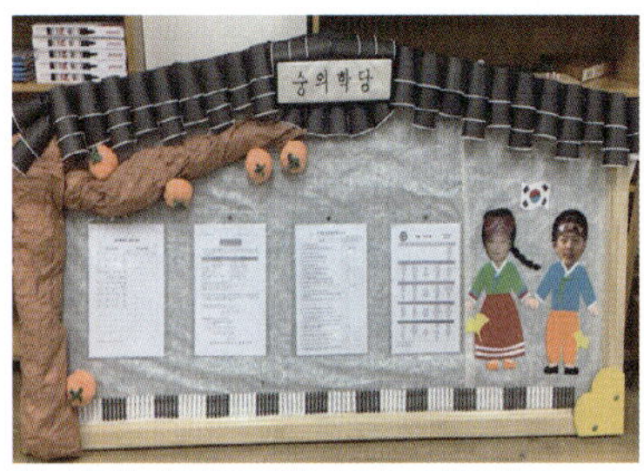

게시판(기관게시) 자료

1) 이야기 나누기 자료 - 생활주제별 교육내용

대부분의 정보와 지식, 활동방법 등이 이야기 나누기 과정을 통해 전달됨을 볼 때, 넓은 의미에서 모든 교과교재는 이야기 나누기 자료이다. 그러나 통상적으로는 생활주제별 교육내용을 담은 교수매체를 이야기 나누기 자료라고 부른다.

유치원과 친구 - 팝업

나와 가족 - 고리책자

우리동네 - 고리카드

동식물과 자연 - 낚싯줄

건강과 안전 - 단추 게임

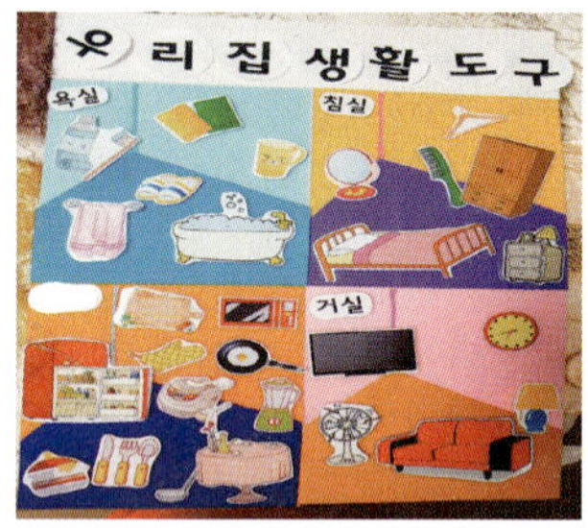

생활도구 - 융판

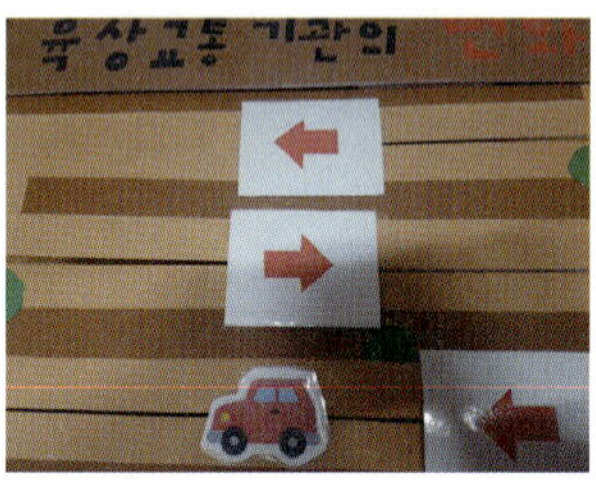

교통기관 - 칼집

우리나라 - OHP 필름

세계여러나라 - 병풍

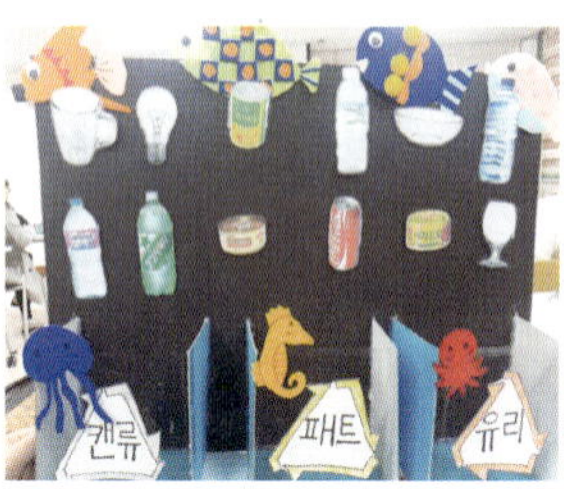

환경과 생활 - 그림카드

계절 - 디오라마

계절 - 할핀과 낚싯줄

2) 동화 자료

동화자료는 동화를 들려주는 문학적 목적 외에 생활주제의 도입이나 활동 연계에도 활용된다. 동화자료는 동화의 기존 내용을 간단하게 재구성하거나 개작 및 창작한다.

개작 및 창작 그리고 제작과정에서 동화의 내용과 흥미요소를 고려하여 제시기법 및 재료를 선택해야 한다. 동화자료는 낱장동화, 막대동화, TV동화, 자석동화, 손가락 인형 동화, 디오라마, 융판동화, OHP동화, 블록형 퍼즐 동화 등 다양한 기법으로 제작된다.

낱장동화

막대동화

TV 동화

자석동화

손가락 인형 동화

디오라마 동화

융판동화

OHP 동화

블록형 퍼즐 동화

3) 동시 자료

동시는 생활주제와 관련된 의사소통영역 활동이다. 동시는 생활주제에 대한 내용을 영유아 수준의 시어로 표현하고 특히 반복되는 의성어, 의태어 등을 통해 운율감 있는 언어활동을 격려한다.

아스테이지 기법

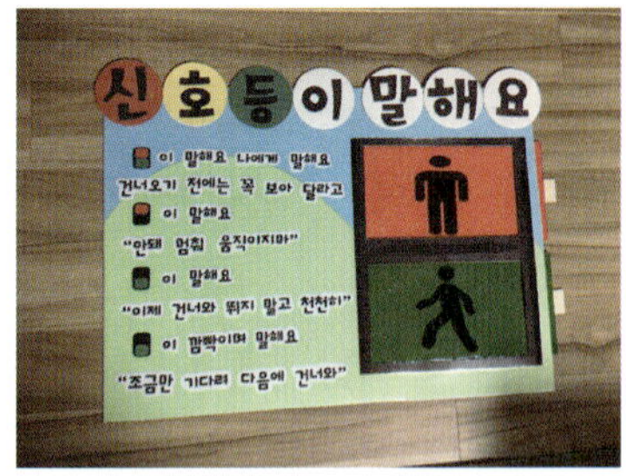

셀로판 끼우기 기법

자석 이동 기법

접착 기법

4) 동요 자료

동요는 생활주제와 관련된 예술경험영역의 활동이다. 동요는 생활주제의 음악적 표현, 반복되는 음과 가사를 통한 예술경험과 감상활동을 격려한다.

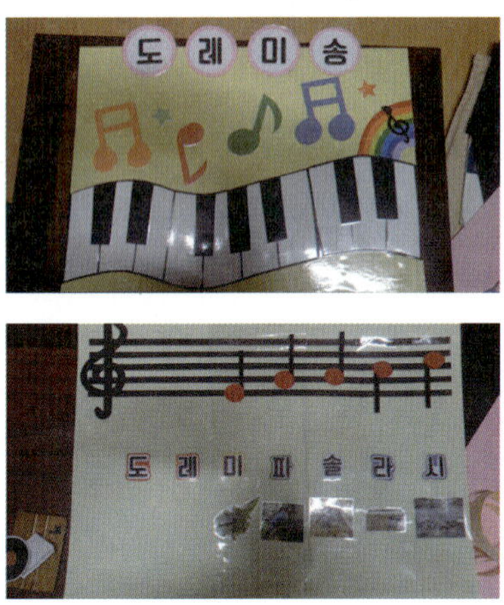

아스테이지 기법

OHP 겹치기, 벨크로 테이프

5) 순서안내 자료

순서안내 자료는 특정활동의 순서를 안내할 때 사용하는 이야기 나누기 자료이다. 이 자료는 활동에 들어가기 전, 활동에 대한 개관을 시각적으로 안내한다. 요리활동이나 종이접기, 흥미영역의 게임자료 등을 소개할 때 사용되며 이야기 나누기 후 자유선택영역에 비치된다.

요리활동 - 겹치기

종이접기 - 병풍

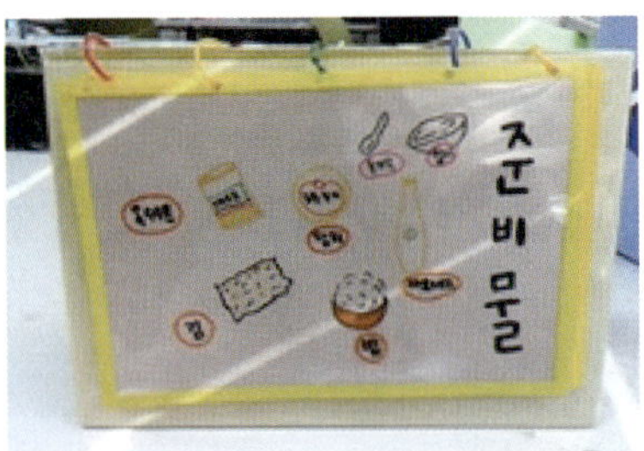

요리활동 - 고리링

종이접기 - 고리링

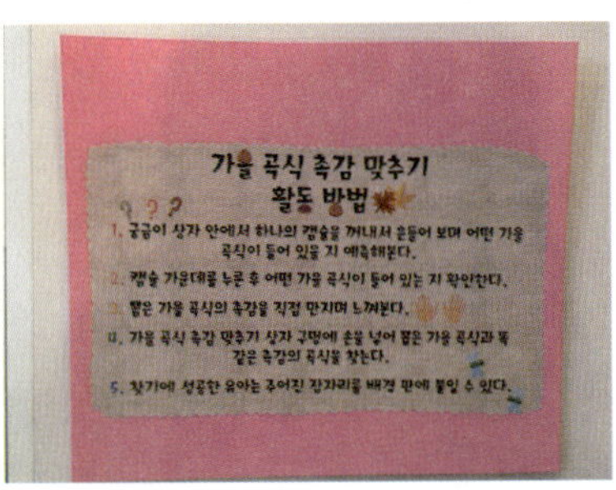

흥미영역 게임소개판

체험형 교재교구 소개판

6) 게시판 자료

게시판은 영유아의 학습주제에 대한 지식, 부모에게 알리고자 하는 정보 등, 전달하고자 하는 메시지를 효과적이고 명확하게 제공한다. 게시판은 유아교육기관의 내 · 외부, 현관, 각 교실, 복도, 문, 교구장 등에 다양한 목적과 내용에 따라 게시된다.

(1) 학습자료 게시

생활주제나 교육활동에 관한 정보가 그림이나 사진, 실물, 모형, 교사의 제작자료 등으로 소개된다.

〈학습자료를 게시할 경우〉

- 모든 영유아들에게 동일한 정보를 제공할 수 있다.
- 학습주제나 정보에 대해 환경적 · 전체적인 관심과 분위기를 유도할 수 있다.
- 영유아가 개별적으로 게시자료들을 탐색할 수 있어 개인차를 고려한 학급 운영에 유용하다.

과학영역 게시자료

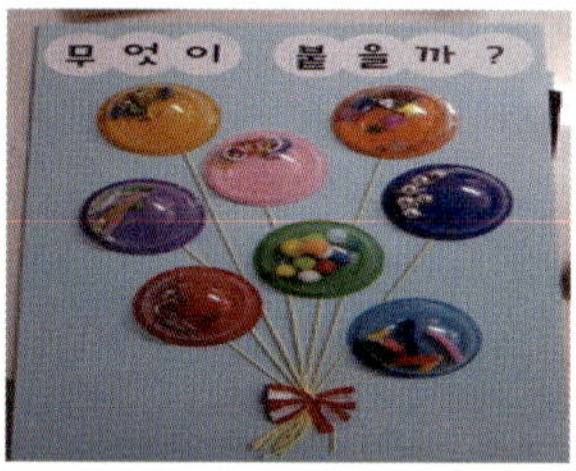

과학영역 게시자료

과학영역 게시자료

음률영역 게시자료

미술영역 게시자료

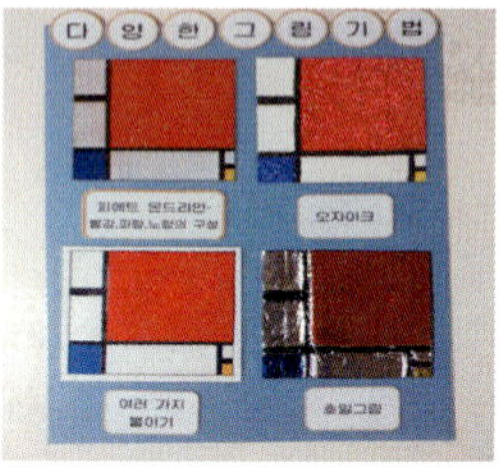

미술영역 게시자료

(2) 학습 결과물 게시

영유아의 학습활동 과정 사진이나 활동 결과물이 게시된다.

〈학습결과물을 게시할 경우〉

- 영유아 자신의 활동 결과를 시각적으로 확인할 수 있어, 자존감 및 자신감 형성에 유용하다.
- 영유아는 또래들의 작품을 감상하며 심미감을 느낄 수 있다.
- 또래들의 작품을 통해 활동 동기가 유발되며, 다양한 방법으로 표상할 수 있는 능력을 기른다.

영유아 활동과정 사진

활동 결과물

활동 결과물

(3) 교실생활관련 게시

영유아의 하루 일과는 대부분 교실에서 이루어진다. 출석판, 생일판, 흥미영역 표지판, 날짜판 등은 매일 혹은 매월 사용되므로 항시적으로 게시된다.

〈교실생활에 관련된 내용을 게시할 경우〉

- 일상생활의 패턴을 인식하고 안정감을 갖는다.
- 상황을 예측하여 공동체에 적응할 수 있다.
- 공동체와 또래에게 관심을 갖고 소속감을 느낀다.

출석판

출석판

날짜판

생일판

자유선택영역 표시판

자유선택영역 표시판

흥미영역 표시판

흥미영역 표시판

흥미영역 표시판

(4) 영유아교육기관 정보 게시

영유아교육기관 정보 게시판은 기관을 소개하는 내용과 부모에게 공지 및 교육하고자 하는 내용을 포함하며, 영유아의 생활 및 양육에 대한 정보를 제공하기도 한다.

〈영유아교육기관의 정보를 게시할 경우〉

- 기관에 대한 안내로 따뜻하고 수용적인 기관의 이미지를 나타낼 수 있다.
- 기관의 교육철학과 운영에 대한 정보제공을 통해 신뢰감을 형성할 수 있다.
- 기관의 교육목표 및 방침 등에 대한 잠재적 교육효과를 누릴 수 있다.

영유아교육기관 정보 게시

2. 교재교구의 종류

영유아 교재교구는 주로 자유선택놀이 흥미영역에서 유아 주도성을 따르게 되는 교과교재로서, 영유아와 영유아 간, 영유아와 교재교구 간 상호작용을 유발하고, 새로운 지식과 정보 습득, 사회적·인지적 능력과 기술 습득, 감각적 인식과 적극적 표현 등의 활동목표가 달성된다.

교재교구의 종류는 연령 및 발달적 특성, 활동 목적에 따라 그 종류와 난이도 등에 차이가 있다. 퓌니와 마가릭(Feeney & Magarick, 1984)이 제시한 활동 성격에 따른 영유아 교재교구 종류와 분류는 다음과 같다.

| 표 6-1 | 활동 성격에 따른 연령별 교재교구

구분	2~3세	3~4세	4~5세
감각 자료	• 물놀이, 모래놀잇감, 컵 • 플라스틱 삽 • 밀가루 점토 • 소리 짝짓기 게임 • 벨, 우드블록, 트라이앵글, 북 같은 질감헝겊 짝짓기, 느낌 상자	• 물놀잇감: 측정컵, 계란휘젓기 • 모래놀잇감: 컵케이크 • 빵 구이판, 각종 소도구 • 실로폰, 마라카스, 탬버린 • 찰흙	• 물놀잇감: 음식색소, 펌프, 깔때기 • 모래놀잇감: 여러 가지 통 소도구 • 하모니카, 기타, 녹음기 • 찰흙 점토와 소도구
대근육 활동 자료	• 낮은 오르기 기구 • 낮은 그네 • 낮은 미끄럼틀 • 웨건, 카트 • 큰 고무공 • 세발 자전거(소형)	• 세발 자전거 • 오르기 기구 • 로프 그네, 타이어 그네 • 플라스틱 야구방망이, 공 • 여러 가지 크기의 고무공 • 평균대, 볼링대 • 팥주머니와 목표물	• 두발 자전거 • 실외게임 기구
구성 놀이 자료	• 유니트 블록과 소품(동물, 사람, 나무, 자동차 등) • 끼우기 자료(큰조각) • 나무 자동차, 나무트럭세트 • 고무 망치 • 부드러운 나무, 못	• 많은 수의 유니트 블록 • 블록 소품들 • 테이블용 블록 • 실제와 비슷한 모형들 • 건설 자료 세트 • 목공놀이대, 톱, 사포, 못	• 많은 수의 유니트 블록 • 공간 블록(할로우 블록) • 나무로 된 나사와 도구 • 스크류드라이버, 나사못, 소품
조작적 놀이 자료	• 나무퍼즐(4~5조각) • 나무 못판 • 큰 나무 구슬과 끼울 끈 • 바느질 카드 • 쌓기놀이 기구 • 그림도미노	• 퍼즐, 나무 못판, 작은 구슬 끼우기 자료 • 블록, 분류 자료 • 확대경 • 단순한 카드게임 • 판게임 • 융판과 융판자료 • 글자모형	• 보다 복잡한 퍼즐 • 도미노 • 어려운 카드게임 • 털실, 큰 바늘, 헝겊짜기 자료 • 자석

인형과 극화 놀이 자료	• 씻을 수 있는 인형과 인형 옷 • 인형침대 • 유아용 크기의 테이블과 의자 • 접시, 팬, 냄비, 컵 • 여러 가지 옷, 모자, 구두 등 • 손인형 • 쇼핑카트 • 과일모형	• 인형과 소품들 • 유아용 크기의 냉장고, 싱크대 등 • 여러 가지 옷과 소품들 • 놀이용 음식모형 • 인형집이나 다른 세팅과 소품	• 계산대, 놀이용 돈 등 • 유아용 크기의 화장대, 소품들 • 병원놀이 세트 • 주제에 관련된 옷과 소품들
책과 녹음 자료	• 그림책, 이야기, 시 • 레코드, 테이프(고전음악, 동요, 민속음악, 구연동화 등)	• 단순한 과학책 • 세밀한 그림책과 이야기 책 • 레코드 플레이어 • 다양한 녹음자료, 마이크 등	• 주제에 관한 책 • 여러 문화에 관한 책 • 요리책
미술 자료	• 굵은 수성매직 • 큰 종이, 이젤, 붓 등 • 핑거페인팅 자료 • 안전가위 • 풀 • 미술용 가운	• 이젤, 가는 붓 등 • 굵은 크레용 • 풀과 마스킹 테이프 • 콜라주 자료 • 미술용 가운	• 물감 • 작은종이 • 펀치 • 크레용 등 다양한 그리기 도구

활동성격에 따른 교재교구들은 크게 신체 움직임을 촉진하는 신체놀이형, 영아의 촉각을 자극하는 감각형, 소근육 발달 및 인지 발달을 촉진하는 조작형, 목표도달 및 사물획득 등의 게임형, 영유아의 전신을 사용하는 체험형 등의 유형으로 구분되며, 교육목표에 따라 융통성 있게 배치된다.

■ 자료의 배치

- **신체놀이형 교재교구:** 대강당 및 소강당, 쌓기영역
- **감각형 교재교구:** 감각영역, 음률영역, 역할영역
- **조작형 교재교구:** 수 조작영역, 과학영역, 언어영역, 미술영역, 역할영역, 쌓기영역 등
- **게임형 교재교구:** 수 조작영역, 언어영역, 쌓기영역, 역할영역 등
- **체험형 교재교구:** 특수한 목적의 전시 및 초대행사 등

감각형 (감각영역)

감각형 (조작영역)

감각형 (음률영역)

신체놀이형
(대강당 및 쌓기영역)

조작형 (쌓기영역)

게임형 (수 조작영역)

조작형 (수 조작영역)

조작형 (역할영역)

조작형 언어영역)

조작형 (미술영역)

조작형 (과학영역)

교실의 흥미영역 구성

| 그림 6-1 | 영유아 교재교구의 유형와 흥미영역

1) 신체놀이형 교재교구

신체놀이형 교재교구는 영유아의 대근육 발달과 신체 움직임을 촉진시킨다. 이러한 자료는 주로 게임의 형식으로 제작된다.

개인용 게임

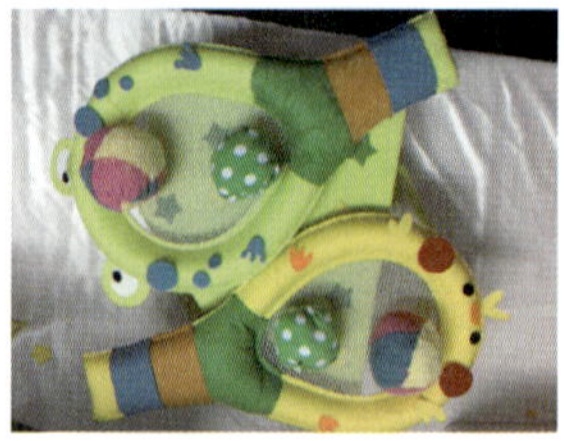
짝 게임

팀 게임

2) 감각형 교재교구

감각형 교재교구는 주로 영아가 다양한 시각적 · 청각적 · 촉각적 자극을 통해 자신의 감각과 주변 환경에 관심을 갖고 흥미와 호기심을 유지시킬 수 있도록 제작된다.

시각적 자료

시각적 자료

촉각적 자료

청각적 자료

청각적 자료

촉각적 자료

3) 조작형 교재교구

조작형 교재교구는 일상생활을 위한 단순 소근육 조작 자료와 수 조작, 언어 조작, 퍼즐 등의 인지발달을 촉진하도록 제작된다.

소근육 조작

소근육 조작

소근육 조작

소근육 조작

소근육 조작

소근육 조작

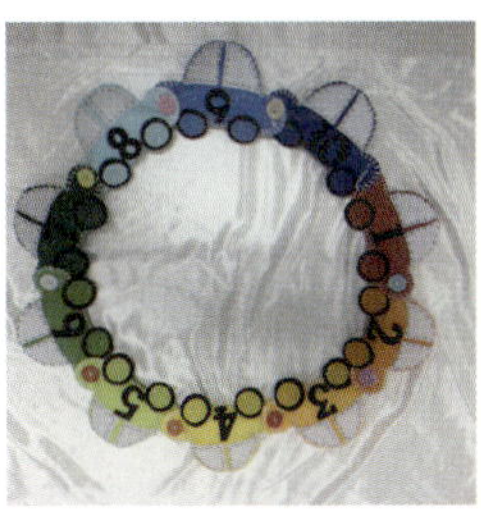

수 조작

수 조작

수 조작

언어 조작

언어 조작

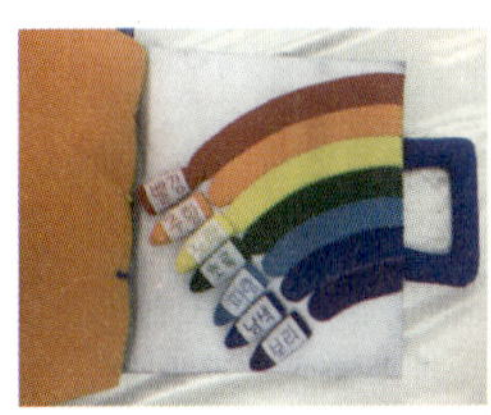

언어 조작

4) 게임형 교재교구

게임형 교재교구는 다양한 영역에서 인지적 · 사회적 교육목표에 따라 목표 완성형, 지점 도달형으로 개인 게임용, 짝 게임용, 팀 게임용 등의 용도로 제작된다.

사물 모으기 개인용 게임

사물 모으기 짝 게임

사물 모으기 팀 게임

목표도달 짝 게임

목표도달 짝 게임

목표도달 팀 게임

5) 체험형 교재교구

체험형 교재교구는 영유아의 전인적 체험을 위해 특별한 행사 및 체험전시를 위해 제작된다. 영유아의 감각적인 경험을 위해 대형으로 제작되며, 다양한 테마를 중심으로 구성될 수 있다.

빨간모자 이야기 체험교구

빨간모자 이야기 체험교구

딸기밭 체험교구

여름 과수원 체험교구

가을 곡식 체험교구

겨울 얼음낚시 체험교구

빨간장미 정원 체험교구

노랑 바나나따기 체험교구

Chapter 7

영유아 교과교재의 효과적 제작

1. 영유아 교과교재 제작과 활용 절차

영유아의 효과적이고 효율적인 수업을 위해서는 영유아를 위한 활동과 교과교재의 관계를 이해해야 한다. ASSURE 모델(Heinich, Molenda & Russel, 1996)은 교과교재의 체계적인 활용을 위한 절차를 제시하고 있다(이옥섭 외, 2014).

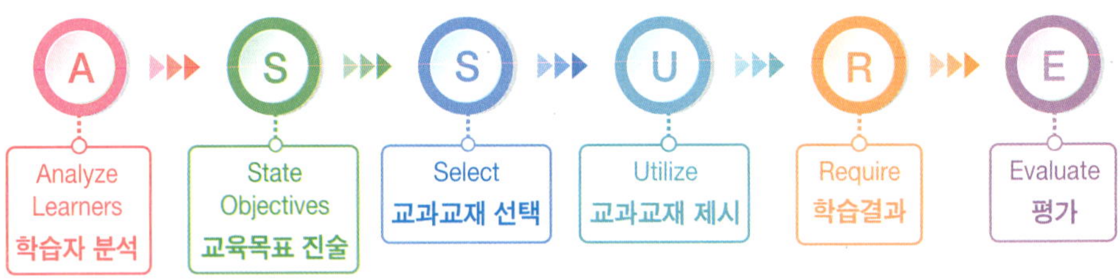

| 그림 7-1 | ASSURE 모델

1) 학습자 특성 분석

학습자 특성 분석 단계에서는 영유아의 연령과 발달에 대한 일반적인 특성, 출발점 능력, 학습 양식 등을 분석한다. 영유아는 성별 및 기질에 따라 학습양식이 달라질 수 있으며 이러한 요인들로 인해 활동과 교과교재의 주의집중에 개인차를 나타낸다. 이러한 영유아의 발달적 특성에 따라 활동 수준을 정할 수 있으며, 영유아의 사전경험에 따라 흥미유발요소를 파악할 수 있다.

〈학습자 특성 분석을 위한 질문〉

- 영유아의 연령과 발달은 어떠한가?
- 영유아의 사전경험은 어떠한가?
- 이들을 위한 교과교재의 종류와 유형은 무엇인가?

2) 교육목표 진술

교육목표진술 단계에서는 학습 후 영유아에게 기대하는 결과를 구체적으로 기술한다. 이러한 교육목표를 달성하기 위해 필요한 환경들을 제시하고, 성공적 학습이라고 판단할 수 있는 영유아의 행동적 목표를 진술한다. 또한 개별 영유아의 성취를 고려하여 행동적 목표뿐 아니라 표현적 목표 수준도 부분적으로 진술한다.

〈교육목표 진술을 위한 질문〉

- 활동을 통해 성취하고자 하는 바는 무엇인가?
- 어떤 교육과정영역 및 흥미영역을 중심으로 할 것인가?
- 교과교재를 통해 교육목표에 어떤 기여를 하고자 하는가?

3) 교과교재 선정 및 개조, 제작

교과교재 선정 및 개조, 제작 단계에서는 교과교재의 유형을 정한다. 먼저 활용 가능한 기존 자료 혹은 수정이나 개조가 가능한 자료가 있는지 확인하고, 적절한 자료가 없다면 구입 혹은 직접 제작계획을 수립한다. 제작 시에는 제작에 필요한 시간, 능력, 기자재, 비용 등을 고려하며, 안전하고 견고하고 매력적인 교과교재로 제작한다.

〈교과교재 선정 및 개조, 제작을 위한 질문〉

- 활동선정과 그 이유는 무엇인가?
- 교과교재는 활동의 교육적 목표와 관련 있는가?

4) 교과교재 제시

교과교재 제시 단계에서는 교과교재가 수업에 적절한지, 안전하고 견고한지 지속적으로 검토한다. 또한 교과교재를 제시하는 환경, 즉 기자재, 좌석배치, 조명과 환기 등에 대해 살펴보고 학습에 적절한 환경을 조성한다. 마지막으로 여유 있고 익숙한 교수활동을 전개할 수 있도록 사전 모의수업을 통해 제시방법을 숙달한다.

〈교과교재 제시를 위한 질문〉

- 활동과 교과교재가 매끄럽게 조화를 이루고 있는가?
- 교수-학습 과정에서 교과교재는 언제 어떻게 제시되는가?

5) 학습결과

학습결과는 교과교재를 활용하여 활동 및 수업을 진행할 때, 영유아의 적극적인 참여를 유도하는 교수-학습과정을 포함한다. 먼저 영유아의 흥미와 참여를 유도할 수 있는 교과교재를 제작하고, 제시과정에서 영유아에게 탐색과 관찰, 호기심 유발의 기회를 제공하는 퀴즈, 질문, 강화, 피드백 등의 상호작용을 활용하여 학습자의 반응과 학습결과를 도출한다.

6) 평가와 수정

평가와 수정 단계에서는 학습자의 교육목표가 성취되었는가, 교과교재는 적절했는가, 교과교재를 활용한 교수-학습과정과 상호작용은 효과적이었는가 등을 평가한다. 교과교재의 교육목표 및 내용 적절성, 제작 소요시간 및 경비의 적절성, 교과교재 제시과정의 적절성 등에 대한 평가를 통해 교과교재 수정 및 재활용에 대한 피드백을 얻을 수 있다.

2. 영유아 교과교재 제작과 활용 양식

영유아 교과교재를 사용하는 활동이나 수업을 계획한 후에는 영유아 교과교재의 구체적인 제작 및 활용 계획을 수립하기 위해 다음과 같은 문서를 단계적으로 활용한다.

1) 교과교재 제작 계획서: 제작 계획 기록

2) 교과교재 제작 결과서: 제작과정과 결과물 기록

3) 상호작용 계획서: 교과교재를 활용한 구체적 상호작용 기록

4) 교과교재 활용 계획서: 추후 교과교재의 활용에 대한 예측과 계획 기록

각 문서를 영유아 교수매체와 교재교구의 사례를 통해 살펴보자.

사례 1 **영유아 교수매체**: '커다란 순무' 극 놀이를 위한 교수매체

1) 교수매체 제작 계획서 작성

교수매체 제작 계획서는 교수매체와 활동 간 관련성이 나타나도록 수기로 작성하며, 교수매체 제작과정을 중심으로 작성한다.

〈작성방법〉

첫째, 교과교재의 종류를 작성한다.

둘째, 활동명과 연령, 생활주제와 누리과정 영역, 교육목표를 작성한다.

셋째, 교수매체 제작과정을 주 교수매체를 중심으로 작성하며, 활동을 돕는 보조적 교수매체도 함께 작성한다.

넷째, 교수매체를 활용한 활동방법을 도입-전개-마무리로 간략히 작성한다.

다섯째, 매체 제작 시 유의점을 작성한다.

| 표 7-1 | '커다란 순무' 교수매체 제작 계획서

<table>
<tr><td colspan="3">교과교재 구분</td><td>교수매체</td><td>교과교재 종류</td><td>인형자료</td></tr>
<tr><td colspan="3">활 동 명</td><td>커다란 순무</td><td>연 령</td><td>만 4세</td></tr>
<tr><td colspan="3">생활주제</td><td>동식물과 우리생활</td><td>누리과정영역</td><td>사회관계영역</td></tr>
<tr><td colspan="3">교육목표</td><td colspan="3">'커다란 순무' 극 놀이를 통해 서로 돕는 생활의 즐거움을 경험한다.</td></tr>
<tr><td colspan="6">제 작 과 정</td></tr>
<tr><td colspan="2"></td><td colspan="2">사 진</td><td colspan="2">설 명</td></tr>
<tr><td colspan="2">준비물</td><td colspan="2"></td><td colspan="2"></td></tr>
<tr><td rowspan="4">제작방법</td><td>1단계</td><td colspan="2"></td><td colspan="2"></td></tr>
<tr><td>2단계</td><td colspan="2"></td><td colspan="2"></td></tr>
<tr><td>3단계</td><td colspan="2"></td><td colspan="2"></td></tr>
<tr><td>그 외 교수 매체</td><td colspan="2"></td><td colspan="2"></td></tr>
<tr><td rowspan="3">활동방법</td><td>도 입</td><td colspan="4"></td></tr>
<tr><td>전 개</td><td colspan="4"></td></tr>
<tr><td>마무리</td><td colspan="4"></td></tr>
<tr><td colspan="2">매체제작 유의점</td><td colspan="4"></td></tr>
</table>

2) 교수매체 제작 결과서 작성

교수매체 제작 계획서를 작성한 후에는 교수매체 제작과정과 수정된 사항들을 추가하여 교수매체 제작 결과서를 작성한다.

| 표 7-2 | '커다란 순무' 교수매체 제작 결과서

교과교재 구분	교수매체	**교과교재 종류**	인형자료
활 동 명	커다란 순무	**연 령**	만 4세
생활주제	동식물과 우리생활	**누리과정영역**	사회관계영역
교육목표	'커다란 순무' 극 놀이를 통해 서로 돕는 생활의 즐거움을 경험한다.		
제 작 과 정			
	사 진	**설 명**	
준비물		펠트지(흰색, 갈색, 검은색, 살구색, 황토색, 회색, 빨간색, 녹색), 솜, 글루건, 가위, 실(갈색, 흰색, 회색), 바늘	
제작방법 1단계	 	1. 갈색 펠트지에 강아지 얼굴의 도안을 그린다(진한 갈색 펠트지도 자르고, 검은색 펠트지와 흰색 펠트지를 동그랗게 자른다). 2. 오린 도안 중 진한 갈색 펠트지를 연한 갈색 펠트지에 글루건으로 붙이고 동그랗게 자른 펠트지도 붙인다.	
2단계	 	1. 무 잎사귀를 만들기 위해 녹색 펠트지에 밑그림을 그린다. 그리고 연두색 펠트지를 얇게 잘라 글루건으로 붙인 다음 꿰맨다(총 4개). 2. 솜을 넣어주고 무 잎사귀 4개를 글루건으로 붙여 완성한다.	
3단계	 	3. 흰색 펠트지에 무를 밑그림 그려 자른 다음 꿰맨다. 4. 솜을 넣고 무 잎사귀를 글루건으로 무와 붙여 앞부분은 꿰매 무를 완성한다.	
그 외 교수 매체		-역할 정하는 주사위 만들기 빨간색, 노란색, 파란색 펠트지를 정사각형으로 똑같이 자른 다음 꿰매서 솜을 넣고 무, 강아지, 토끼, 쥐, 할아버지, 할머니를 붙이면 완성	
활동방법 도 입	1. '커다란 순무' 동화를 들었던 경험을 회상한다. 2. 극 놀이를 할 때 지켜야 할 약속에 대해 이야기를 나눈다. 3. 주사위를 사용하여 극 놀이의 역할을 정한다.		
전 개	1. 교사가 내레이션을 맡는다. 2. 관람하는 유아들이 작은 무가 되어 극 놀이에 참여한다.		
마무리	1. 극 놀이가 끝난 뒤 유아들의 이야기를 듣는다. 2. 또 다른 흥미로운 활동에 대해 이야기를 나눈다.		
매체제작 유의점	1. 인형을 꿰맬 때 바늘을 이용하기 때문에 손이 다치지 않도록 유의한다. 2. 글루건을 이용하기 때문에 글루건에 다치지 않도록 유의한다. 3. 동물의 특징을 살려 만든다.		

3) 교수매체 상호작용 계획서 작성

교수매체 제작 결과서를 작성한 후에 효과적인 수업과 제시를 위해 상호작용 계획서를 작성한다.

| 표 7-3 | '커다란 순무' 상호작용 계획서

<table>
<tr><td>생활주제</td><td>동식물과 우리생활</td><td>누리과정영역</td><td>사회관계영역</td></tr>
<tr><td>교육목표</td><td colspan="3">'커다란 순무' 극 놀이를 통해 서로 돕는 생활의 즐거움을 경험한다.</td></tr>
<tr><td>활 동 명</td><td>커다란 순무</td><td>연 령</td><td>만 4세</td></tr>
<tr><td>활동유형</td><td>극 놀이</td><td>집단유형</td><td>대집단</td></tr>
<tr><td>활동자료</td><td colspan="3">커다란 무, 할아버지, 할머니, 강아지, 토끼, 쥐 인형 머리띠, 관람하는 유아 작은 무 머리띠, 해설카드, 배경음악, 역할 주사위</td></tr>
<tr><td colspan="4">상 호 작 용 계 획</td></tr>
<tr><td>도입</td><td colspan="3">1. '커다란 순무' 동화를 들었던 경험을 회상한다.
T: 수달반 친구들~ 우리가 어제 들었던 동화가 무엇이었지?
C: 커다란 순무요.
T: 그래 맞아. '커다란 순무' 동화를 함께 들었어. 동화에서 무슨 일이 있었니?
C: 할아버지랑 할머니랑 동물들이랑 다 같이 무를 뽑았어요.
C: 무를 뽑아서 나눠서 요리해 먹었어요.
C: 토끼가 먼저 나와서 도와줬어요.
T: 그래. 잘 기억하고 있구나. 서로 도와 주는 모습이 참 좋았어. 오늘은 이 동화를 우리가 표현해 볼거야. 동화에서 도와준 순서와 관계없이 도와주고 싶은 친구들이 나와 볼까?
2. 극 놀이를 할 때 지켜야 할 약속에 대해 이야기를 나눈다.
T: 시작하기 전에, 극 놀이를 할 때 우리가 어떤 약속을 해야 할까?
C: 큰 소리로 말해야 되요. 몸동작을 크게 크게 표현해야 해요. 너무 세게 잡아당기면 다칠 수 있으니까 조심해요. 진짜 동물이랑 할머니, 할아버지처럼 표현해봐요.
T: 그래. 나와서 표현하는 친구들은 그렇게 하면 더 재밌겠다. 앉아서 보는 친구들은?
C: 다함께 '영차 영차' 해요. 떠들지 않기로 했어요. 바른 자세로 앉아서 보기로 했어요.
T: 잘 이야기해 주었어. 이제 커다른 순무 극놀이를 시작해 볼까?
3. 주사위를 사용하여 극 놀이의 역할을 정한다.
T: 수달반 친구들~ 모두 한 번씩 역할을 해 볼 거야. 근데 똑같은 역할을 하고 싶은 친구들이 있을 수가 있어. 그러면 어떻게 하지?
C: 속상할 거 같아요. 양보해야 해요.
T: 그래 속상할 수 있겠다. 그래서 선생님이 (역할 주사위를 보여주며) 짜잔~역할 주사위를 가져왔어. (주사위 면면을 보여준다.) 주사위를 굴려서 나오는 역할을 해보는 거야.
자 그럼 앉은 순서대로 해 볼까? 또 할 거니까 다른 친구들은 같이 '영차, 영차' 해보자!
그럼 ㅇㅇ이가 나와서 역할을 정해보자.
ㅇㅇ이는 토끼가 나왔네~ 자 토끼머리띠를 받아가자
(똑같은 역할이 나왔을 경우) 이미 나온 (역할)이 나왔네? 그럼 한 번 더 던져볼까?
이제 다 정했지~ 극 놀이를 보는 친구들은 모두 작은 무가 되었네(작은 무 띠를 나누어 준다).
종이 울리면 시작해요.</td></tr>
</table>

전개	**1. 교사가 내레이션을 맡는다.** **2. 관람하는 유아들이 작은 무가 되어 극 놀이에 참여한다.** (종을 울린다) 해설(교사): 어느 날 할아버지 텃밭에 순무를 수확하러 텃밭으로 가고 있었어요. 할아버지: (텃밭으로 이동) 벌써 무가 커다랗게 자랐지요. ㅁㅁ할아버지는 무를 뽑기 시작 했어요. 해설(교사): 할아버지(무의 팔을 잡아당기며) 영차 영차 무를 뽑자. 해설(교사): 하지만 ㅇㅇ무는 꼼짝도 하지 않았어요. 할아버지~너무 힘들어요?? 할아버지: 네. 해설: 얘들아 할아버지가 힘이 드신대 누가 나와서 할아버지를 도와줄까? 할머니: 네~ 제가 도와 드릴게요. 할아버지: 할멈, 할멈~ 나 좀 도와줘요. 해설: 할머니는 할아버지를 돕기 위해서 밭으로 나왔어요. 한 번 더 힘을 합쳐서 무를 뽑기 시작 했어요. 할머니, 할아버지(앉아있는 유아): 영차 영차 무를 뽑자 아이고 허리야. 해설(교사): 하지만 무는 뽑히지 않~았어요. ㅇㅇ할머니 이번에는 누가 도와줄까요? 그래요 그럼 이번에는 깡충깡충 ㅇㅇ토끼가 도와주었어요. ㅇㅇ토끼: 할머니 할아버지 제가 도와줄게요. (깡총깡총) 영차영차 무를 뽑자. 에구구 힘들어. 해설(교사): 하지만 무는 뽑히지 않~았어요. ㅇㅇ토끼야 이번에 누가 도와줄까요? 그래요. ㅇㅇ강아지가 도와주도록 해요. (ㅇㅇ강아지가 텃밭으로 나온다) ㅇㅇ강아지: (멍멍) 해설: 우리 다 같이 힘을 합쳐서 무를 뽑아 볼까요? 영차 영차 무를 뽑자 하지만 무는 꼼짝도 하지 않~았어요 해설: 그래서 이번에는 ㅇㅇ강아지가 부르고 싶은 (찍찍) ㅇㅇ찍찍 쥐를 불렀어요. ㅇㅇ강아지: ㅇㅇ찍찍 쥐야 와서 좀 도와줘. 해설: ㅇㅇ찍찍 쥐가 텃밭으로 나왔어요(찍찍). 우리 ㅇㅇ찍찍 쥐가 왔으니깐 무가 뽑힐 수도 있을 것 같아요 이번엔 마지막이니깐 있는 힘~껏 뽑아 볼까요? 앞에 친구 허리를 잘 잡아주세요. 다함께: 영차영차 무를 뽑자. 해설: 와 드디어 땅속에 있던 무가 뽑혔어요. 튼튼하고 ㅇㅇ처럼 아주 듬직한 커~다란 무였어요. 우리 다 같이 이 기쁨을 몸으로 표현해 볼까요?(신나는 노래) 해설: 친구들이 다같이 힘을 모아서 무를 뽑으니깐 기쁨도 두 배 백 배 천~배가 된 것 같아요 우리 무가 뽑혔으니깐 이제 어떻게 할까요? 해설: 여러분~ 이 무를 가지고 무엇을 해 먹을까요? 모든 유아: 요리해서 먹어요! 해설: 그래요 맛있게 요리해서 함께 나눠 먹어봐요. 수달반 친구들은 커다란 무로 맛있는 음식들을 만들어 나눠 먹으며 즐겁게 식사를 했답니다.
마무리	**1. 극 놀이가 끝난 뒤 유아들의 이야기를 듣는다.** T: 함께 극놀이를 해보니 어땠니? C: 할아버지 하고 싶어요. 또 하고 싶어요. 영차영차 재밌어요. T: 그랬구나. 무엇이 제일 재밌었니? C: 순무를 뽑을 때가 재미있었어요. 진짜 순무를 뽑는 거 같았어요. 먹고 싶었어요. 친구들과 같이 순무를 뽑으니까 더 잘 뽑혔어요. T: 아 그랬구나(유아발문). 그럼 힘든 것도 있었니? C: 친구가 무 뽑는다고 손들었는데 제가 안 시켜줘서 미안했어요. C: 토끼 역할하고 싶었는데 안 나와서 슬펐어요. T: 그랬구나. 선생님이 커다란 순무 인형 머리띠를 역할영역에 둘게. 다른 역할이 해보고 싶은 친구들은 자유선택활동시간에 해보도록 하자~ **2. 또 다른 흥미로운 활동에 대해 이야기를 나눈다.** T: 우리 다음 주에는 무 농장으로 체험학습을 갈 거예요. 다 같이 힘을 모아서 무를 뽑아 보고 오기로 해요.
활동 유의점	무를 뽑는 역할에서 아이들이 다치지 않도록 주의한다. 인형 머리띠가 떨어지지 않게 견고하게 만든다.

4) 교수매체 활용 계획서 작성

교수매체는 특정 교육목표나 활동을 위해 제작되지만, 교수매체 전체 혹은 일부는 다른 활동계획에 유용하게 사용될 수 있다. 교수매체 활용 계획서에는 제작된 교수매체 전체 혹은 일부를 활용할 수 있는 수업이나 활동을 구상하여 작성한다. 이렇게 함으로써 교사의 전문성은 향상되고, 수업의 범위와 영역이 확대된다.

| 표 7-4 | '커다란 순무' 교수매체 활용 계획서

<table>
<tr><th colspan="5">교수매체 활용 계획서</th></tr>
<tr><td colspan="2">교수매체 명</td><td>커다란 순무 인형 머리띠</td><td>자료유형</td><td>인형자료</td></tr>
<tr><td rowspan="5">활동 1</td><td>활 동 명</td><td colspan="3">할아버지, 할머니가 되어 보아요.</td></tr>
<tr><td>누리과정 영역</td><td>예술경험 영역</td><td>활동유형</td><td>동극</td></tr>
<tr><td>대상연령</td><td>만 4세</td><td>수업자료</td><td>할머니, 할아버지 머리띠</td></tr>
<tr><td>교육목표</td><td colspan="3">• 할아버지, 할머니 역할을 표현하며 감사하는 마음을 갖는다.</td></tr>
<tr><td>활동방법</td><td colspan="3">〈도입〉
– 할아버지, 할머니의 모습을 떠올린다.
〈전개〉
– 할아버지와 할머니의 역할을 정한다.
– 역할놀이를 한다.
〈마무리〉
– 놀잇감을 정리하고 평가한다.
– 할아버지, 할머니께 감사하는 마음을 가지고 감사의 표현을 하기로 약속한다.</td></tr>
<tr><td rowspan="5">활동 2</td><td>활 동 명</td><td colspan="3">역할에 맞게 표현해요</td></tr>
<tr><td>누리과정 영역</td><td>신체운동건강영역</td><td>활동유형</td><td>신체표현</td></tr>
<tr><td>대상연령</td><td>만 4세</td><td>수업자료</td><td>역할 머리띠, 역할 주사위</td></tr>
<tr><td>교육목표</td><td colspan="3">• 역할에 맞도록 표현할 수 있다.
• 신체활동에 적극적으로 참여할 수 있다.</td></tr>
<tr><td>활동방법</td><td colspan="3">〈도입〉
– '커다란 순무' 이야기를 나눈다.
〈전개〉
– 주사위로 역할을 정한다.
– 역할에 맞게 신체로 표현한다.
〈마무리〉
– 활동하며 느낀 점을 이야기해보고 평가한다.</td></tr>
</table>

사례 2 **영유아 교재교구**: '공을 굴려보아요' 감각 및 신체활동을 위한 교재교구

1) 교재교구 제작 계획서 작성

교재교구 제작 계획서는 교재교구와 활동 간 관련성이 나타나도록 수기로 작성하며, 교재교구 제작과정을 중심으로 작성한다.

〈작성방법〉
첫째, 교과교재의 종류를 작성한다.
둘째, 활동명과 연령, 활동유형과 흥미영역위치, 교육목표를 작성한다.
셋째, 교재교구 제작과정을 주 작성한다.
넷째, 교재교구를 활용한 활동방법을 도입-전개-마무리로 간략히 작성한다.
다섯째, 교재교구 제작 시 유의점을 작성한다.

| 표 7-5 | '공을 굴려 보아요' 교재교구 제작 계획서

<table>
<tr><td colspan="2">교과교재 구분</td><td>교재교구</td><td>교과교재 종류</td><td>인형자료</td></tr>
<tr><td colspan="2">활 동 명</td><td>공을 굴려 보아요</td><td>연 령</td><td>만 1~3세</td></tr>
<tr><td colspan="2">활동유형</td><td>감각활동 및 신체활동</td><td>흥미영역 위치</td><td>역할영역</td></tr>
<tr><td colspan="2">교육목표</td><td colspan="3">공과 동물인형의 촉감을 느끼고, 공을 굴려 즐겁게 놀이에 참여할 수 있다.</td></tr>
<tr><td colspan="5">제 작 과 정</td></tr>
<tr><td colspan="2"></td><td>사 진</td><td colspan="2">설 명</td></tr>
<tr><td colspan="2">준비물</td><td></td><td colspan="2"></td></tr>
<tr><td rowspan="4">제작방법</td><td>1단계</td><td></td><td colspan="2"></td></tr>
<tr><td>2단계</td><td></td><td colspan="2"></td></tr>
<tr><td>3단계</td><td></td><td colspan="2"></td></tr>
<tr><td>결과물</td><td></td><td colspan="2"></td></tr>
<tr><td rowspan="3">활동방법</td><td>도 입</td><td colspan="3"></td></tr>
<tr><td>전 개</td><td colspan="3"></td></tr>
<tr><td>마무리</td><td colspan="3"></td></tr>
<tr><td colspan="2">제작과 활동 유의점</td><td colspan="3"></td></tr>
</table>

2) 교재교구 제작 결과서 작성

교재교구 제작 계획서를 작성한 후에는 교재교구 제작과정과 수정된 사항들을 추가하여 교재교구 제작 결과서를 작성한다.

| 표 7-6 | '공을 굴려 보아요' 교재교구 제작 결과서

<table>
<tr><td colspan="2">교과교재 구분</td><td>교재교구</td><td>교과교재 종류</td><td>인형자료</td></tr>
<tr><td colspan="2">활 동 명</td><td>공을 굴려 보아요</td><td>연 령</td><td>만 1~3세</td></tr>
<tr><td colspan="2">활동유형</td><td>감각활동 및 신체활동</td><td>흥미영역 위치</td><td>역할영역</td></tr>
<tr><td colspan="2">교육목표</td><td colspan="3">공과 동물인형의 촉감을 느끼고, 공을 굴려 즐겁게 놀이에 참여할 수 있다.</td></tr>
<tr><td colspan="5">제 작 과 정</td></tr>
<tr><td colspan="2"></td><td>사 진</td><td colspan="2">설 명</td></tr>
<tr><td colspan="2">준비물</td><td>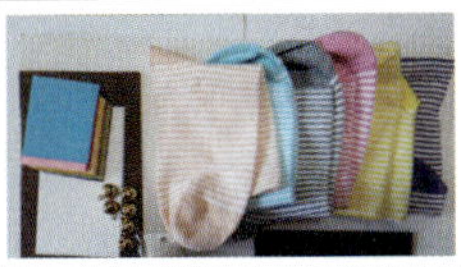</td><td colspan="2">펠트지(빨간색, 흰색, 분홍색, 초록색, 갈색, 하늘색, 파란색, 노란색, 검은색, 주황색), 줄무늬양말(보라색, 하늘색, 회색, 분홍색, 노란색, 살구색), 솜, 방울, 글루건, 가위, 십자수실, 바늘, 박스, 벨크로, 플라스틱밑판</td></tr>
<tr><td rowspan="4">제작방법</td><td>1단계</td><td> </td><td colspan="2">1. 양말은 발끝에서 13cm되는 위치를 절단한다.
2. 동물의 귀와 얼굴, 볼 등에 필요한 펠트지는 도안을 이용하여 잘라 놓는다.
3. 남은 양말을 이용하여 오각형 12개로 절단한다.
4. 플라스틱밑판은 펠트지 동그라미보다 작게 동그라미로 자른다.</td></tr>
<tr><td>2단계</td><td> </td><td colspan="2">5. 오각형은 변끼리 박음질해서 이어준 후 솜을 넣고 방울을 넣어 마무리 한다.
6. 절단한 양말은 자른 위치에 홈질해서 솜을 넣은 후 홈질한 실을 쭉 잡아당겨 매듭지어둔다.
7. 얼굴 부분을 위치에 맞게 눈알은 검정실을 이용하여 달아준다.</td></tr>
<tr><td>3단계</td><td>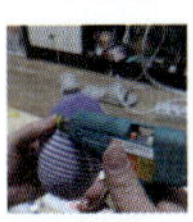 </td><td colspan="2">8. 절단한 펠트지 귀, 얼굴, 코, 볼을 글루건으로 붙인다.
9. 몸통 바닥은 플라스틱 동그라미와 펠트지 동그라미를 이용하여 홈질한 부분에 붙여준다.
10. 정리박스도 펠트지와 박스를 이용해 만든다.</td></tr>
<tr><td>결과물</td><td> </td><td colspan="2">– 교재교구 구성
양말로 만든 동물모양의 볼링인형, 오각형 모양이 들어간 축구공, 정리 박스</td></tr>
<tr><td rowspan="3">활동방법</td><td>도 입</td><td colspan="3">1. 상자 안에 무엇이 들어 있는지 호기심을 유발한다.
2. 공과 동물인형을 탐색한 후, 오늘 활동에 대해 설명한다.</td></tr>
<tr><td>전 개</td><td colspan="3">1. 상자를 펼치고 동물인형을 배치하고, 교사가 공 굴리는 시범을 보인다.
2. 순서를 정하여 한 명씩 돌아가면서 공을 굴려본다.</td></tr>
<tr><td>마무리</td><td colspan="3">1. 활동이 즐거웠는지 이야기를 나눈다.
2. 역할영역에 이 교재교구가 놓여질 것임을 안내한다.</td></tr>
<tr><td colspan="2">제작과 활동 유의점</td><td colspan="3">1. 인형을 꿰맬 때 바늘을 이용하고, 글루건을 이용하여 붙이기 때문에 손이 다치지 않도록 유의해야 한다.
2. 놀이가 끝난 후에는 꼭 정리해야 한다.</td></tr>
</table>

3) 교재교구 상호작용 계획서 작성

교재교구 제작 결과서를 작성한 후에 효과적인 수업과 제시를 위해 상호작용 계획서를 작성한다.

| 표 7-7 | '공을 굴려 보아요' 상호작용 계획서

<table>
<tr><td>교육목표</td><td colspan="3">공과 동물인형의 촉감을 느끼고, 공을 굴려 즐겁게 놀이에 참여할 수 있다.</td></tr>
<tr><td>활 동 명</td><td>공을 굴려 보아요</td><td>연 령</td><td>만 1~3세</td></tr>
<tr><td>활동유형</td><td>감각활동 및 신체활동</td><td>흥미영역</td><td>역할영역</td></tr>
<tr><td>활동자료</td><td colspan="3">양말로 만든 동물모양의 볼링인형, 오각형 모양이 들어간 축구공, 정리 박스</td></tr>
<tr><td colspan="4">상 호 작 용 계 획</td></tr>
<tr><td>도입</td><td colspan="3">1. 상자 안에 무엇이 들어 있는지 호기심을 유발한다.
T: 얘들아, 이 상자 안에 무엇이 들어 있을까?
C: 몰라요. (만지려고 함 등등)
T: 한번 흔들어볼까? 누가 나와서 들어볼까? (상자를 탐색함)
C: 궁금해요~~
T: 그럼 안에 무엇이 있는지 한 사람씩 나와서 꺼내볼까? (영아의 손으로 꺼내며 촉감을 느끼도록 함)
2. 공과 동물인형을 탐색한 후, 오늘 활동에 대해 설명한다.
T: 우와~ 공이랑 동물들이 있었네! 자 우리 같이 만져볼까? 느낌이 어떠니?
C: 말랑말랑해요. 부드러워요.
T: 그래. 말랑말랑하고 부드럽다. 이 공은 어떨까?
C: 말랑해요. 데굴데굴 굴러요.
T: 말랑하고 데굴데굴 구르는구나. 우리 이 공하고 동물인형으로 공굴리기 게임을 해 볼거야.</td></tr>
<tr><td>전개</td><td colspan="3">1. 상자를 펼치고 동물인형을 배치하고, 교사가 공 굴리는 시범을 보인다.
T: 짠~ 상자를 열어보니, 이런 길이 있었네? 어떻게 하는 것일까? 자, 이렇게 동물인형을 세워놓고, 여기서 공을 데굴데굴 굴리는 거야(시범을 보임). 어때 해볼 수 있겠니?
C: 네, 나도 해볼래요.
2. 순서를 정하여 한 명씩 돌아가면서 공을 굴려본다(두세 번 반복한다).
T: 자, 그럼 한 사람씩 공을 이 길을 따라 굴려보자! 순서대로 모두 할테니 친구들이 굴리는 것도 잘 보자!
C: 네! (한 명씩 교사의 지도하에 공을 굴려본다.)
T: 동물인형이 넘어졌네. 하이파이브! 다시 해볼까? 열심히 하네! (공을 굴린 영아들을 격려하고, 하이파이브 해 준다. 공이 길 밖으로 나가거나 동물인형에 닿지 못한 영아들은 기회를 더 주고 응원한다.)</td></tr>
<tr><td>마무리</td><td colspan="3">1. 활동이 즐거웠는지 이야기를 나눈다.
T: 얘들아! 공 굴리는 놀이가 어땠어?
C: 재밌어요. 또 할래요. 인형이 귀여워요.
T: 재밌게 했구나. 하면서 어려운 건 없었니?
C: 공이 잘 안 맞아요. 혼자서 계속 하고 싶어요.
T: 그래 공이 잘 안 맞을 때도 있었지? 친구들 순서 기다린 건 정말 잘했어.
2. 역할영역에 이 교재교구가 놓여 질 것임을 안내한다.
T: 햇님반이 재미있게 놀이한 이 놀잇감을 선생님이 교실에 둘 거야. 바로 역할영역!
C: 와! 신난다.
T: 그래 좋아하는 동물들과 놀이도 하고, 친구와 공 굴리기 게임도 할 수 있겠다.</td></tr>
<tr><td>활동 유의점</td><td colspan="3">순서를 지키는 모습을 지속적으로 격려한다.
동물인형을 넘어뜨리는 활동이므로 동물에 대한 정서적인 측면을 고려하여 상호작용한다.</td></tr>
</table>

4) 교재교구 활용 계획서 작성

교재교구는 특정 교육목표나 활동을 위해 제작되지만, 교재교구 전체 혹은 일부는 다른 활동계획에 유용하게 사용될 수 있다. 교사는 활용방안을 연구하면서 전문성을 향상시키고, 수업의 범위와 영역을 확대할 수 있다. 교재교구 활용 계획서에는 제작된 교재교구 전체 혹은 일부를 활용할 수 있는 수업이나 활동을 구상하여 작성한다.

| 표 7-8 | '공을 굴려 보아요'교재교구 활용 계획서

<table>
<tr><th colspan="5">교재교구 활용 계획서</th></tr>
<tr><td colspan="2">교재교구 명</td><td>촉감동물인형</td><td>자료유형</td><td>인형자료</td></tr>
<tr><td rowspan="5">활동 1</td><td>활 동 명</td><td colspan="3">사자의 생일 인형극</td></tr>
<tr><td>표준보육과정</td><td>의사소통영역</td><td>활동유형</td><td>인형극</td></tr>
<tr><td>대상연령</td><td>만 3세</td><td>수업자료</td><td>테이블, 테이블 보,
사자 집 배경</td></tr>
<tr><td>교육목표</td><td colspan="3">• 생일을 맞이한 친구에게 적절한 말을 할 수 있다.</td></tr>
<tr><td>활동방법</td><td colspan="3">〈도입〉
– 햇님반에 생일을 맞이한 친구가 있음을 알린다.
– 동물 친구들 중에도 생일을 맞이한 친구가 있다고 말한다.
〈전개〉
– 테이블 인형극으로 사자의 생일파티에 초대된 여러 친구들이 축하인사를 하는 동극으로 보여준다.
〈마무리〉
– 친구들의 축하메시지를 들은 사자의 기분이 어땠을지 물어본다.
– 함께 생일을 맞이한 친구에게 축하인사를 전한다.</td></tr>
<tr><td rowspan="5">활동 2</td><td>활 동 명</td><td colspan="3">공 주고 받기</td></tr>
<tr><td>표준보육과정</td><td>신체운동건강영역</td><td>활동유형</td><td>신체표현</td></tr>
<tr><td>대상연령</td><td>만 1세</td><td>수업자료</td><td>촉감 공</td></tr>
<tr><td>교육목표</td><td colspan="3">• 선생님과 공을 주고 받으며 대근육 운동을 한다.</td></tr>
<tr><td>활동방법</td><td colspan="3">〈도입〉
– 공을 함께 만져보며 이야기를 나눈다.
〈전개〉
– 선생님이 공을 굴리면 받고, 공을 다시 선생님에게 굴려본다.
– 선생님과 친구들과 함께 공을 굴려 전달해본다.
〈마무리〉
– 친구들끼리 굴려서 주고 받을 수 있다고 이야기한다.
– 공을 정한 선 너머로 굴려보는 게임을 제안한다.</td></tr>
</table>

Chapter 8

영유아 교과교재의 제작 방법

대부분의 교과교재들은 그림 및 사진 자료를 활용하여 평면적 · 입체적으로 제작된다. 교과교재의 크기는 집단 크기 및 활동에 따라 달라진다.

1. 보드형 교과교재

보드형 교과교재는 기존 그림자료로 지칭하는 자료이다. 주로 하드보드판이 활용되며, 입체적인 표현이 필요할 때 부분적으로 혹은 전체적으로 우드락이나 폼보드를 사용한다.

하드보드판은 여러 겹의 종이를 압축한 것으로 매우 단단하며 흰색 외에도 다양한 색상이 있다. 주로 교사 제시용 자료, 교구 바닥판, 상자 만들기, 주사위 만들기에서 활용된다. 접을 때는 칼집을 내주고, 투명 테이프로 감싸준다. 대체로 마무리는 투명시트지로 감싸고 테두리는 마스킹 테이프로 둘러준다.

하드보드판과 재료들

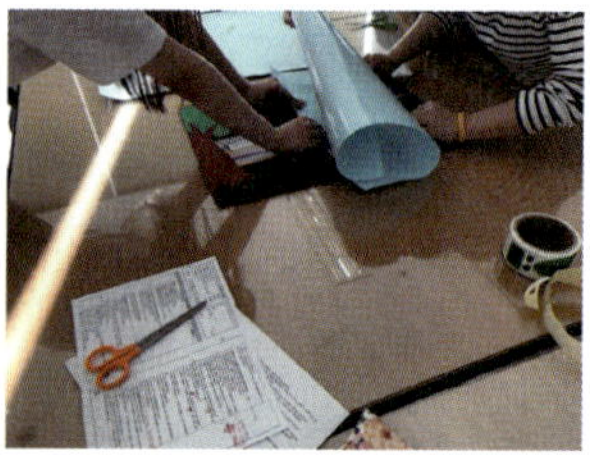

투명시트지로 씌우기

투명시트지로 마무리

마스킹 테이프로 마무리

1) 제작방법

(1) 낚싯줄 연결하기

- 배경 그림판에서 부분적인 그림을 직선으로 움직일 경우
- 배경판이 두꺼워서 칼집을 내기 어려운 경우

■ 방법 및 유의점

❶ 낚싯줄에 부분 그림과 손잡이를 고정하여 활용

❷ 이동을 원하는 거리만큼 낚싯줄을 부착하고, 부분그림 뒷면에 빨대를 붙여 정면에서 이동(유아와 함께 작업 시 유용)

낚싯줄 연결하기❶(앞면)

⇒

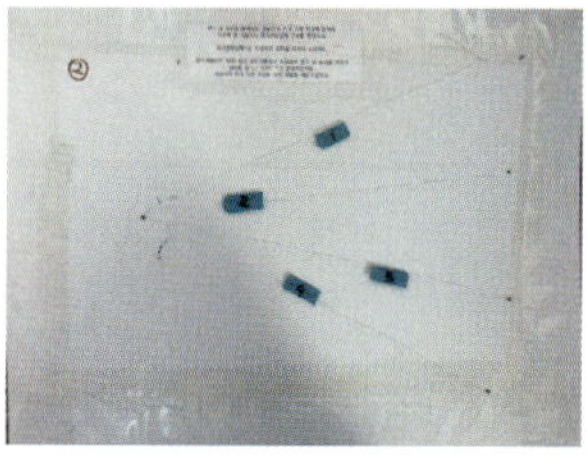

낚싯줄 연결하기❶(뒷면)

낚싯줄 연결하기❷(조작 전)

⇒

낚싯줄 연결하기❷(조작 후)

(2) 칼집내기

- 부분적인 그림을 곡선 혹은 직선으로 움직일 경우
- 두 개 이상의 부분적인 그림의 이동을 같은 배경에서 사용하고자 하는 경우

■ 방법 및 유의점

❶ 칼집 사이로 자료의 이동이 가능하도록 부드럽게 테이프 처리

❷ 칼집의 길이가 너무 길거나 굴곡이 심하면 조작이 어려움

칼집내기(앞면)

⇒

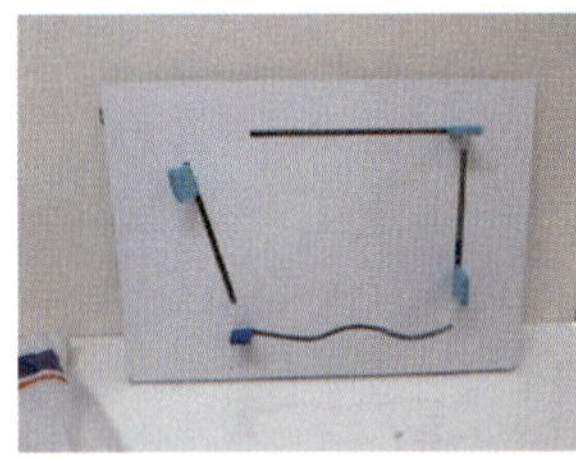

칼집내기(뒷면)

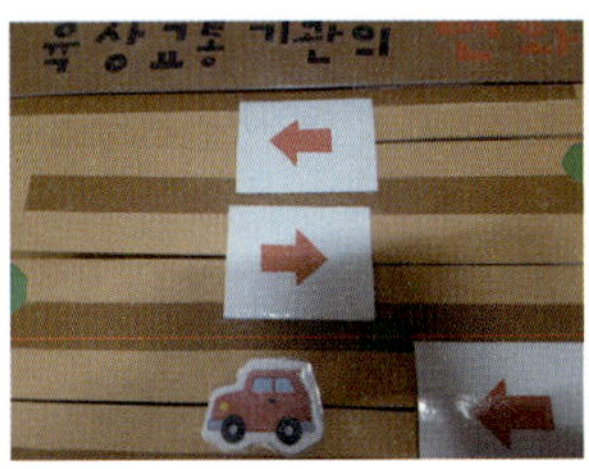

칼집내기(앞면)

⇒

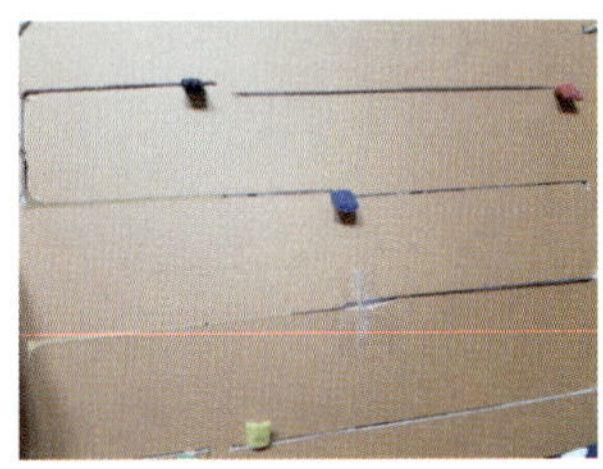

칼집내기(뒷면)

(3) 겹치기 효과

- 내용 전개상 배경그림판에 작은 변화가 필요할 경우
- 배경변화 없이 상황이 바뀌는 경우
- 이야기를 점층적 · 점진적으로 구성하는 경우

■ 방법 및 유의점

❶ 겹치기 효과가 나타나는 부분의 표현에 유의하여 제작함

❷ 낚싯줄 혹은 칼집내기 효과와 함께 사용할 수 있음

❸ 효과에 따라 OHP 필름이나 아스테이지를 활용함

OHP 필름

습자지

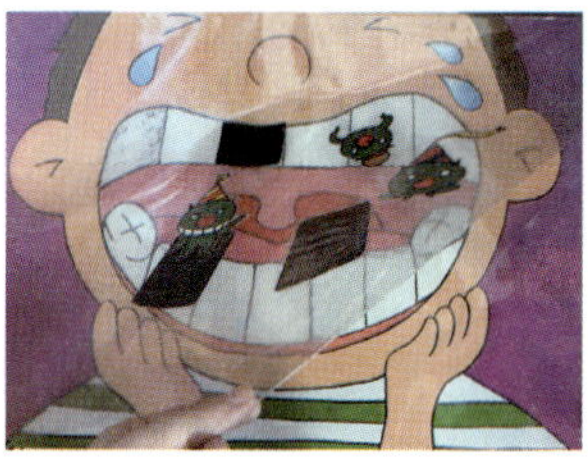

아스테이지

아스테이지

(4) 회전효과

- 자료의 회전 및 부분적 움직임이 필요한 경우
- 할핀, 재봉틀의 북, 구슬과 핀, 회전단추, 스피너 등을 활용하여 제작
- 신체의 관절, 시계바늘, 다트, 부분적 퀴즈판 등에 주로 사용

▪ 방법 및 유의점

❶ 할핀을 사용하는 경우 끝부분을 시트지로 감싸주어야 함

❷ 스피너를 분해하여 회전축으로 제작할 수 있음

할핀 사용 앞면

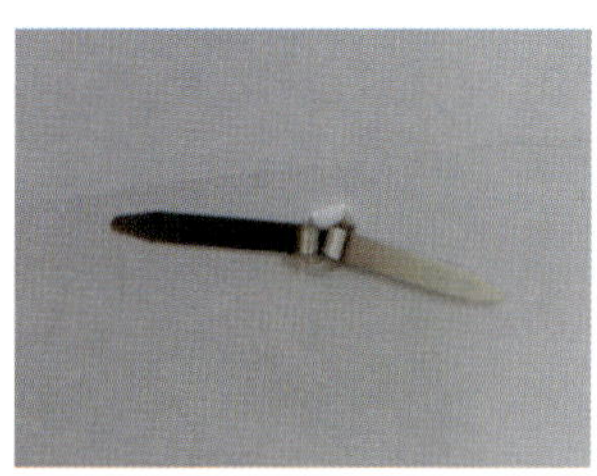

할핀 사용 뒷면

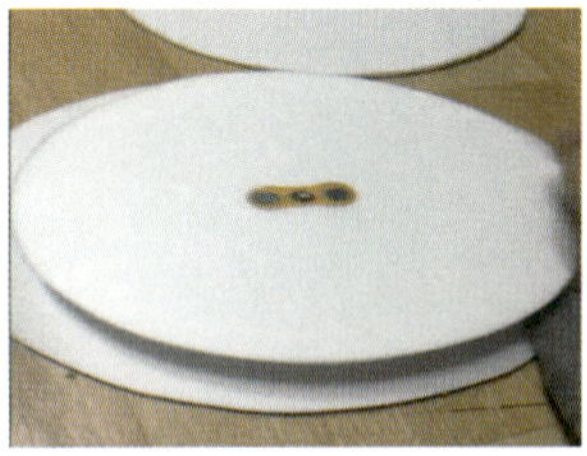

피젯스피너를 끼운 모습

스피너 사용 회전판

(5) 제시자료 만들기

- 기본 준비물: 하드보드판 혹은 우드락, 칼(또는 우드락 칼), 가위, 자, 연필, 코팅지, 풀

■ 방법 및 유의점

❶ 그림 및 사진자료 선택

– 종이나 펠트지 등: 인터넷 출력, 도안 복사, 직접 그리기

❷ 배지 대기

– 머메이드지: 완성된 그림 및 사진자료에 머메이드지를 붙이고, 자료보다 2~3mm 가량 크게 대고 오려 코팅함

– EVA 또는 우드락: 완성된 그림 및 사진자료를 코팅하고, 코팅한 자료보다 2~3mm가량 크게 대고 오림. 코팅된 면 아래에 EVA나 우드락 부착함(EVA는 가위로, 우드락은 우드락 칼로 컷팅함)

❸ 부착재료 붙이기

– 제시될 판의 종류를 고려하여 벨크로 테이프나 자석을 붙임

그림 및 사진자료 선택

배지 대기

부착재료 붙이기

2) 보드형 교과교재 제작 시 유의사항

보드형 교과교재는 제작이 쉽고 비용도 적게 들며 움직이는 장면이나 작은 장면을 자세히 볼 수 있다는 장점을 갖고 있다. 그러나 그림이나 사진을 낱장으로 수집할 경우, 크기에서 일관성을 갖기 어렵다. 개미가 코끼리 크기로 표현되거나 코끼리가 개미 크기로 표현되면, 사전경험과 지식이 없는 영유아에게 혼란스러운 정보가 될 수 있다. 특히 그림이나 사진은 감각경험이나 입체적인 사물을 알아보기에 부적절하므로 유의해야 한다.

3) 보드형 교과교재 보관 시 유의사항

보드형 교과교재를 보관할 때에는 플라스틱 상자, 지퍼백, 대형 파일 등에 담아 제목을 붙여 생활주제 및 활동성격에 따라 분류하고 목록표를 만들어 보관한다. 다른 자료에 비해 제작이 간단한 편이지만, 구하기 어려운 사진이나 그림을 수집한 경우에는 보다 튼튼하게 제작하여 장기간 보관 및 활용할 수 있도록 한다.

2. 융판형 교과교재

융판은 플란넬(flannel), 펠트(felt), 벨크로 테이프(까슬이, 보들이)가 서로 붙는 성질을 이용한 교과교재이다. 융판은 하드보드지, 우드락, 폼보드 등 편평한 판에 접착 융을 붙여 제작한다. 비교적 제작이 쉽고 붙였다 떼었다 하는 동적 표현으로 영유아의 주의집중과 흥미를 유발한다.

1) 제작 방법

(1) 평면융판

- 다양한 크기로 제작할 수 있으며, 부직포나 펠트지를 씌워 제작
- 소그룹 제시용 · 게시용으로 사용할 수 있으며, 교구장 뒷면, 교실 문, 벽 등의 공간에 부착 가능

- 게임판으로 제작 및 활용 가능

■ 방법

❶ 편평한 판의 재료, 4절지, 8절지 등 융판의 크기를 정함

❷ 판에 융, 접착 융, 부직포 등을 씌워 완성함

접착 융과 재료들

평면융판 뒷면

평면융판 게시

교사 제시

게임형 교재교구

기 평면융판

(2) 삼각융판

- 소그룹 교사 제시용으로 효과적임
- 자유선택활동 시 유아들이 책상 위에 올려두고 활동할 때 유용함

■ 방법

❶ 융판 아랫 부분에 벨크로 테이프를 붙여 접을 수 있도록 제작

❷ 융판 바닥을 앞쪽으로 나오도록 제작하여 자료를 모아둘 수 있음

❸ 삼각대 사이에 자료보관함을 만들어 자료를 정리할 수 있음

제작과정

제작과정

삼각융판 완성

동화 듣기

언어영역 제시

교사 제시

(3) 가방융판

- 가방 형태로 제작되어 실외에서 활용할 수 있음
- 흥미로운 형태로 영유아의 흥미를 유발함

■ 방법

❶ 부직포 혹은 단단한 재질로 제작하고 손잡이를 달아 사용

❷ 펠트지나 두꺼운 비닐로 안쪽에 주머니를 제작하여 자료를 보관함

제작과정

제작과정

제작과정

가방융판 완성

(4) 정육면체 융판

- 면을 사용할 수 있는 입체 융판으로 다양한 자료를 교체할 수 있음
- 분류, 주제 구분, 동화 등의 활동을 생동감 있게 전개할 수 있음

■ 방법

❶ 단단한 판으로 면을 제작하여 투명테이프로 붙임

❷ 접착 융이나 부직포를 부착한 후 다양한 자료를 그 위에 부착함

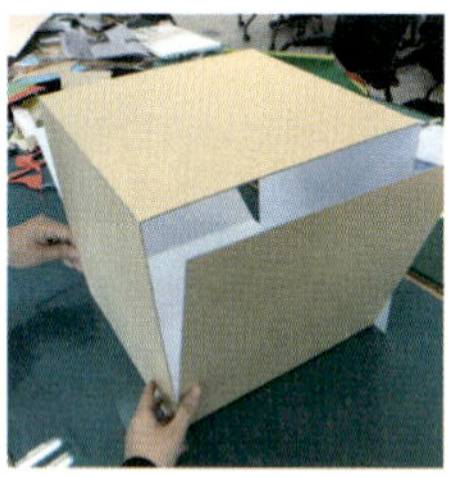

정육면체 융판 제작

제작 과정

정육면체 융판 완성

생활주제 '우리동네'

생활주제 '동물'

(5) 제시자료 만들기

- 배지를 댄 그림 및 사진자료를 코팅하고 벨크로 테이프를 추가하여 제작
- 펠트지를 평면 또는 입체로 제작하여 벨크로 테이프를 부착함

■ 방법

❶ 펠트지에 원하는 도안 그리고 오려 차곡차곡 쌓아 붙여 제작

❷ 솜을 넣고 꿰매어 입체 접착자료를 제작

펠트지에 원하는 도안을 그리고 오림

벨크로 테이프를 붙임

겹쳐 붙여 최종본 완성

펠트지에 원하는 도안을 그리고 오림

솜을 넣어서 꿰매기

장식하여 최종본 완성

2) 융판형 교과교재 제작 시 유의사항

융판은 자료 제시속도나 순서 등에서 융통성을 발휘할 수 있으며, 등장과 퇴장과 같은 이동 표현에 용이하고 전체 배경 묘사가 가능하다는 장점을 갖고 있다. 그러나 융판을 사용하는 경우, 배경의 변화가 불가하므로 배경이 달라지거나 등장인물 수가 많은 교수-학습과정에는 적절하지 않다. 또한 자료가 붙지 않거나 탈부착 시 소리가 너무 클 수 있으므로 사전에 시험할 필요가 있다.

3) 융판형 교과교재 보관 시 유의사항

융판과 융판자료들은 눕혀서 보관하는 것이 좋다. 지퍼백이나 보관상자에는 융판자료의 제목, 내용, 자료의 총 개수, 사용방법 등을 기재하고 세부 융판자료의 뒷면에는 제시 순서대로 번호를 기입하는 것이 좋다. 특히 세부 융판자료들만 보관할 때는 제목을 각각 붙이고, 여러 개의 보관봉투를 바구니에 담아 보관한다. 또한 벨크로 테이프면이 자료의 손상을 유발하지 않도록 간지를 넣어 보관할 수 있다.

3. 자석형 교과교재

자석형 교과교재는 자석의 당기는 힘과 미는 힘을 이용하는 자료로서, 자석의 힘이 통하는 편평한 판을 사이에 두고 다른 극의 자석으로 말을 이동한다. 자석자료는 소재 자체의 흥미요소로 영유아의 주의집중 유도와 영유아의 적극적인 참여활동에 유용하다.

1) 제작 방법

(1) 자석보드

- 함석판, 아크릴판, 철로 된 깡통 등을 활용하여 제작 가능함
- 페인트 칠을 하거나 시트지를 붙여 안전하고 견고하게 제작할 수 있음

■ 방법

❶ 교구장 뒤, 벽에 부착할 수 있도록 제작할 수 있음

❷ 골판지와 우드락에 함석판을 붙여 자석판을 제작할 수 있음

함석판과 재료들

펠트지 자료와 자석

어디 사는 동물일까?

자석카드

자석게임판

물고기 획득물

(2) 고무 자석

- 플라스틱 자석이라고도 부름. 가위로 자르거나 펀치로 눌러 제작
- 겹치는 효과를 내거나, 전체에 부분을 설명하거나 꾸밀 때 효과적임

■ 방법

❶ 원하는 모양을 가위로 자르거나 펀치로 눌러 제작

❷ 얼굴 꾸미기, 옷 입히기, 한복입기, 상차리기 등의 주제에 적합함

고무자석 조각

겨울철 옷차림 조작 교구

(3) 막대 자석과 원형 자석

- 아크릴판 등 뒷면에서 자료를 이동 및 조정할 때 활용됨
- 막대 자석과 원형 자석 외 다양한 자석은 자료의 크기, 판의 두께 등을 고려하여 자력을 실험해 보고 선택해야 함

■ 방법

❶ 조작 자석과 말 자석은 서로 다른 극이어야 함

❷ 자석끼리 붙으면 자력이 약해지거나 활동에 불편이 있으니 주의

겨울낚시터 제작

자석 낚싯대와 물고기

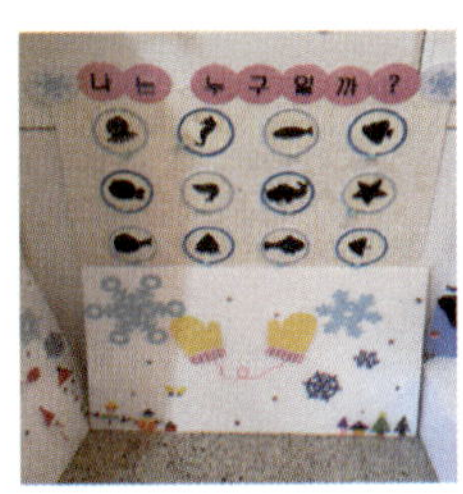

자석 활동판

2) 자석형 교과교재 제작 시 유의사항

자석판과 자석을 사용하는 경우, 전체 배경 묘사가 가능한 반면에 배경의 변화가 불가하므로 배경 변화가 많거나 등장인물 수가 많은 교수–학습과정에는 적절하지 않다. 또한 자료의 두께와 크기에 알맞는 자력의 정도를 시험하여야 한다. 또한 활동자료의 크기가 너무 크거나 무거우면 제시과정에서 자료가 미끄러질 수 있으므로 주의해야 한다.

3) 자석형 교과교재 보관 시 유의사항

자석을 부착한 상태로 오래 보관하면 자력이 약해지므로 자석을 떼어서 보관한다. 자석자료의 종류에 따라 따로 보관하며, 자석끼리 서로 붙어 자료의 손상이 일어나지 않도록 간지를 넣거나 따로 박스에 보관한다.

4. 인형형 교과교재

인형형 교과교재는 사람이나 동식물 · 사물을 인형으로 만든 자료로서 영유아에게 심리적인 친근감과 정서적인 안정감을 제공한다. 일상생활의 경험을 표현할 수 있도록 격려하고 상상과 환상의 세계를 경험할 수 있도록 자극하므로, 교육목적과 활동특성에 따라 여러 가지 방법으로 제작되어 다양한 교수–학습 활동에 유용하게 활용된다.

1) 제작 방법

(1) 막대인형

- 인형의 몸체에 다양한 막대를 연결하여 그 막대로 인형을 조작함
- 평면 및 입체적으로 제작할 수 있으며, 영유아의 직접조작이 용이함

■ 방법

❶ 인형의 활용 상황에 따라 막대의 위치는 아래, 위, 옆이 되기도 함

❷ 방울 및 거울을 달거나 움직임을 추가한 제작이 가능하며, 막대인형을 위한 무대도 제작할 수 있음

평면 막대인형

손잡이가 뒤에 있는 평면 막대인형

막대인형을 위한 무대

(2) 모자 인형

- 머리에 쓸 수 있도록 제작함
- 동극, 역할놀이, 게임 등에서 유용하게 활용함

■ 방법

❶ 머리띠 형식, 모자 형식으로 제작함

❷ 머리와 얼굴 크기를 고려하여 벨크로 테이프, 고무줄을 활용

과일 모자 인형

상어 모자 인형

상어 모자 인형 착용

(3) 손인형

- 인형 안에 손을 넣어 인형의 머리, 팔, 다리, 입 등을 움직이는 인형
- 다양한 동작 표현 및 영유아와의 상호작용에 유용함

■ 방법

❶ 손 전체가 들어가도록 제작하며, 제작과정 중 움직임을 확인함

❷ 팔꿈치까지 들어가도록 제작하면 안정적인 조작에 용이함

신랑 손인형 (인사)

아기 손인형 (팔, 다리)

나비 손인형 (날개)

(4) 손가락 인형

- 손가락에 끼고 조작하는 인형으로서 손가락에 끼울 수 있는 크기로 제작됨

■ 방법

❶ 장갑에 인형을 붙이거나 직접 꾸며서 제작

❷ 인형에 골무, 고무줄, 고리 등을 부착하여 제작

❸ 손가락이 인형 신체의 일부가 되도록 제작

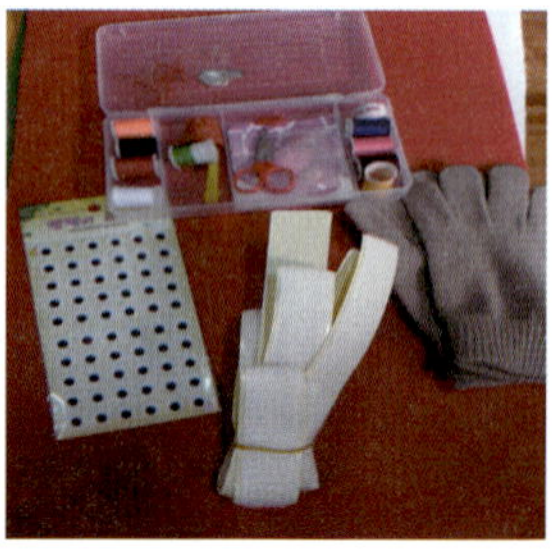

손가락 인형 준비물

따로 제작된 작은 크기 인형

장갑형 손가락 인형

(5) 테이블 인형

- 인형을 테이블 위에 세워놓고 조작할 수 있도록 제작함
- 직접 이동 및 다양한 이동방법으로 움직이는 효과를 냄

■ 방법

❶ 인형 뒷면에 삼각대, 캔, 우유팩, 휴지심 등의 받침대를 세움

❷ 인형 자체가 세워지도록 지우개, 스티로폼 등에 꽂음

게임용 테이블 인형

재활용품 테이블 인형

쌀의 무게를 이용한 테이블 인형

(6) 줄인형

- 인형을 테이블 위에 세워놓고 조작할 수 있도록 제작함
- 줄을 이용한 간접조작으로 움직이는 효과를 냄

■ 방법

❶ 인형의 팔, 다리, 관절 등을 줄로 연결함

❷ 연결된 부분과 조작부의 합을 확인함

줄인형 준비물

줄인형 다리 만들기

손잡이와 연결하기

(7) 디오라마 자료

- 장면이나 상황을 한 눈에 볼 수 있도록 입체적으로 제작
- 쉐도우 박스형, 톱-뷰형, 십자형으로 제작

■ 방법

❶ 전체배경, 가운데 놓일 자료들을 결정

❷ 주제 표현에 적절한 재료를 활용하여 입체적으로 제작

2) 인형형 교과교재 제작 시 유의사항

여러 가지 교과교재와 다양한 재료들은 교육목표와 활동유형에 적합하게 활용되어야 한다. 견고하고 안전하게 제작된 교과교재, 심미적으로 뛰어난 교과교재라도 교사의 교수-학습과정과 영유아의 놀이 활동에 적절하지 않다면 교과교재의 역할과 기능을 수행할 수 없다.

인형형 교과교재는 영유아의 흥미, 정서적 안정감, 심미감의 교육적 효과가 있으나, 제작 시간과 노력이 다른 자료에 비해 상당하다. 따라서 다양한 활동을 계획하여 제작 시의 시간과 수고와 비례하여 활용도를 높일 수 있도록 노력한다.

3) 인형형 교과교재 보관 시 유의사항

인형형 교과교재는 주로 천이나 펠트지로 제작되므로, 다른 교과교재에 비해 손때나 이물질에 의한 오염도가 높다. 이에 인형자료를 사용 후 보관할 때에는 지퍼백이나 상자에 담아 오염도를 줄이고, 세탁이 가능한 인형은 세탁하여 보관하도록 한다.

5. OHP형 교과교재

OHP(Over Head Projector)는 투시물 환등기로서 투시매체 TP(Transparencies)를 스크린에 확대하여 제시할 수 있는 기자재이다. 최근에는 컴퓨터의 다양한 활용으로 사용빈도가 줄었으나, 투시매체인 OHP 필름은 꾸준히 사용되고 있다.

1) OHP형 교과교재의 장점

- 암막장치가 없어도 선명한 화면을 볼 수 있다.
- 제작이 간단하고 저렴하다.
- 활동 중 자료를 만들어가면서 활동할 수 있다.
- 출력, 복사 등이 가능하고, 제작방법에 따라 다양하게 제시할 수 있다.

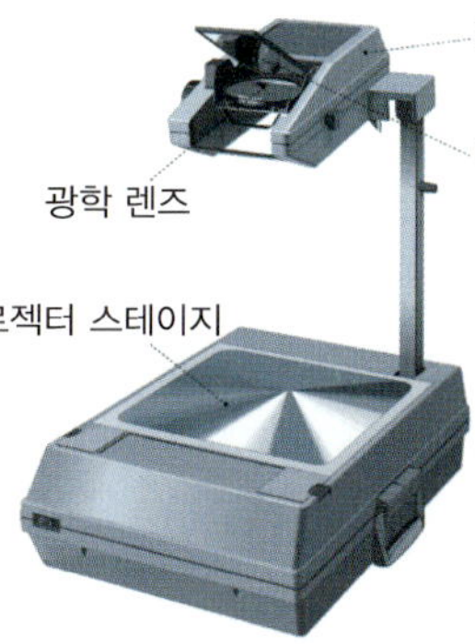

2) OHP형 교과교재 제작과 제시

- **제작 및 제시:** 제시 자료를 OHP 필름에 직접 그리거나 출력, 복사한다.
- 최근 OHP 기기 없이 OHP 필름만을 동화나 이야기 나누기 자료로 활용한다.
  1. 합성 투영법: 시트 두 장 이상을 겹치는 방식
  2. 분해 투영법: 시트를 한 장씩 제거하는 방식
  3. 동화적 투영법: 동화배경을 미리 그리고, 그 위에 이야기 전개에 따라 등장인물을 합성 및 분해, 회전하는 방식
  4. 판서법: 영유아와 함께 직접 쓰고 지우면서 제시하는 방식

3) OHP형 교과교재 제작 시 유의사항

- 모든 자료를 TP 자료로 제작해야 한다.
- OHP 기기 조작에 유의하여야 한다.
- OHP 빛이 강하므로 눈에 직접적으로 닿지 않도록 주의한다.

4) OHP형 교과교재 보관 시 유의사항

TP 자료의 제목과 제시 순서를 기록하여 보관한다. 파일이나 바인더 등에 보관하며, 습도에 따라 자료끼리 붙거나 지워질 수 있으므로 간지를 넣어 보관한다.

창작동화 '킁킁킁': 개미들이 한밤중에 자신이 본 것으로 무서운 괴물이라고 생각함

현명한 개미가 나타나 우리가 본 것은 맛있는 딸기 케이크였다고 이야기 해줌
(출처: 킁킁킁, 저자: 김예지)

Worksheet

[교과교재 제작 전, 선배들 작품 혹은 기 교과교재 분석 활동지]

교과교재 분석 활동지

______ 반 학번 ______________ 이름 ________________

연번	교과교재 명	교과교재의 특성 (견고함, 경제성, 매력성, 안전성, 활용 및 유용성, 교육활동과의 조화성)	보완점	새로운 활용방안	적용점 및 아이디어
ex)	기린과 코끼리 줄인형	매력적이나 견고하지 않다.	줄연결 부위를 한번 더 묶으면 좋을 것 같다.	‘동물들의 특징’을 주제로 수업함	모든 동물이 줄인형 제작에 적합하진 않다.

Chapter 9

멀티미디어 교과교재 제작

1. 멀티미디어 교과교재의 개념 및 기능

영유아 교수-학습에서 멀티미디어 교과교재 활용의 목적은 다감각적인 경험으로 효과적인 학습과정을 경험하도록 하는 데 있다. 멀티미디어는 주로 컴퓨터를 중심으로 두 가지 이상의 매체 구성요소가 다중적으로 결합되어 정보를 제시하거나 프로그램을 제공할 때 사용하는 용어이다.

멀티미디어 교과교재의 기능은 다음과 같다.

- 텍스트와 이미지, 오디오 등의 매체가 감각적 경험을 통합하여 제공
- 영유아의 반응에 따라 진행속도를 조절할 수 있어 상호작용에 효과적임
- 내용을 추가하거나 삭제하는 데 용이함
- 단시간에 많은 양의 정보 제공에 효과적임
- 시간과 공간을 초월한 교육내용 및 간접경험 제공에 효과적임
- 제작에 필요한 물리적인 시간, 공간, 비용 등에 경제적임

2. 멀티미디어 교과교재 제작 방법

1) PPT 제작 및 활용

파워포인트는 빔프로젝터를 이용한 프레젠테이션, 영유아의 사진, 행사, 환경, 활동 순서 등의 자료 제시에 사용된다. 특히 PPT는 대그룹의 영유아들과 인쇄매체 동화를 확대하여 함께 감상할 때 효과적이다.

■ 제작순서

❶ 동화를 선정한다.

❷ 스캐너 혹은 스마트폰 카메라를 사용하여 동화내용을 끝까지 스캔 및 촬영한다.

❸ 스캔 및 촬영한 동화내용들을 파워포인트 창에 삽입한다.

❹ 동화의 출처를 정확하게 밝힌다.

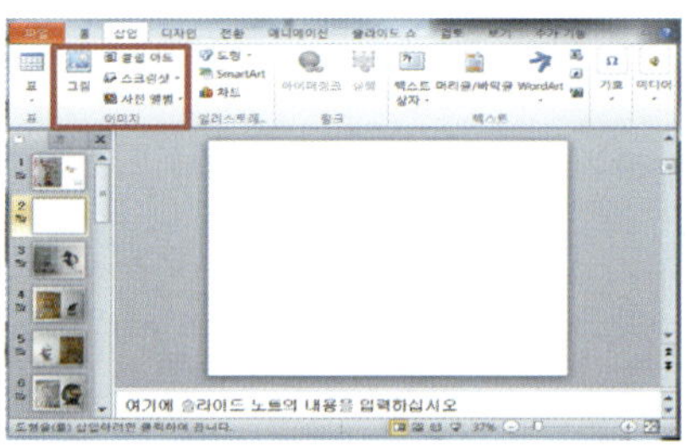

❸ 번 작업

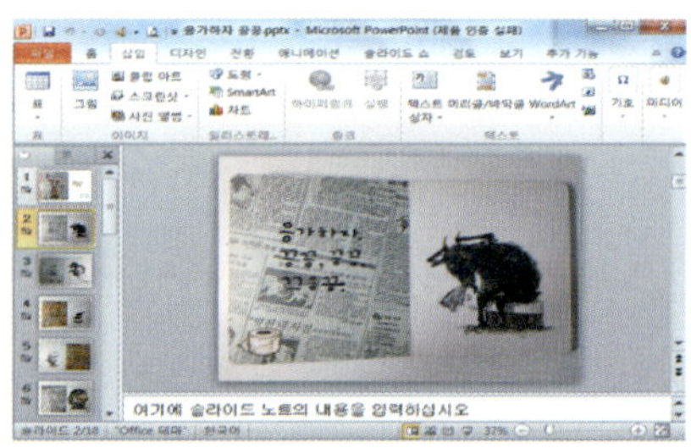

동화내용이 삽입됨

PPT 동화 만들기 (출처: 응가하자 끙끙 / 최민호 지음 / 보림출판사)

2) 사진 및 동영상 편집 및 활용

멀티미디어 자료는 시공간을 초월한 역사적 사실이나 세계를 영유아에게 간접경험으로 실감나게 제공한다. 대개 수업의 도입에서 활용되어 영유아의 흥미와 주의집중과 적극적인 참여를 유도한다.

특히 최근에는 스마트폰을 사용한 사진촬영과 편집이 개인적 차원에서 보편적으로 이루어지고 있다. 다양한 기능의 앱들이 계속적으로 개발되면서 쉽고 간단하게 동영상을 제작이 교육현장에서 적극적으로 활용되고 있다.

■ 활용방법

❶ 영유아에게 교육내용을 소개할 때

- 영상 제공에 필요한 컨텐츠를 선정한다.
- 교육용 동영상 제작은 프리웨어로 제공되는 화면녹화 프로그램을 사용한다.

ex)

❷ 영유아의 기관 생활과 자료를 동영상으로 제작할 때

- 영유아의 사진자료가 있는 스마트폰에서 동영상 편집 앱을 실행한다.
- 편집된 영상을 스마트폰과 컴퓨터의 연동 시스템들, 즉 카카오톡 혹은 이메일, 클라우드 등을 통해 컴퓨터로 옮긴다.

영유아의 활동 동영상 제작

3) QR코드 제작 및 활용

(1) QR코드

QR코드란 사각형의 가로, 세로 격자무늬에 다양한 정보를 담고 있는 2차원 형식의 코드로, 'Quick Response'의 줄임말이다. 기존 1차원 바코드보다 훨씬 많은 정보를 담을 수 있어 새로운 저장 공간으로 각광받고 있으며, 스마트폰의 보급에 따라 스마트폰으로 직접 QR코드를 스캔하면 그 결과를 손쉽게 받을 수 있다.

(2) QR코드 제작 과정

QR코드 제작은 다양한 학습과정 및 결과물에 정보기술(Information Technology, IT)과 스마트 기기 및 앱 활용을 결합한다. QR코드는 그림책 활동 혹은 다양한 음악, 미술, 동작, 디자인 등의 예술적 활동에 선택적으로 적용할 수 있다.

- 1단계: 활동의 과정 및 결과물을 준비한다.

- 2단계: 네이버에 회원가입하고(무료 30건 지원함), '네이버 QR코드' 사이트에 접속한다.
- 3단계: 화면 오른쪽에 필요한 페이지를 클릭한다(다양한 방법 설명을 참조할 수 있음).
- 4단계: URL, 링크, 동영상, 이미지 등 원하는 내용을 저장한다.
- 5단계: QR코드가 생성되면, 본인의 휴대전화, 메일, 블로그 등으로 발송하고, 카카오톡으로 저장하여 그룹 혹은 개인에게 전달한다.

QR코드 예시

(3) QR코드 활용 방법

- 주제중심 통합접근 및 문학작품중심 단위활동 시
- 유아와 부모에게 그림책 샘플이나 영상을 소개할 때
- 유아와 활동 후 영상책을 제작할 때
- 부모참여 활동 후, 사진 및 평가를 남길 때
- 활동 후, 다시 동화를 재구성할 때
- 글없는 자연친화 그림책에 노래 및 이야기를 만들 때
- 특별한 날에 부모와 소통할 때, 메시지를 보낼 때
- 학급의 활동을 하나로 취합할 때
- 그 외 다수

(4) QR코드 활용의 교육적 효과

- 현대 환경에 적합한 소통방식을 결합하여, 교육과 기술의 조화를 경험한다.
- 활동과정 및 결과물에 대한 접근성이 높아 유아의 발달 및 활동에 대한 부모와의 소통에 유용하며, 반영구적인 자료가 된다.
- 음악, 미술, 동작, 디자인 등의 예술교육 접근 활동에 선택적으로 적용할 수 있다.

3. 멀티미디어 교과교재 제작 시 유의사항

멀티미디어 교과교재를 제작할 때에는 컴퓨터 기기나 매체에 대한 기본 정보를 습득

한 후 제작하도록 한다. 기존파일이 삭제되거나 손상되어 복구 불가능한 일이 일어나지 않도록 유의하고, 중요자료는 이동매체나 이메일에 저장하여 멀티미디어 교과교재 보호에 유의한다.

4. 멀티미디어 교과교재 보관 시 유의사항

멀티미디어 교과교재는 컴퓨터 파일의 형태로 보관된다. 보관 시에는 주제 파일에 편집 원본과 편집본을 같이 보관하여 수업 시 참고하거나 재편집이 가능하도록 한다. 또한 졸업한 영유아의 사진이나 개인 신상에 대한 자료들은 삭제하거나 본인에게 전달하여 개인정보보호상의 문제가 발생하지 않도록 한다.

Part 3

영유아 교과교재의 실제

Chapter 10. 영유아 교수매체의 실제

Chapter 11. 영유아 교재교구의 실제

Chapter 12. SNS 연계 협력적 교과교재 제작

Chapter 13. 영유아 교과교재 개발과 특허

Chapter 10

영유아 교수매체의 실제

- 이야기 나누기 자료
- 동화 · 동시 · 동요 자료
- 순서안내 자료
- 게시 자료

이야기 나누기 자료

1. 유치원에서 도움을 주시는 분들
2. 누구의 물건일까?
3. 마음을 표현해요
4. 우리 가족은 몇 명인가요?
5. 직업을 알아보아요
6. 어느 곳 일까요?
7. 민들레가 피었어요
8. 물고기의 뱃속
9. 같은 동물 찾기
10. 감기 조심 하세요
11. 땅이 흔들려요
12. 건강이의 하루
13. 옛날과 오늘날의 생활도구
14. 우리 집의 생활도구
15. 옛날에는 무엇을 타고 다녔을까?
16. 태극기에 담긴 뜻
17. 세계의 친구들과 인사해요
18. 고래의 생일파티
19. 물은 돌고 돌아서
20. 바다기린과 분리수거하기
21. 겨울잠을 자는 동물들
22. 옷을 갈아입는 나무
23. 겨울철 옷 입히기

1 유치원에서 도움을 주시는 분들

생활주제	유치원과 친구	누리과정	사회관계영역
자료유형	보드자료	주요기법	팝업

자료소개 및 주요기법 선정배경

- 교육목표는 유치원에 도움을 주시는 분들에 대해 알고 감사하는 마음을 갖는 것이다.
- 이 자료는 유아의 흥미를 자극할 수 있도록 팝업 카드 형식으로 제작되었다. 입체 형태의 팝업 카드와 "나는 누구일까요?"라는 문구는 유아들의 호기심을 일으킬 수 있다.
- 이야기 나누기가 끝난 후, 활동판에 달린 끈을 이용하여 벽에 게시하여 흥미영역에서 팝업 카드를 꺼내보거나 만들 수 있다.

준비물 하드보드지(노란색), 색지(빨간색, 주황색, 초록색, 연두색, 보라색), OHP 필름, 시트지, 프린트된 글씨와 그림, 코팅지, 뽕뽕이, 끈, 펀치, 가위, 칼, 풀, 글루건, 마스킹 테이프(노란색)

제작방법

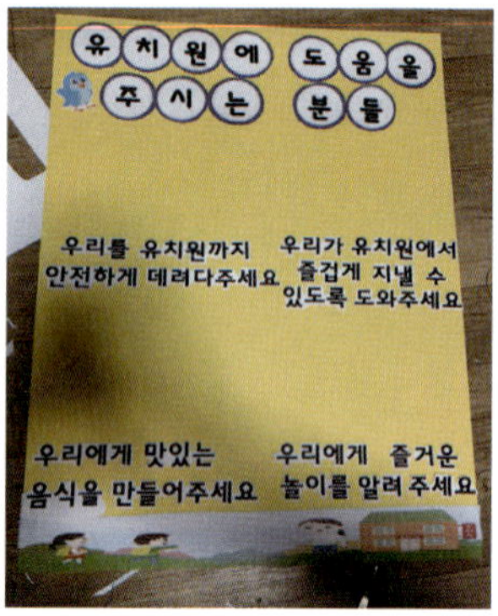

1. 기본판 만들기

1) 제목 문구와 그림 프린트물을 오린 후, 색지에 덧대고 하드보드지에 붙인다.
2) 힌트가 될 문구도 하드보드지에 붙인다.
3) 하드보드지판에 시트지를 붙인다.

2. 팝업 카드 만들기

1) 유치원에서 도움을 주시는 분들을 선택하고(운전기사 아저씨, 주방 선생님, 원장님, 선생님 등) 팝업 그림과 색지 크기를 맞춘다.
2) 팝업카드 배경그림을 카드에 붙이고, 팝업 그림들을 코팅한다.
3) 팝업카드를 시트지로 싸고, 팝업 부분 그림(인물)을 붙인다.

3. 팝업 카드 꽂이 만들기

1) OHP 필름을 팝업 카드 크기에 맞추어 자른다.
2) OHP 필름을 판에 붙인 후 마스킹 테이프로 붙인다.
3) 팝업 카드 손잡이(뿅뿅이)를 카드 위에 붙인다.
4) 팝업 카드를 OHP 필름 안에 넣는다.

제작 시 참고사항

- 팝업 그림과 팝업 카드의 접히는 간격과 크기를 여러 번 실험 후 붙인다.

제시방법

1. 도입

1) 막대인형 '사랑이'의 이야기로 주의집중을 유도한다.
2) 유치원에서 도움을 받은 경험에 대해 이야기를 나눈다.

2. 전개

1) 자료를 통해 유치원에서 도움을 주시는 분들에 대해 알아본다.
2) 도움을 주시는 분들께 감사함을 표현하는 방법에 대해 이야기를 나눈다.

3. 마무리

1) 활동판의 게시 위치와 언어영역의 감사 카드에 대해 안내한다.

2 누구의 물건일까?

생활주제	나와 가족	누리과정	사회관계영역
자료유형	융판자료 / 게임	주요기법	붙이고 떼기

자료소개 및 주요기법 선정배경

- 교육목표는 가족을 소중히 여기고 가족의 물건도 소중히 여기는 마음을 갖는 것이다.
- 이 자료는 교사가 자료를 붙이고 떼는 방식으로 제시하거나 영유아가 함께 게임을 할 수 있도록 제작되었다. 각 판은 고리로 연결되어 분리해 낱장으로도 볼 수 있다.
- 이야기 나누기가 끝난 후, 역할영역에서 가족에 대한 역할놀이에 활용될 수 있다.

준비물 펠트지(분홍색, 하늘색, 노란색, 살구색), 솜, 글루건, 가위, 칼, 실(흰색), 바늘, 색지(분홍색), 하드보드지, 벨크로 테이프, 뽕뽕이, 카드링

제작방법

1. 기본판 만들기

1) 8절지 크기 하드보드지 3장에 테두리 1cm 안쪽으로 펠트지를 붙인다.
2) 코팅한 그림(엄마, 아빠, 나)과 제목 글씨, 까슬이를 정한 위치에 붙인다.
3) 고리링의 위치를 정하고 구멍을 뚫는다.

2. 제시자료 만들기

1) 가족 그림과 물건 이미지 출력 후 코팅을 한다.
2) 코팅한 그림 뒷면에 보들이를 붙인다.

3. 주사위 만들기

1) 노란색, 분홍색, 파란색의 2면이 마주보도록 정사각형 펠트지를 자른다.
2) 정육면체가 되도록 바느질한 후 안쪽에 방울솜을 넣는다.
3) 솜을 넣은 한 변을 감침질한다.

제작 시 참고사항

- 판의 크기와 그림, 글자 크기를 고려하여 제작한다.
- 고리링을 끼우는 위치와 접고 펼치는 각도를 시험한 후 고리를 단다.

제시방법

1. 도입

1) 유아들의 가족 구성원에 대해 이야기를 나눈다.

2. 전개

1) 그림을 보여주며, 가족의 물건에 대해 이야기를 나눈다.
2) 누가 언제 사용하는 물건인지 유아가 붙일 수 있도록 한다.
3) 주사위 면들과 제시판 면의 공통된 색을 찾고, 게임을 설명한다.

3. 마무리

1) 역할영역에 놓아둘 것임을 이야기 하고, 영유아 간 활동을 격려한다.

3 마음을 표현해요

생활주제 나와 가족　**누리과정** 사회관계영역

자료유형 인형자료　**주요기법** 붙이고 떼기

자료소개 및 주요기법 선정배경

- 교육목표는 가족에게 사랑하는 마음과 감정을 표현할 수 있는 것이다.
- 이 자료는 엄마 캥거루와 대화를 나누고 감정 인형을 주머니에 담는 활동을 할 수 있도록 구성되어 있다.
- 이야기 나누기가 끝난 후, 역할영역에서 활용될 수 있다.

준비물 펠트지(황토색, 갈색, 검은색, 살구색, 노란색), 종이컵(빨간색, 노란색, 주황색, 분홍색), 솜, 스티로폼공(야구공만한 크기), 글루건, 풀, 가위, 양면테이프, 실(갈색, 검은색), 바늘, 색연필, 하드보드지(8절지), 벨크로 테이프, 표정 이모티콘

제작방법

1. 캥거루 만들기

1) 갈색 펠트지에 캥거루 얼굴 3개, 팔 4개, 다리 2개, 몸 4개, 꼬리 2개, 귀 4개 도안을 그린다.
2) 자른 도안들을 솜 넣을 구멍을 남기고 꿰맨다.
3) 솜을 넣은 후 캥거루 얼굴에 눈과 코를 붙여준다.
4) 주머니를 캥거루의 배 쪽에 붙인다.

2. 제시자료 만들기

1) 종이컵 위에 스티로폼 공을 글루건으로 붙인다.
2) 스티로폼 공에 감정이 나타난 표정을 각각 그려준다.
3) 종이컵에 감정 글씨를 붙여준다.

3. 감정판 만들기

1) 하드보드지에 노란색 펠트지를 붙인다.
2) 감정 글자를 시트지로 붙인다.
3) 흰색 펠트지로 구름을 만들고 감정판 글씨를 붙인다.
4) 감정 스티커를 제작한다.

제작 시 참고사항

- 감정을 표현하는 수업이므로 엄마 캥거루를 크게 제작하여 유아 상호작용 시 감정이입이 잘 되도록 제작한다.

제시방법

1. 도입

1) 엄마 캥거루와 아기 캥거루의 이야기를 듣는다.

2. 전개

1) 엄마 캥거루와 아기 캥거루의 감정을 생각해본다.
2) 자신의 경험을 이야기하며 엄마 캥거루에게 마음을 표현한다.
3) 감정판을 통해 우리 반 친구들이 많이 느끼고 있는 감정을 알아본다.

3. 마무리

1) 활동을 회상하고, 역할영역에서 놀이할 수 있도록 격려한다.

4 우리 가족은 몇 명인가요?

생활주제 나와 가족　**누리과정** 자연탐구영역
자료유형 융판자료　**주요기법** 붙이고 떼기

자료소개 및 주요기법 선정배경

- 교육목표는 우리가족의 구성원을 알고, 각기 다른 가족들의 수에 관심을 갖는 것이다.
- 이 자료는 영유아가 가족 구성원들을 붙이고 떼며, 그래프를 통해 수를 비교하는 형식으로 제작되었다.
- 이야기 나누기가 끝난 후, 조작영역 및 역할영역에서 활용될 수 있다.

준비물 4절 하드보드지(하늘색, 갈색), 경첩, 머메이드지(흰색, 남색, 분홍색, 카키색, 연한 갈색), 색종이(꽃무늬), 벨크로 테이프, 글루건, 칼, 풀, 시트지, 프린트 자료, 코팅지, 가위

제작방법

1. 기본판 만들기

1) 하드보드지를 집 모양으로 자른다.
2) 갈색 하드보드지로 지붕을 만들어 붙인다.
3) 경첩을 이용하여 문을 단다.

2. 제시자료 만들기

1) 집 안을 색종이와 프린트 도안 등을 활용하여 꾸민다.
2) 가족 얼굴과 '엄마, 아빠, 나' 등 가족의 명칭이 적혀 있는 자료를 프린트한다.
3) 식탁 주변으로 벨크로 테이프를 부착한다.

3. 그래프 만들기

1) 문 안쪽에 부착할 그래프판을 코팅한다.
2) 가족의 얼굴을 붙이는 그래프에 세로로 벨크로 테이프를 붙인다.

제작 시 참고사항

- 경첩의 무게로 문이 열리지 않도록 자석을 붙여 문을 닫는다.

제시방법

1. 도입

1) 가족의 유사개념인 식구에 대해 이야기를 나눈다.

2 전개

1) 자료를 이용하여 가족 구성원과 그 수에 대해 활동을 한다.
2) 유아가 직접 가족 구성원의 얼굴과 자료를 붙여 그래프를 확인하도록 한다.

3. 마무리

1) 조작영역이나 역할영역에 놓아 가족의 얼굴을 만들어 붙이는 활동을 안내한다.

5 직업을 알아보아요

생활주제 우리동네 **누리과정** 의사소통영역

자료유형 직육면체 융판자료 **주요기법** 붙이고 떼기

자료소개 및 주요기법 선정배경

- 교육목표는 우리동네 기관과 사람들에게 관심을 갖고, 하는 일에 대해 말하는 것이다.
- 이 자료는 직육면체 융판에 각기 다른 종류의 직업을 안내함으로써 주의집중과 흥미가 유발될 수 있도록 제작되었다.
- 이야기 나누기가 끝난 후, 언어영역이나 역할영역에 비치하여 다양한 활동의 보조자료로 활용될 수 있다.

준비물 펠트지(분홍색, 파란색, 회색, 빨간색, 하늘색), 뽕뽕이, 글루건, 코팅지, 코팅한 의사/선생님/우체부/요리사 그림, 코팅한 주사/청진기/음식/편지/칠판/책그림, 가위, 자, 하드보드지 1장, 원형 벨크로, 고무줄, 28×19cm 직육면체 종이박스, 자, 양면테이프, 박스테이프, 칼

제작방법

1. 직육면체 융판 만들기

1) 28×19cm 직육면체 박스와 분홍색과 파란색 펠트지를 준비한다.
2) 양면테이프로 펠트지를 박스에 붙인다.

2. 배경 도안 만들기

1) 병원/식당/학교/우체국 배경을 펠트지로 만든다.
2) 하드보드지로 문을 제작한 후 펠트지로 싸고 고무줄로 손잡이를 만든다.

3. 제시자료 만들기

1) 문 안에 의사/선생님/우체부/요리사를 붙인다.
2) 코팅한 주사/청진기/음식/편지/칠판/책 그림 뒤에 벨크로 테이프를 붙인다.

제작 시 참고사항

- 박스의 모서리가 깔끔하게 처리되지 않을 수 있으므로 유의한다.

제시방법

1. 도입

1) 우리동네 다양한 기관들의 실제 사진을 보며, 가본 적이 있는지 경험을 나눈다.

2. 전개

1) 직육면체 융판을 활용하여 수수께끼를 통해 다양한 직업을 알아본다.
2) 적절한 물건을 붙이거나 수수께끼의 답을 확인한다.

3. 마무리

1) 관련된 물건을 그리거나 잡지에서 찾아 더 만들어 보는 자유활동을 제안한다.

6 어느 곳 일까요?

생활주제 우리동네 **누리과정** 의사소통영역
자료유형 보드자료 **주요기법** 붙이고 떼기

자료소개 및 주요기법 선정배경

- 교육목표는 우리동네 기관과 사람들에게 관심을 갖고, 이 분들의 하는 일에 대해 말할 수 있는 것이다.
- 이 자료는 그림카드와 글자 카드를 붙였다 떼었다 하면서 활동에 참여할 수 있도록 제작되었다.
- 이야기 나누기가 끝난 후, 언어영역이나 역할영역에 비치하여 다양한 활동의 보조자료로 활용될 수 있다.

준비물 색깔 하드보드지, 색상지, 글자 프린트, 기관 관련 프린트물, 고리링, 코팅지, 가위, 자, 풀, 칼, 펀치, 벨크로 테이프, 마스킹 테이프

제작방법

1. 제시자료 만들기

1) 글자, 기관 표시, 기관, 기관 종사자 자료를 프린트한다.
2) 프린트한 자료들을 자르고 색상지에 붙여 다시 잘라준다.
3) 색상지에 잘라 붙인 자료들을 코팅하고 벨크로 테이프를 붙인다.

2. 기본판 만들기

1) 하드보드지의 정한 위치에 벨크로 테이프를 붙인다.
2) 고리링의 위치를 정하고 송곳을 이용하여 4개의 구멍을 뚫는다.
3) 고리링을 끼우고 테두리는 마스킹 테이프로 한다.

제작 시 참고사항

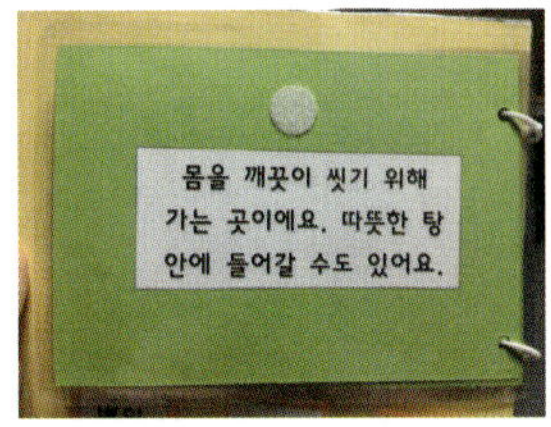

- 배지의 색상과 자료의 색상, 크기를 고려하여 제작한다.
- 고리링이 두 겹으로 끼워지므로 잘 넘겨지는지 고리의 크기를 확인한다.

제시방법

1. 도입

1) 기관에 대한 설명을 읽어보고, 어디인지 유추한다.

2. 전개

1) 기관에 대한 적절한 자료 중 그 곳에서 일하는 분들을 찾아 붙인다.
2) 기관에 대한 적절한 자료 중 기관의 기호를 찾아 붙인다.

3. 마무리

1) 언어영역에 두고 나만의 기관 기호를 창작해 보도록 격려한다.

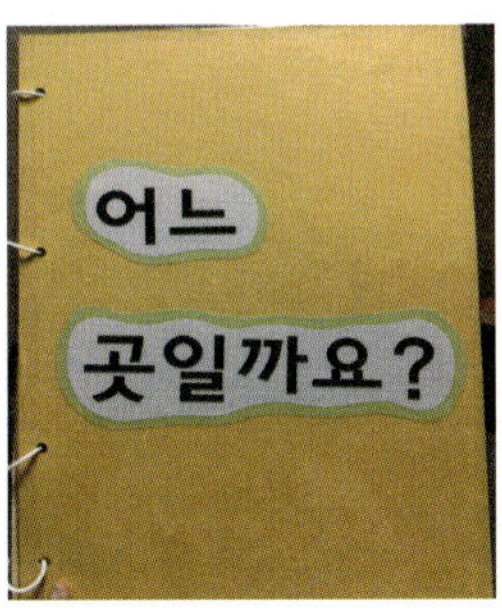

7 민들레가 피었어요

생활주제 동식물과 자연 **누리과정** 자연탐구영역

자료유형 융판자료 **주요기법** 낚싯줄

자료소개 및 주요기법 선정배경

- 교육목표는 민들레의 성장과정을 알고 자연의 경이로움을 느끼는 것이다.
- 이 자료는 유아의 흥미를 자극할 수 있도록 낚싯줄 형식으로 제작되었다. 민들레가 씨가 날아오고, 싹이 트고, 꽃이 피는 모든 과정에 움직임이 표현되어 유아들은 호기심과 자연에 대한 신비함을 경험할 수 있다.
- 이야기 나누기가 끝난 후, 씨앗, 새싹, 잎, 꽃을 순서대로 나열하면서, 과학영역에서 자유롭게 활동할 수 있다.

준비물 하드보드지, 낚싯줄, 펠트지(하늘색, 갈색, 노란색, 초록색, 연두색, 흰색), 글루건, 가위, 실(흰색), 마스킹 테이프

제작방법

1. 기본판 만들기

1) 하드보드지에 펠트지(하늘색, 갈색)를 붙여서 하늘과 땅 배경을 만든다.

2. 제시자료 만들기

1) 씨앗은 명주실을 묶어 제작한다.
2) 펠트지로 잘라 붙여 새싹, 잎, 꽃을 만들고 하늘색 원형으로 배지를 댄 후, 보들이를 붙인다.

3. 낚싯줄 장치 만들기

1) 낚싯줄 구멍들을 표시하고 송곳을 이용하여 뚫는다.
2) 낚싯줄을 끼운 후 하드보드지 뒤쪽으로 매듭을 여러 번 묶는다.
3) 마스킹 테이프를 이용하여 낚싯줄 고정겸 손잡이를 만든다.
4) 제시자료용 부착자료: 3~4겹의 하드보드지 사이에 낚싯줄을 고정하고, 까슬이를 붙인다.

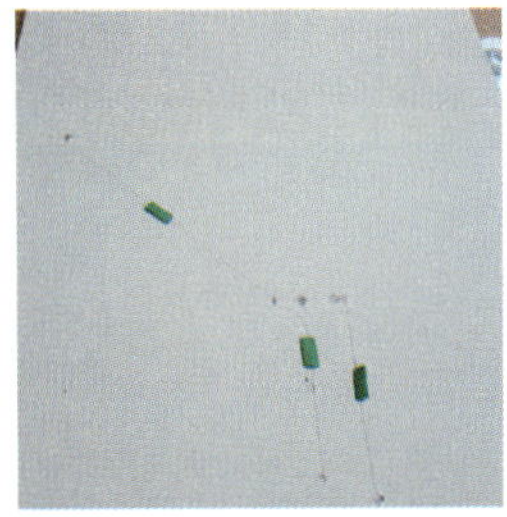

제작 시 참고사항

- 낚싯줄에 고정되어 움직이는 재료의 위치와 반경을 시험한 후 구멍을 뚫어야 한다.
- 민들레 씨앗이 들어가는 땅이 평면이어서 효과가 덜하므로 입체적 공간을 마련해야 한다.

제시방법

1. 도입

1) 봄의 식물 민들레 동영상을 시청한다.
2) 동영상 장면을 회상한다.

2. 전개

1) 이야기 나누기 자료를 통해 장면을 재연한다.
2) 민들레가 자라는 순서를 사진을 통해 자세히 알아본다.

3. 마무리

1) 과학영역에 놓을 것임을 이야기하고, 직접 조작하면서 이야기를 꾸며보도록 격려한다.

8 물고기의 뱃속

생활주제	동식물과 자연	누리과정	자연탐구영역
자료유형	융판자료	주요기법	붙이고 떼기

자료소개 및 주요기법 선정배경

- 교육목표는 물고기 몸속의 기관 이름을 알아보는 것이다.
- 이 자료는 붙이고 떼는 형식으로 제작되었다. 기관의 이름과 부위, 그리고 물고기의 비늘을 떼면서 영유아의 흥미를 유발할 수 있다.
- 이야기 나누기가 끝난 후, 과학영역에서 자유롭게 활동할 수 있다.

준비물 하드보드지, 펠트지, 융 천, 셀로판지, 벨크로 테이프, 낱말 카드 프린트, 물고기 몸속 기관(부레, 아가미) 프린트, 코팅지, 가위, 양면테이프, 실, 재봉틀

제작방법

1. 기본판 만들기

1) 하드보드지와 접착융을 붙여 삼각융판을 만든다.

2. 제시자료 만들기

1) 펠트지를 물고기의 얼굴, 뼈 모양으로 자르고 양면테이프로 붙인다.
2) 펠트지를 지느러미 모양으로 3개, 등, 배, 꼬리 지느러미로 자른다.
3) 지느러미는 가위로 끝 쪽을 조금씩 잘라 지느러미의 느낌을

연출한다.

4) 펠트지로 물고기의 위쪽 몸통을 만든다.

5) 셀로판지를 비늘 모양으로 자르고, 벨크로 테이프로 붙인다.

6) 물고기 몸속 기관의 명칭과 사진들을 붙이고 뗄 수 있도록 만든다.

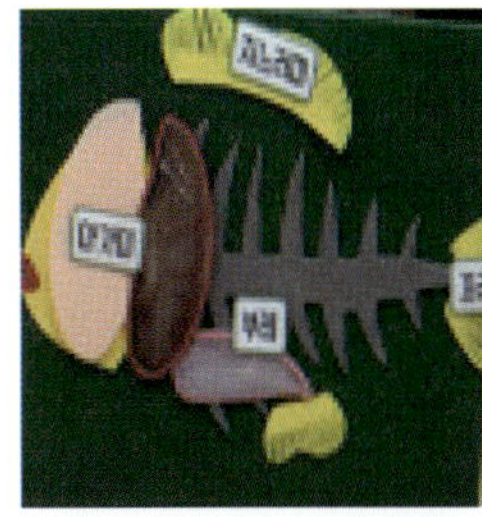

3. 도입 물고기 손인형 만들기

1) 펠트지를 유선형 모양으로 2개 자른다.

2) 자른 2개의 펠트지를 봉합한다.

3) 지느러미 모양 3개를 바느질하여 붙인다.

4) 물고기의 눈 · 코 · 입을 양면테이프로 붙여준다.

5) 셀로판지로 비늘을 만들어 몸통에 붙인다.

제작 시 참고사항

- 도입 손인형에 손가락이 들어갈 수 있도록 아랫 부분을 봉합하지 않는다.
- 셀로판지가 찢어지지 않도록 유의한다.

제시방법

1. 도입

1) 물고기 인형과 몸속 기관에 대해 이야기를 나눈다.

2. 전개

1) 물고기가 물속에서 살 수 있는 이유를 생각해본다.

2) 자료를 통해 물고기 몸속 기관의 명칭과 위치를 알아본다.

3. 마무리

1) 활동을 회상하고 과학영역에서 물고기에 대한 탐구를 지속할 수 있도록 격려한다.

9 같은 동물 찾기

생활주제 동식물과 자연
누리과정 자연탐구영역
자료유형 보드자료/게임
주요기법 뚜껑 열고 닫기, 그림자 찾기

자료소개 및 주요기법 선정배경

- 교육목표는 겨울잠을 자는 동물을 알고, 부분과 전체에 대해 아는 것이다.
- 이 자료는 그림자 찾기와 뚜껑을 열고 닫는 형식으로 제작되었다. 그림자의 형태를 보고 동물을 유추하고, 기억력 게임으로 부분과 전체를 찾는 과정에서 유아의 적극적인 활동 참여가 유발될 수 있다.
- 이야기 나누기가 끝난 후, 과학영역이나 조작영역에서 유아들이 게임을 할 수 있다.

준비물 가위, 칼, 글루건, 색지(노란색), 코팅지, 펠트지(연두색, 초록색, 갈색, 황토색, 흰색, 검은색, 살구색, 노란색, 보라색 등), 뽕뽕이, 모루, 겨울잠 자는 동물(거북이, 박쥐, 개구리, 곰, 고슴도치, 너구리)의 일부분 사진과 전체 사진, 보드롱, 하드보드지, 골판지(빨간색, 보라색) 등

제작방법

1. 기본판 만들기

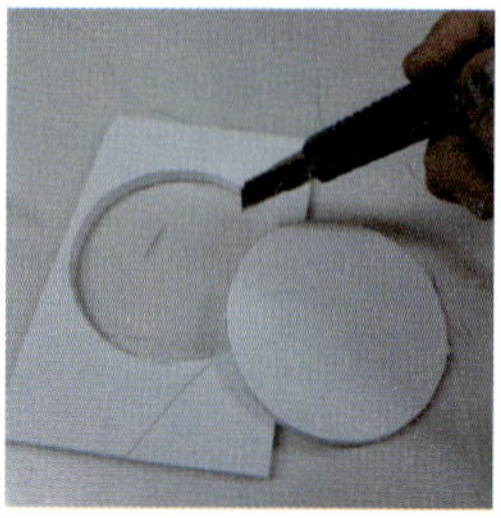

1) 보드롱과 하드보드지를 같은 크기로 각각 2개씩 자른다.
2) 양면테이프 심 간격으로 맞춰 각 판에 지름 약 8cm의 구멍을 6개씩 뚫는다.

2. 게임판 만들기

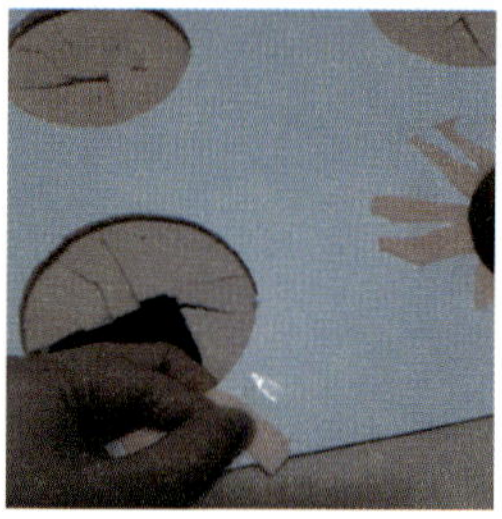

1) 하드보드지(6개의 원의 위치)에 동물의 전체와 부분을 붙이고 투명시트지로 감싼다.
2) 도려낸 원에 숫자를 붙이고 기본판과 원을 펠트지로 감싼다.
3) 뚜껑과 원의 가장자리를 모루로 감싸고 골판지를 말아 뚜껑의 손잡이를 만들어 붙인다.

3. 게임판의 뒷면 만들기

1) 동물의 그림자를 찾으며 이야기 나누기를 할 수 있도록 겨울풍경과 동물의 그림자를 펠트지로 오려 붙인다.
2) 두 판을 붙여 완성한다.

제작 시 참고사항

- 원형 틀과 부분 및 전체 사진을 잘 맞춘 후 기본판을 제작한다.
- 원형 틀이 깨끗하지 않게 제작되거나, 뚜껑이 쉽게 빠질 수 있으므로 주의한다.

제시방법

1. 도입

1) 겨울잠을 자는 동물들에 대해 이야기를 나눈다.
2) 어떤 동물의 그림자인지 맞추어 본다.

2. 전개

1) 겨울잠을 자는 동물의 부분을 보고 전체를 맞추는 게임을 소개한다.
2) 맞을 경우 뚜껑을 가져가고 맞추지 못하면 기회는 다음 사람에게 있다.

3. 마무리

1) 게임판은 과학영역이나 조작영역에 둘 것임을 안내한다.

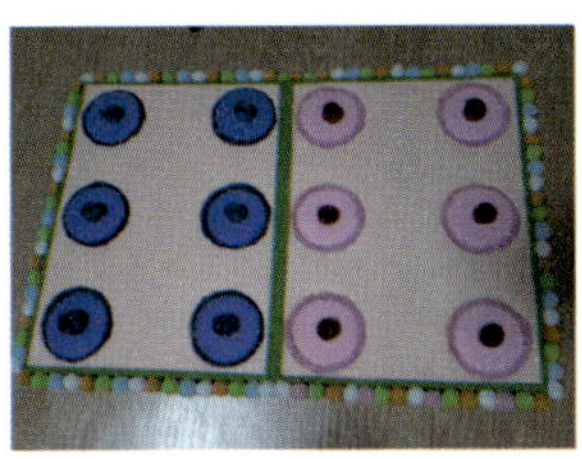

10 감기 조심 하세요

생활주제 건강과 안전 **누리과정** 신체운동건강영역
자료유형 보드자료 **주요기법** 칼집 이동

자료소개 및 주요기법 선정배경

- 교육목표는 감기예방을 위해 실천할 수 있는 일을 아는 것이다.
- 이 자료는 칼집 이동 형식으로 제작되었다. 특히 정면에서 주인공을 이동시킬 수 있으므로 교사의 제시뿐 아니라 영유아의 조작이 가능하다.
- 이야기 나누기가 끝난 후, 역할영역이나 조작영역에서 관련된 활동을 할 수 있다.

준비물 머메이드지, 하드보드지, 칼, 가위, 풀, 색지, 할핀, 시트지 등

제작방법

1. 기본판 만들기

1) 겨울철에 감기를 예방할 수 있는 방법, 겨울철에 피해야 할 옷차림과 음식, 태도, 겨울철 감기를 예방하지 않았을 때 오는 결과 및 질병 등을 생각한다.
2) '감기 조심 하세요' 길을 노란색 종이로 제작한다.
3) 흑갈색 하드보드판에 길을 붙이고 길을 따라 칼집을 낸다.

2. 제시자료 만들기

1) 1단계에서 구상한 도안을 제작한다.
2) 칼집 낸 길을 중심으로 내용을 구성하여 자료를 부착한다.
3) 투명시트지로 판을 감싸고, 칼집을 낸다.

3. 손잡이 만들기

1) 주인공 도안을 제작한다.
2) 주인공 보드판을 할핀과 연결하여 칼집에 끼운다.
3) 정면에서 손으로 잡고 이동할 수 있도록 칼집 사이를 매끄럽게 처리한다.

제작 시 참고사항

- 곡선이 있는 부분과 갈림길 등의 칼집 사이를 매끄럽게 처리한다.
- 칼집의 간격과 이동체 간의 크기나 움직임이 적절하도록 제작한다.

제시방법

1. 도입

1) 겨울철 질병 중 감기에 대해 이전 경험을 나눈다.

2. 전개

1) 감기예방을 위해 할 수 있는 일을 알아본다.
2) 활동판을 통해 감기 혹은 예방 상황과 행동에 대해 알아본다.

3. 마무리

1) 활동에 대해 평가하고, 그 외 예방법에 대해 이야기를 나눈다.

❀ 이야기 나누기 자료

11 땅이 흔들려요

생활주제 건강과 안전 **누리과정** 자연탐구영역

자료유형 보드자료 **주요기법** 겹치기, 자석

자료소개 및 주요기법 선정배경

- 교육목표는 지진이 일어났을 때 나타나는 현상과 대처방법을 아는 것이다.
- 이 자료는 유아가 지진이 났을 때의 현상을 알 수 있도록 건물의 흔들림은 자석, 지진 이후의 변화에는 겹치기 효과를 사용하여 제작하였다.
- 이야기 나누기가 끝난 후, 과학영역에서 지진의 현상과 대처방법에 대해 관심을 갖고 활동할 수 있다.

준비물 펠트지(회색, 흰색, 빨간색, 분홍색, 노란색), 하드보드지, 아스테이지, 시트지, 파스텔, 코팅한 그림(건물, 사람, 나무, 지진 발생 시 대처방법), 검은색 유성매직, 강력자석, 가위, 칼, 양면테이프, 테이프, 글루건

제작방법

1. 기본판 만들기

1) 하드보드지에 파스텔로 배경을 그린다.
2) 건물이 위치하는 부분을 도려내고 시트지를 붙인다.
3) 회색 펠트지로 도로를 만들고 시트지 위에 붙인다.

2. 제시자료 만들기

1) 하드보드지 뒷면에 구멍을 뚫어 지진이 발생했을 때 대처방법 그림을 붙인다.
2) 건물 그림에 강력자석을 붙인다.
3) 아스테이지 1에 지진이 발생했을 때 금이 간 모습을 매직으로 표현한다.

4) 아스테이지 2에 뛰어다니는 사람들의 모습을 붙인다.

3. 자석과 겹치기 효과 만들기

1) 아스테이지를 순차적으로 하드보드지 뒷면에 붙인다.
2) 손잡이가 될 강력자석을 검은색 펠트지로 감싸 손잡이를 만들어 준다.

제작 시 참고사항

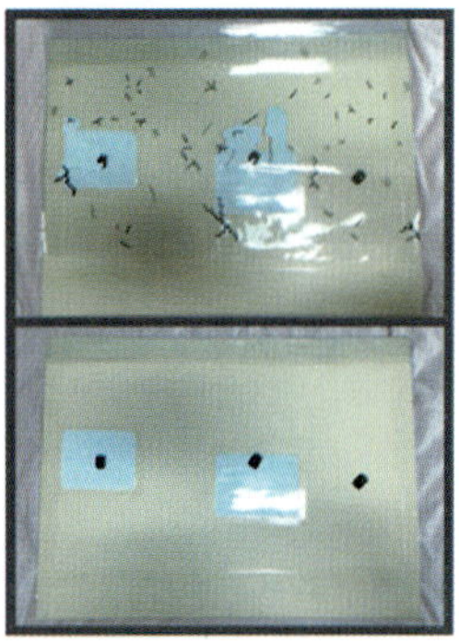

- 그림과 손잡이를 같은 색깔의 펠트지로 표시하여 조작의 어려움이 없도록 유의한다.

제시방법

1. 도입

1) 다양한 자연재해에 대하여 이야기를 나눈다.

2. 전개

1) 활동판을 이용한 스토리텔링을 듣고 지진에 대하여 이야기를 나눈다.
2) 지진 발생 시 대처방법을 알아본다.

3. 마무리

1) 활동을 통하여 알아 본 '지진 발생 시 대처방법'을 말해본다.

12 건강이의 하루

생활주제	건강과 안전	누리과정	자연탐구영역
자료유형	삼각융판자료	주요기법	붙이고 떼기

자료소개 및 주요기법 선정배경

- 교육목표는 우리 몸을 건강하게 하는 생활습관을 알아보고 실천하는 것이다.
- 이 자료는 유아가 두 가지의 상황을 비교하면서 건강한 생활습관을 자신의 생활과 밀접하게 인식할 수 있도록 제작하였다.
- 이야기 나누기가 끝난 후, 조작영역에서 건강한 생활습관과 관련된 음식이나 운동 등에 대해 관심을 갖고 활동할 수 있다.

준비물 글루건, 양면테이프, 가위, 우드락 본드, 펠트지(빨간색, 노란색, 초록색, 연두색, 하늘색, 보라색, 살구색, 갈색, 검은색, 흰색), 우드락 보드 2개, 융, 벨크로 테이프 등

제작방법

1. 기본판 만들기

1) 우드락을 반으로 자르고 연결해 융으로 감싼다.
2) 직사각형의 우드락을 아래 쪽에 붙인다.
3) 글루건으로 서로 연결한다.

2. 제시자료 만들기

1) 펠트지로 건강이와 허약이를 만든다.
2) 펠트지로 건강과 관련된 다양한 도안을 만든다.
3) 우드락을 원형으로 자르고 펠트지로 건강이와 허약이의 하루 시간표를 만든다.

제작 시 참고사항

- 우드락으로 원형을 자른 후, 펠트지는 우드락보다 2cm 크게 도안하여 감싸도록 한다.

제시방법

1. 도입

1) 유아의 하루 일과에 대해 이야기를 나눈다.

2. 전개

1) 자료를 통해 건강이와 허약이의 하루 일과에 대해 듣는다.
2) 건강한 생활에 대해 이야기 나누며 자료를 붙이거나 뗀다.

3. 마무리

1) 활동을 회상하고 규칙적인 하루 일과표를 만들어 발표한다.

13 옛날과 오늘날의 생활도구

생활주제 생활도구

누리과정 사회관계영역, 의사소통영역

자료유형 융판자료

주요기법 붙이고 떼기

자료소개 및 주요기법 선정배경

- 이 자료는 '생활도구' 생활주제에서 활용할 수 있는 이야기 나누기 매체이다.
- 교육목표는 비슷한 기능을 갖고 있는 옛날과 오늘날의 도구를 알고 새로운 단어를 말하는 것이다.
- 이 자료는 비교하며 유아가 자료를 붙였다 떼었다 할 수 있도록 제작되었다. 과거 도구의 실제적인 사용 동영상과 함께 생활도구의 변화과정을 이해하고, 현재의 도구의 기능과 쓰임을 알 수 있다.
- 이야기 나누기가 끝난 후, 언어영역이나 역할영역에서 유아들이 활동할 수 있다.

준비물 펠트지, 접착 펠트지, 하드보드지, 가위, 양면테이프, 가위, 글루건, 벨크로 테이프, 생활도구 이름과 그림 도안과 사진

제작방법

1. 기본판 만들기

1) 하드보드지에 분홍색 펠트지를 붙인다.
2) 활동판이 될 작은 직사각형과 긴 직사각형을 잘라 붙인다.
3) 그림카드를 붙일 수 있도록 벨크로 테이프를 붙여준다.

2. 제시자료 만들기

1) 도구 그림카드를 판에 맞는 크기로 출력하여 제작한다.
2) 낱말 카드를 판에 맞는 크기로 출력하여 제작한다.

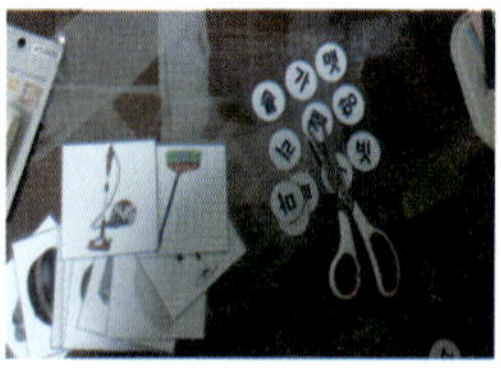

3. 자료보관 주머니 만들기

1) 노란 펠트지를 긴 직사각형으로 자르고 접어 붙여 낱말카드와 도구카드 주머니를 제작한다.

제작 시 참고사항

- 판 뒤에도 벨크로 테이프를 붙여 융판에서 사용할 수 있도록 제작한다.
- 판의 크기와 글자크기, 그림크기를 잘 맞추어 제작한다.

제시방법

1. 도입

1) 과거의 생활도구 동영상을 시청한다.
2) 비슷한 기능의 현대 생활도구를 연상한다.

2. 전개

1) 자료를 통해 과거 생활도구의 이름을 알아본다.
2) 과거 생활도구가 변화해 어떤 현대 생활도구가 되었는지 유추한다.

3. 마무리

1) 활동판은 언어영역이나 역할영역에 둘 것임을 이야기하고 유아 간의 상호작용을 격려한다.

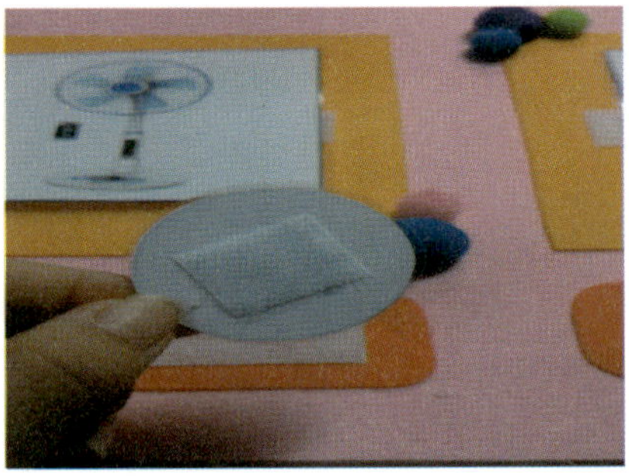

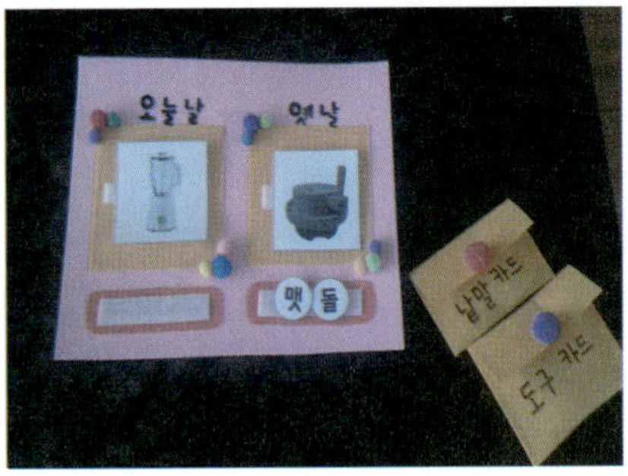

14 우리 집의 생활도구

생활주제	생활도구	누리과정	사회관계영역, 의사소통영역
자료유형	융판자료	주요기법	붙이고 떼기

자료소개 및 주요기법 선정배경

- 교육목표는 우리집의 다양한 공간에 있는 생활도구를 탐색하고 그 이름을 말할 수 있는 것이다.
- 이 자료는 유아가 자료를 붙였다 떼었다 하면서 다양한 공간의 생활도구와 그 공간에서의 쓰임을 이해하고 친숙하게 도구 사용을 할 수 있다.
- 이야기 나누기가 끝난 후, 언어영역이나 역할영역에서 유아들이 활동할 수 있다.

준비물 펠트지(하늘색, 파란색, 노란색, 보라색, 갈색, 주황색), 양면테이프, 자, 가위, 털실(분홍색, 하늘색), 코팅지

제작방법

1. 기본판 만들기

1) 펠트지를 붙여 공간의 모습을 표현한다.
2) 방의 모서리를 표현할 수 있도록 털실을 잘라 붙인다.
3) 그림카드를 붙일 수 있도록 벨크로 테이프를 붙여준다.

2. 제시자료 만들기

1) 도구 그림카드를 판에 맞는 크기로 출력하여 제작한다.
2) 공간 낱말 카드를 판에 맞는 크기로 출력하여 제작한다.

3. 뒷판 만들기

1) 펠트지로 제작된 공간판을 하드보드지 2절 크기에 부착한다.
2) 공간을 꾸며 붙인다.

제작 시 참고사항

- 공간의 가구와 도구가 혼동되지 않도록 제작한다.
- 공간과 도구의 실제적인 관련성을 고려하여 제작 및 제시한다.
- 사물의 실제 크기와 축소 크기를 고려하여 제작한다.

제시방법

1. 도입

1) 자주 사용하는 생활도구의 예를 찾아 이야기를 나눈다.
2) 집에서 자주 볼 수 있는 생활도구에 대해 이야기를 나눈다.

2. 전개

1) 손으로 움직여 사용하는 도구 동영상을 시청한다.
2) 자료를 통해 생활도구의 쓰임에 알맞은 공간이 있는지 알아본다.

3. 마무리

1) 활동을 회상하고 언어영역과 역할영역에서 다양한 도구를 만들고 이름도 지어 볼 수 있음을 이야기한다.

❀ 이야기 나누기 자료

15 옛날에는 무엇을 타고 다녔을까?

생활주제 교통기관 **누리과정** 사회관계영역, 의사소통영역

자료유형 보드자료 **주요기법** 칼집내기

자료소개 및 주요기법 선정배경

- 교육목표는 육상 교통기관이 과거로부터 현재까지 변화 발달했음을 아는 것이다.
- 이 자료는 칼집기법의 이동방법을 이용하여 인물이 움직이면서 교통기관이 변화하는 모습을 보여 준다. 스토리텔링을 통한 교사의 제시를 통해 교통기관의 발달과 변화를 쉽게 이해할 수 있다.
- 이야기 나누기가 끝난 후, 언어영역이나 조작영역에서 유아들이 활동할 수 있다.

준비물 하드보드지, 고리링, 색상지(갈색, 빨간색), 색종이(빨간색, 검은색, 주황색), 시트지, 도화지, 칼, 가위, 양면테이프, 테이프, 풀, 글루건, 사람, 말, 가마, 마차, 자동차 그림, 프린트물

제작방법

1. 길 판 만들기

1) 하드보드지 위에 갈색 색상지를 알맞은 크기로 잘라 길을 만든다.
2) 사람, 말, 가마, 마차, 자동차가 지나갈 길을 따라 어긋나게 칼집을 낸다.
3) 칼집 위에 빨간색 색상지로 방향을 알려주는 화살표 모양의 도화지를 만들어 뒤에 공간을 남기고 덮는다.

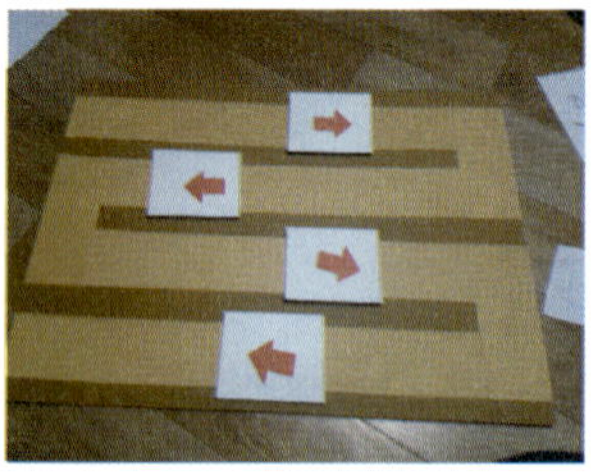

2. 제시자료 만들기

1) 교통수단들을 코팅하여 준비한다.
2) 코팅한 그림 뒷면에 하드보드지로 손잡이를 만들어 단단히 고정시킨다.
3) 손잡이를 칼집에 끼워 넣고 빠지지 않게 펠트지로 끝을 마감한다.

3. 뒷판 만들기

1) 활동의 제목을 고리링으로 단다.

2) 색종이로 나무를 오려 허전한 도로들을 꾸며준다.

제작 시 참고사항

- 교통기관이 잘 이동할 수 있도록 칼집의 너비를 여유 있게 제작한다.
- 칼집이 이동하는 길을 테이프로 감싸 보호한다.
- 화살표 터널을 잘 지나갈 수 있는 크기로 교통기관을 만든다.

제시방법

1. 도입

1) 오늘 아침에 어떻게 유치원에 왔는지 이야기를 나눈다.

2. 전개

1) 옛날에는 어떻게 이동했을지 이야기를 나눈다.

2) 자료를 통해 교통기관의 변화상을 알아본다.

3. 마무리

1) 활동을 회상하며 미래의 교통기관을 예상해본다. 언어영역과 조작영역에서 활동할 수 있음을 안내한다.

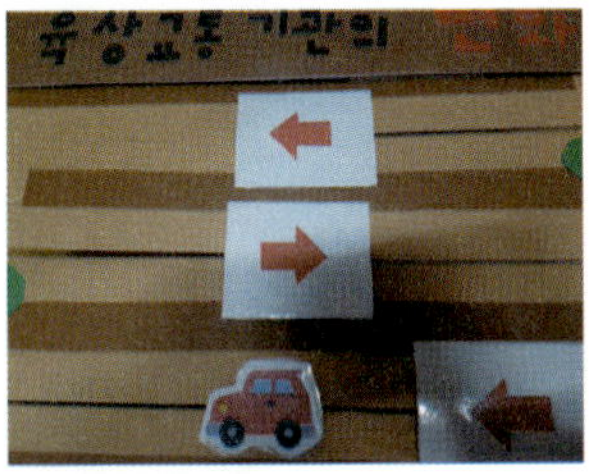

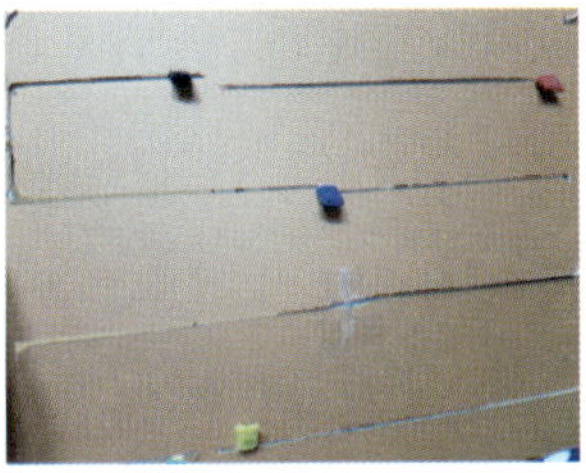

16 태극기에 담긴 뜻

생활주제	우리나라	누리과정	사회관계영역
자료유형	OHP 필름 자료	주요기법	겹치기

자료소개 및 주요기법 선정배경

- 교육목표는 우리나라의 태극기에 관심을 가지고, 태극기에 담긴 뜻을 아는 것이다.
- 이 자료는 투명한 필름에 비추이는 그림에 흥미를 갖도록 제작되었다.
- 이야기 나누기가 끝난 후, 조작영역이나 미술영역에서 유아들이 활동할 수 있다.

준비물 하드보드지, 펠트지(흰색, 검은색), 뽕뽕이(빨간색, 파란색), 흰색 도화지, 색지(검은색, 파란색, 갈색, 와인색), 색종이, 고리, 양면테이프, 가위, 칼, 풀, 펀치, 글루건

제작방법

1. 태극기 기본판 만들기

1) 하드보드지를 흰색 펠트지로 감싼다.
2) 뽕뽕이(빨간색, 파란색)를 태극마크 모양으로 붙이고 얼굴 표정을 펠트지로 잘라 붙인다.
3) 검은색 펠트지를 건곤감리 모양으로 잘라 위치에 붙인다.

2. 제시자료 만들기

1) 위에 제작된 태극기 크기의 흰색 배지 위에 색지를 붙인다.
2) 건곤감리의 뜻에 알맞은 그림들로 판을 꾸민다.
3) 고리링으로 걸어 접히는 부분들을 예상하여 태극기의 건곤감리가 비칠 부분의 면을 도려낸 후 코팅한다.

3. 고리링 끼우기

1) 정한 위치에 구멍을 뚫어 순서대로 고리링을 끼운다.

제작 시 참고사항

- 고리링의 구멍을 끝에서 조금 멀게 뚫는다(자료의 무게로 찢어질 수 있다).
- 접혔을 때의 건곤감리 표시의 위치를 고려한다.

제시방법

1. 도입

1) 태극기를 본 적이 있는지 이야기를 나눈다.
2) 언제 어디에서 보았는지 이야기를 나눈다.

2. 전개

1) 자료를 통해 태극기를 보여준다.
2) 태극기에 담긴 뜻을 스토리텔링으로 들려준다.

3. 마무리

1) 새롭게 알게 된 점과 느낀 점 등 활동을 회상한다. 교실 한 쪽에 게시한다.

17 세계의 친구들과 인사해요

생활주제	세계여러나라	**누리과정**	사회관계영역, 의사소통영역
자료유형	보드자료	**주요기법**	붙이고 떼기

자료소개 및 주요기법 선정배경

- 교육목표는 세계여러나라의 다양한 인사말에 관심을 가지고 인사법을 표현하는 것이다.
- 이 자료는 유아가 자료를 붙였다 떼었다 하면서 다양한 나라의 기본적인 인사법에 관심을 갖고 간단한 인사말을 할 수 있도록 한다.
- 이야기 나누기가 끝난 후, 언어영역이나 역할영역에서 유아들이 활동할 수 있다.

준비물 하드보드지 4절 3장, 펠트지, 머메이드지, 양면테이프, 절연 테이프, 칼, 가위, 자, 풀, 그림 자료들(나라 이름, 인사 그림, 인사법)

제작방법

1. 태극기 기본판 만들기

1) 4절 하드보드지를 반으로 자른다.
2) 절연 테이프로 이어 붙여 총 4장의 병풍책자를 완성한다.
3) 책자 겉은 접착펠트지로, 책자 속은 아이보리색 머메이드지로 한다.

2. 제시자료 만들기

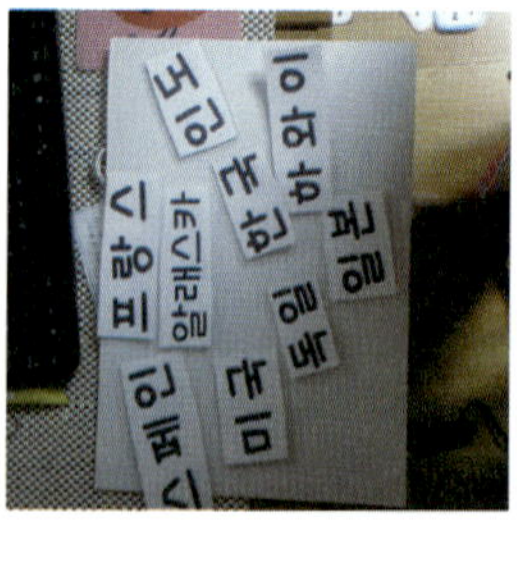

1) 나라 이름과 각 나라 인사 그림과 인사법을 인쇄한다.
2) 각 나라마다 다른 색의 배지를 대고 풀로 붙인다.
3) 모서리를 둥글게 자르고 코팅을 한다.

3. 병풍책자 마무리 하기

1) 속지와 그림 자료에 원형 보들이와 까슬이를 붙인다.
2) 겉표지에 제목을 붙여 '세계 친구들과 인사해요' 병풍책자를 완성한다.

제작 시 참고사항

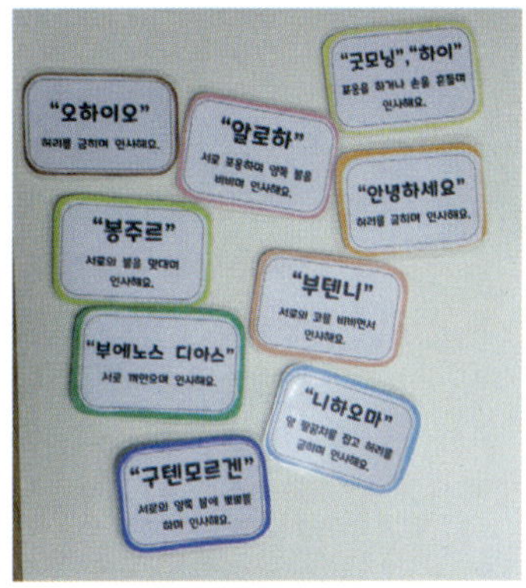

- 병풍식으로 접혀야 하므로 일정한 간격에 유의한다.

제시방법

1. 도입

1) 세계의 아침인사 노래를 듣는다.

2. 전개

1) 그림자료를 병풍책자에 붙이면서 세계여러나라의 인사말과 인사법을 알아본다.

3. 마무리

1) 새롭게 알게 된 점과 느낀 점 등 활동을 회상한다. 언어영역에 게시한다.

18 고래의 생일파티

생활주제 환경과 생활 **누리과정** 자연탐구영역
자료유형 보드자료 **주요기법** 투명, 겹치기 기법

자료소개 및 주요기법 선정배경

- 교육목표는 환경을 위해 쓰레기를 분리수거해야 함을 알고 실천하는 것이다.
- 이 자료는 유아가 쓰레기를 종류에 따라 분류해 볼 수 있도록 제작되었다. 여러 가지 유해한 쓰레기들이 환경을 오염시키고, 사람의 생활에도 영향을 끼치고 있음을 배울 수 있다.
- 이야기 나누기가 끝난 후, 수 조작영역이나 역할영역에서 유아들이 활동할 수 있다.

준비물 흰색 도화지, 가위, 비닐, 하드보드지(하늘색, 검은색), 글루건, 색연필, 자, 아스테이지, 사인펜, 벨크로 테이프, 칼, 테이프, 유성매직, 뽕뽕이(분홍색, 주황색, 노란색)

제작방법

1. 기본판 만들기

1) 검은색 하드보드지에 하늘색 하드보드지를 'ㄷ' 모양으로 잘라 붙인다.
2) 정면은 분리된 쓰레기가 보이도록 아스테이지로 붙인다.
3) 아스테이지 위에 캔류, 페트류, 유리류 카드를 붙인다.

2. 제시자료 만들기

1) 쓰레기 사진과 글씨를 인쇄하여 코팅한다.
2) 코팅한 것을 잘라 검은색 하드보드지에 벨크로 테이프의 까슬이를 붙이고 코팅한 쓰레기 사진 뒤에 벨크로 테이프의 보들이를 붙인다.

3. 도입 자료 만들기

1) 고래의 생일파티가 쓰레기 때문에 지저분한 상황임을 동화로 제작한다.

2) 고래와 쓰레기를 코팅하여 아스테이지에 붙여 상황의 변화를 나타낸다.

제작 시 참고사항

- 아스테이지에 손이 베이지 않도록 점검한다.

제시방법

1. 도입

1) 고래의 생일파티 이야기를 들려준다.

2) 어떤 일이 있었는지 이야기를 나눈다.

2. 전개

1) 고래의 생일파티를 위해 분리수거를 해야 함을 안다.

2) 자료를 통해 다양한 쓰레기를 분리수거 한다.

3. 마무리

1) 깨끗해진 고래네 집에서 다시 생일파티가 열리는 동화로 마무리한다. 활동 후 조작영역과 언어영역에 게시한다.

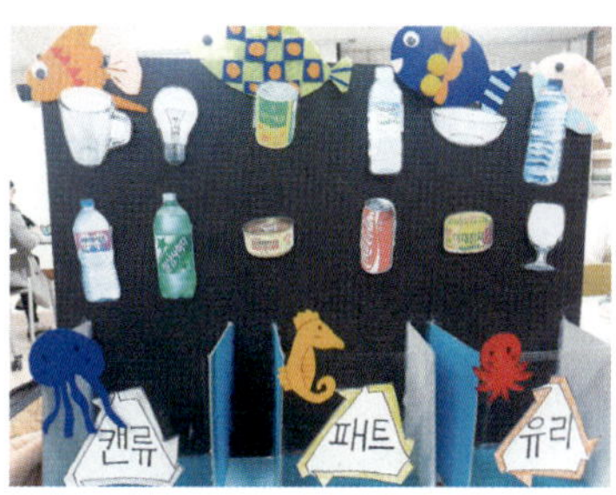

이야기 나누기 자료

19 물은 돌고 돌아서

생활주제	환경과 생활	누리과정	자연탐구영역
자료유형	보드자료	주요기법	칼집 이동

자료소개 및 주요기법 선정배경

- 교육목표는 물의 순환과정에 관심을 갖는 것이다.
- 이 자료는 교사가 칼집을 이용한 이동을 통해 물의 순환과정을 이해할 수 있도록 제작되었다. 물의 이동 경로를 통해 우리를 둘러싸고 있는 다양한 환경에 대해서도 알 수 있다.
- 이야기 나누기가 끝난 후, 과학영역이나 조작영역에서 유아들이 활동할 수 있다.

준비물 하드보드지, 펠트지(검은색, 흰색, 녹색, 초록색, 하늘색, 파란색, 노란색, 주황색, 분홍색, 갈색), 솜, 뽕뽕이. 칼, 가위, 양면테이프, 글루건, 인형 눈알

제작방법

1. 기본판 만들기

1) 하드보드지에 물이 순환하는 과정 도안을 그린다.
2) 도안을 보고 칼집 낼 부분을 표시한 후 자른다.

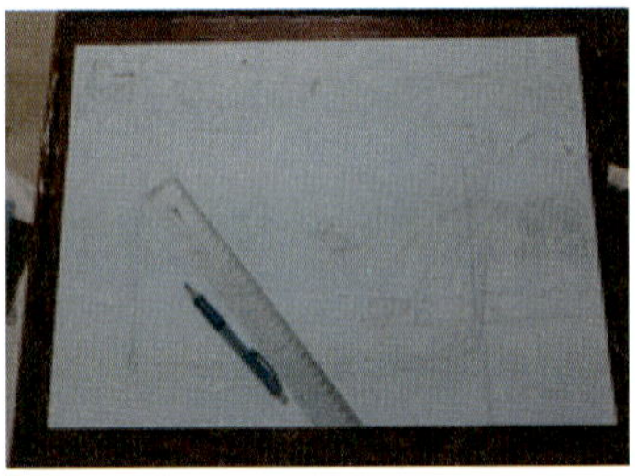

2. 제시자료 만들기

1) 하늘색, 파란색 펠트지로 바다를 만든다.
2) 흰색, 녹색, 초록색 펠트지로 동산과 산을 만든다.
3) 하늘색 펠트지로 강을 만든다.
4) 펠트지로 해, 집, 울타리, 배, 꽃 등 소품을 만든다.

3. 칼집과 배경 마무리 하기

1) 칼집 낸 부분을 가린 펠트지를 칼집 모양대로 조심스럽게 잘라내고 순환 화살표를 붙인다.
2) 흰색 펠트지와 솜으로 흰 구름, 검은색 펠트지와 검은색 폼폼이, 솜으로 먹구름을 만든 후 양면테이프, 글루건으로 붙인다.
3) 움직이는 물방울을 만들고 고정막대에 붙인다.

제작 시 참고사항

- 칼집의 간격과 판의 견고함을 고려하여 제작한다.

제시방법

1. 도입

1) 물방울 막대인형의 이야기를 듣는다.
2) 어떤 일이 있었는지 이야기를 나눈다.

2. 전개

1) 자료를 통해 물의 순환을 알아본다.
2) 유아가 참여하여 이동해 보도록 격려한다.

3. 마무리

1) 물방울의 이야기와 순환과정을 회상한다. 과학영역이나 조작영역에 게시한다.

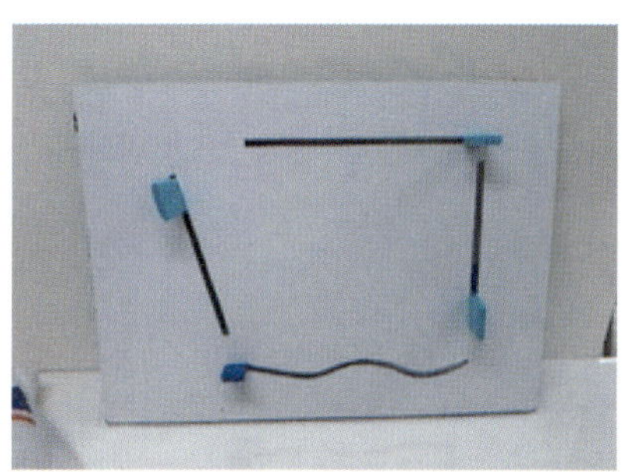

20 바다기린과 분리수거하기

생활주제 환경과 생활 **누리과정** 자연탐구영역

자료유형 보드자료 **주요기법** 칼집 이동

자료소개 및 주요기법 선정배경

- 교육목표는 환경을 위해 쓰레기를 분리수거해야 함을 알고 실천하는 것이다.
- 이 자료는 바다기린이라는 동화를 듣고 동화의 내용에 따라 바다기린이 이동하면서 바다에 있는 생물들과 그렇지 않은 쓰레기들을 분류한다. 칼집으로 바다기린이 이동하는 과정과 조작을 통해 분리수거의 방법에 대해 배울 수 있다.
- 이야기 나누기가 끝난 후, 조작영역이나 과학영역에서 유아들이 활동할 수 있다.

준비물 펠트지(노란색, 주황색, 빨간색, 초록색, 연두색, 회색, 흰색 등), 색지(회색, 주황색, 살구색, 파란색 등), 솜, 글루건, 풀, 가위, 칼, 실(진녹색, 노란색, 검은색), 바늘, 2절 하늘색 폼보드, 시트지, 아이스크림 막대

제작방법

1. 바다기린 만들기

1) 바다기린 얼굴 4개를 노란색 펠트지에 그리고 자른다.
2) 2개를 솜을 넣어 바느질로 꿰맨다.
3) 그 앞에 눈, 코, 귀를 그리고 오리고 잘라 붙인다.
4) 나머지 2개의 틀에 아이스크림 막대로 손잡이를 만든다.

2. 기본판 만들기

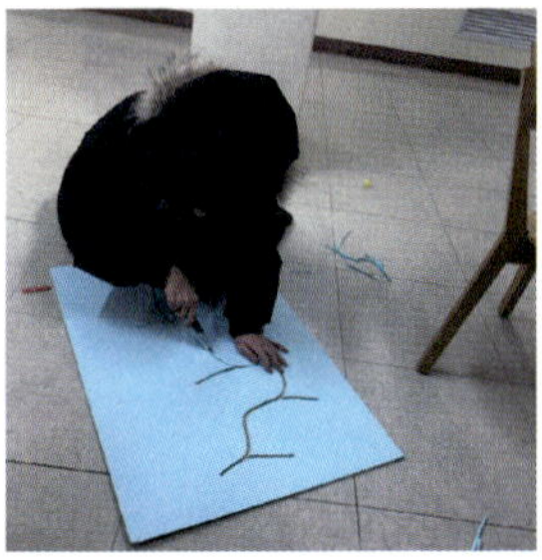

1) 폼보드 위의 길 도안을 미리 짜놓는다.
2) 그 길을 따라 칼집을 두껍게 낸다.
3) 폼보드 위에 색지 배경을 풀로 붙인다.
4) 색지로 배경을 만든다(해초, 오징어, 고래, 새 등).
5) 도착지점인 돌 위에 분리수거통을 펠트지로 만든다.

3. 배경 꾸밈 자료 만들기

1) 펠트지로 5개의 쓰레기들과 5개의 바다생물을 만든다.
2) 폼보드 위에 시트지를 붙인다.
3) 뚫어 놓은 길의 시트지를 뚫어 테이프로 마감처리한다.

제작 시 참고사항

- 판이 크거나 곡률이 크면 조작에 어려움이 있으므로 유의한다.

제시방법

1. 도입

1) 바다기린 동화 내용을 회상한다.

2. 전개

1) 자료를 통해 바다기린이 쓰레기를 수거한다.
2) 바다생물이 있는 곳으로 가면 길이 막혀 있음을 보여준다.

3. 마무리

1) 바다기린 입에 있는 사물들을 분리수거통에 분리하여 넣는다.

21 겨울잠을 자는 동물들

생활주제 계절 **누리과정** 자연탐구영역

자료유형 보드자료 **주요기법** 할핀, 낚싯줄 기법

자료소개 및 주요기법 선정배경

- 교육목표는 겨울잠을 자는 동물에 관심을 갖고 그 특징을 아는 것이다.
- 이 자료는 낚싯줄을 이용하여 겨울잠을 자는 동물들이 들어가고 나오며, 할핀을 이용하여 겨울잠을 자는 동물들의 서식지를 들추어 볼 수 있도록 제작되었다. 이를 통해 겨울잠을 자는 동물과 자연의 신비를 느끼고 겨울에 대해서고 관심을 가질 수 있다.
- 이야기 나누기가 끝난 후, 언어 · 과학영역이나 조작영역에서 유아들이 활동할 수 있다.

준비물 하드보드지, 그림 도안, 도화지, 색연필, 사인펜, 색지(하늘색), 낚싯줄, 할핀, 시트지, 폼보드, 송곳, 글루건, 가위, 풀, 테이프, 양면테이프, 칼, 자 등

제작방법

1. 기본판 만들기

1) 배경그림을 그린 후 할핀구멍과 낚싯줄 구멍을 뚫는다.
2) 배경 판을 꾸민 다음 시트지를 붙인다.

2. 제시자료 만들기

1) 도화지에 여러 그림 도안(곰, 다람쥐, 개구리, 뱀, 바위, 나무, 땅속, 잠자는 동물 모습 등)을 그린다.
2) 오려낸 도안을 색연필로 색칠한다.

3) 할핀으로 고정한 도안 사이에 다른 도안(잠자는 동물 모습)을 양면테이프로 붙인다.

4) 필요한 위치(총 8군데, 바위-곰, 나무-다람쥐, 땅속-개구리, 땅속-뱀)에 낚싯줄을 연결한 다음 도안(곰, 다람쥐, 개구리, 뱀)을 붙인다.

3. 손잡이와 배경 입체감 마무리 하기

1) 뒷면에 각 도안에 맞는 색종이를 붙여 손잡이를 만든다.

2) 배경에 입체감을 주기 위해 폼보드를 댄다.

제작 시 참고사항

- 낚싯줄의 그림이 입체적인 배경 속으로 들어갈 때 걸리지 않도록 유의한다.
- 할핀의 그림이 적절한 위치에 오도록 유의한다.

제시방법

1. 도입

1) 주제에 대한 스토리텔링을 한다.

2) 어떤 일이 있었는지 이야기를 나눈다.

2. 전개

1) 자료의 조작으로 겨울잠을 자는 동물 이야기를 보여준다.

2) 유아가 참여하여 이동해 보도록 격려한다.

3. 마무리

1) 이야기를 회상한다. 과학영역이나 조작영역에 게시한다.

22 옷을 갈아입는 나무

생활주제 계절

누리과정 자연탐구영역

자료유형 디오라마 자료

주요기법 회전 기법, 붙이고 떼기

자료소개 및 주요기법 선정배경

- 교육목표는 계절 따라 변하는 나무의 모습에 관심을 갖는 것이다.
- 이 자료는 디오라마의 십자형 기법을 이용하여 사면에서 나무의 모습을 볼 수 있도록 제작되었다. 또한 나무의 잎이나 꽃을 붙이거나 떼면서 나무의 변화를 옷 갈아입는 우리의 모습과 비유적으로 이해할 수 있도록 하였다.
- 이야기 나누기가 끝난 후, 과학영역이나 조작영역에서 유아들이 활동할 수 있다.

준비물 골판지(노란색, 빨간색), 부직포(분홍색, 초록색, 빨간색, 흰색, 갈색), 마스킹 테이프(초록색), OHP 필름, 하드보드지, 시침핀, 구멍 뚫린 비즈, 머메이드지(아이보리색), 가위, 칼, 글루건, 투명테이프, 양면테이프, 유성매직, 니퍼

제작방법

1. 기본판 만들기

1) 박스를 큰 동그라미, 작은 동그라미, 직사각형 4개로 자르고 초록색 마스킹 테이프로 감싸준다.
2) 작은 동그라미를 4구역으로 나누고 구역별로 펠트지를 붙인다.
3) 큰 동그라미의 윗면은 초록색, 밑면은 갈색 펠트지를 붙인다.
4) 작은 동그라미 중앙에 시침핀을 꽂고 비즈를 통과시킨 후, 큰 동그라미를 꽂고, 니퍼로 시침핀의 끝을 자른 후 글루건으로 고정한다.

2. 십자판 자료 만들기

1) OHP 필름에 계절별 사진을 인쇄한다.
2) 머메이드지와 인쇄한 OHP 필름을 직사각형 판에 맞춰 잘라 붙인다.

3. 나무모형 만들기

1) 하드보드지에 나무모양과 받침대를 오리고 펠트지를 붙인 후, 완성된 나무를 돌림판에 붙인다.
2) 계절을 표현할 수 있는 잎사귀와 꽃을 만들어 벨크로 테이프를 붙인다.

제작 시 참고사항

- 돌림판 시침핀의 끝 마무리와 회전을 유의한다.
- 십자형 칸막이가 넘어가지 않도록 잘 부착한다.

제시방법

1. 도입

1) 나무의 이야기 스토리텔링을 한다.
2) 어떤 일이 있었는지 이야기를 나눈다.

2. 전개

1) 자료의 조작으로 계절별 나무의 변화에 대해 이야기를 나눈다.
2) 유아가 참여하여 조작해 보도록 격려한다.

3. 마무리

1) 이야기를 회상한다. 과학영역이나 조작영역에 게시한다.

※ 이야기 나누기 자료

23 겨울철 옷 입히기

생활주제 겨울 **누리과정** 신체운동건강영역

자료유형 자석자료 **주요기법** 자석겹치기

자료소개 및 주요기법 선정배경

- 교육목표는 겨울철 옷차림을 알고 알맞은 옷에 대해 아는 것이다.
- 이 자료는 고무자석의 붙는 성질을 이용하여 인형에 옷을 직접 대 봄으로써, 영유아의 흥미로운 활동과 참여를 격려할 수 있도록 제작되었다.
- 이야기 나누기가 끝난 후, 조작영역이나 역할영역에서 관련된 활동물을 가지고 활동할 수 있다.

준비물 고무자석(노란색, 검은색, 빨간색, 파란색, 보라색, 흰색), 가위, 풀

제작방법

1. 사람모형(판) 만들기

1) 이야기 나누기 수업에 맞게 도안을 선정한다.
2) 도안을 고무자석 크기에 맞게 편집한다.
3) 노란색 고무자석으로 사람을 2명 오린다.

2. 제시자료 만들기

1) 사람의 머리, 눈, 입을 얼굴 크기에 맞춰서 제작한다(머리, 눈, 입은 풀을 이용해서 붙인다).
2) 나머지 색을 조합해서 속옷, 옷, 장갑, 신발 ,목도리, 모자를 만든다(옷과 다른 도구들의 무늬는 풀을 이용해서 붙인다).
3) 사람 모형이 완성되면 속옷, 옷, 장갑, 신발, 목도리, 모자를 겹쳐서 완성한다.

제작 시 참고사항

• 고무자석은 자력이 세지 않으므로 여러 겹으로 제작하지 않도록 한다.

제시방법

1. 도입

1) 겨울철 날씨에 대하여 이야기를 나눈다.

2. 전개

1) 오늘 입고 온 옷차림에 대해 이야기를 나눈다.

2) 자료를 통해 어린이 모형에 직접 옷을 입혀본다.

3. 마무리

1) 활동을 회상하고, 조작영역과 역할영역에서 다른 옷들도 만들어 보도록 안내한다.

동화 자료

1. 화내지 말고 예쁘게 말해요
2. 아기늑대 삼형제와 못된 돼지
3. 말 안 듣는 청개구리
4. 한이네 동네
5. 배고픈 애벌레
6. 무지개 물고기
7. 커다란 순무
8. 자림이의 입 속 충치 파티
9. 일곱 마리 아기 양과 늑대
10. 바다해적과 인어공주
11. 팥죽 할머니와 호랑이
12. 장갑

1 화내지 말고 예쁘게 말해요

생활주제 유치원과 친구 **누리과정** 의사소통영역

자료유형 보드자료 **주요기법** 붙이고 떼기

자료소개 및 주요기법 선정배경

- 동화를 통해 감정을 표현하는 데 도움을 얻을 수 있다.
- 이 자료는 특정 그림들을 붙이고 떼는 방법을 통해 동화를 흥미롭게 감상할 수 있도록 제작되었다.
- 이야기 나누기가 끝난 후, 언어영역에서 유아들이 활동할 수 있다.

준비물 투명시트지, 다양한 색상의 머메이드지, 가위, 풀, 칼, 자, 하드보드지, 흰색 도화지. 테이프, 눈알, 벨크로 테이프, 필기도구, 글루건

제작방법

1. 그림동화 만들기

1) 동화책 장면에 있는 그림들을 각종 도화지, 색종이, 머메이드지 등을 이용하여 만든다.
2) 그림들을 하드보드지판에 풀로 붙인다.
3) 하드보드지를 투명시트지로 감싼다.
4) 그 위에 등장인물들의 눈을 붙인다.
5) 내용 가운데 먹구름을 벨크로 테이프로 붙인다.
6) 하드보드지의 테두리를 검은색 마스킹 테이프로 붙인다.

제작 시 참고사항

• 흰색 배경화면에 이물질이 묻지 않도록 유의한다.

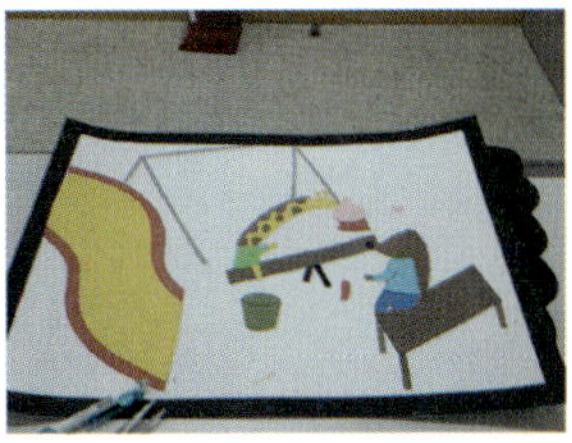

제시방법

1. 도입

1) 동화 표지를 보고 내용을 상상한다.

2. 전개

1) '화내지 말고 예쁘게 말해요' 동화를 듣는다.
2) 동화책의 내용에 대해 이야기를 나눈다.
3) 친구에게 나쁜 말을 했던 경험이 있는지 이야기를 나눈다.

3. 마무리

1) 활동을 회상하고, 언어영역에서 친구에게 마음을 표현하는 그림활동이나 글씨쓰기 활동을 한다.

동화 자료

2 아기늑대 삼 형제와 못된 돼지

생활주제 유치원과 친구 **누리과정** 사회관계영역

자료유형 인형자료 **주요기법** 테이블 인형

자료소개 및 주요기법 선정배경

- 동화를 통해 친구가 만든 장난감이 소중함을 알고 존중할 수 있다.
- 이 자료는 테이블 인형들의 움직임을 통해 동화를 흥미롭게 감상하여 효과적인 교훈 제시가 가능하도록 제작되었다.
- 이야기 나누기가 끝난 후, 언어영역에서 유아들이 활동할 수 있다.

준비물 펠트지(흰색, 갈색, 검은색, 살구색, 회색, 빨간색, 녹색, 노란색, 주황색. 하늘색. 분홍색, 연두색), 글루건, 가위, 캔, 우유갑, 작은 물병, 종이컵, 칼

제작방법

1. 배경판 만들기

1) 우드락에 하늘색과 연두색 색지를 오려 하늘과 땅을 만든다.
2) 초록색과 갈색 색지를 오려 나무와 잔디를 만든다.
3) 벽면에서 조작이 필요한 부분을 도려낸다.

2. 등장인물 만들기

1) 캔과 물병을 펠트지로 싼다.
2) 큰 돼지를 두 겹으로 겹쳐 만들어 감싼 물병에 부착한다.
3) 종이컵, 우유갑으로 세 가지 집의 형태를 만들고, 두꺼운 종이/펠트지로 집을 꾸민다.

3. 조작을 위한 장치 만들기

1) 무너지는 집 뒤로 낚싯줄을 연결하여 줄을 당기면 집이 무너지도록 제작한다.

제작 시 참고사항

• 동화의 내용을 고려하여 돼지보다 늑대를 작게 제작한다.

제시방법

– 동화의 내용에 따라 조작하며 들려준다.

3 말 안 듣는 청개구리

생활주제 나와 가족 **누리과정** 의사소통영역

자료유형 인형자료 **주요기법** 손인형

자료소개 및 주요기법 선정배경

- 동화를 통해 가족의 소중함을 느낄 수 있다.
- 이 자료는 인형자료를 통해 영유아에게 친숙하게 동화를 들려줄 수 있도록 제작되었다.
- 이야기 나누기가 끝난 후, 언어영역에서 유아들이 활동할 수 있다.

준비물 펠트지(초록색, 주황색, 연두색, 검은색, 흰색, 분홍색), 솜, 실, 고무줄, 천, 뽕뽕이

제작방법

1. 개구리 인형 만들기

1) 개구리의 얼굴, 몸통, 눈 등 해당 색상의 펠트지를 오려 바느질한다.
2) 아기 개구리의 볼은 빨간색 원으로, 배는 뽕뽕이 단추로 포인트를 준다.
3) 엄마 개구리의 볼은 분홍색 타원으로, 배는 앞치마로 포인트를 준다.
4) 할아버지 개구리는 회색 모자로, 배는 흰색 펠트지로 포인트를 준다.
5) 솜을 빼곡하게 넣는다.

제작 시 참고사항

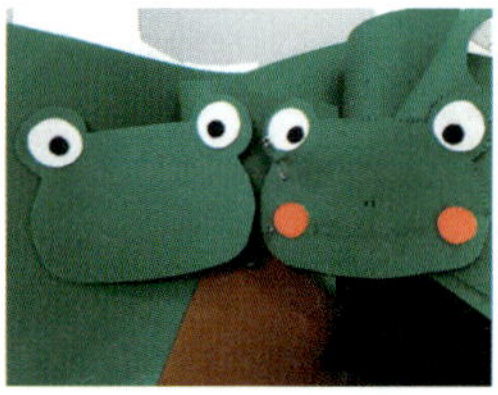

- 아기 개구리, 엄마 개구리, 할아버지 개구리의 특징을 살려 제작한다.

제시방법

1. 도입

1) 동화를 듣기 전에 약속을 정한다.

2. 전개

1) '말 안 듣는 청개구리' 동화를 듣는다.
2) 아기 청개구리처럼 행동한 적이 있는지 이야기를 나눈다.
3) 엄마 개구리에게 하고 싶은 말을 해 본다.

3. 마무리

1) 활동을 회상하고, 언어영역이나 역할영역에 두어 영유아의 자유로운 활동을 격려한다.

4 한이네 동네

생활주제 우리동네　　**누리과정** 의사소통영역

자료유형 그림자료　　**주요기법** 직접 그리기, 낚싯줄

자료소개 및 주요기법 선정배경

- 동화를 통해 동네의 다양한 모습에 관심을 가질 수 있다.
- 이 자료는 동화책의 세밀한 회화기법을 그대로 모방하여 직접 그린 것으로 동화책보다 크게 영유아가 동화를 경험하고, 특정 장면을 낚싯줄을 이용하여 움직일 수 있도록 제작하였다.
- 이야기 나누기가 끝난 후, 언어영역에서 유아들이 활동할 수 있다.

준비물 하드보드지, 색연필, 파스텔, 사인펜, 4절지, 낚싯줄, 코팅지, 벨크로 테이프, 시트지, 우드락, 테이프, 크레파스

제작방법

1. 그림동화 만들기

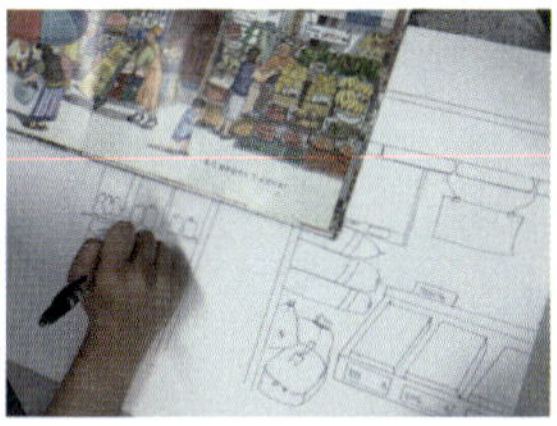

1) 도화지에 동화를 바탕으로 연필로 그림을 그린다.
2) 검은색 사인펜으로 따라 그린다.
3) 파스텔, 색연필, 크레파스를 사용하여 색칠한다.
4) 움직이는 자료를 도화지에 그려 색칠한다.
5) 색칠이 된 그림을 하드보드지에 붙이고, 투명시트지로 감싼다.
6) 뒷면 오른쪽 상단에 대본을 붙인다.

2. 낚싯줄 장치 만들기

1) 하드보드지에 작은 구멍을 2개 뚫은 후 낚싯줄을 연결한다.
2) 움직이도록 계획된 그림을 낚싯줄에 연결한다.
3) 뒷면에 손잡이를 글루건으로 부착한다.

3. 통계판 만들기

1) 우드락을 하드보드지에 붙이고, 코팅한 사진자료를 우드락에 붙인다.
3) 투명시트지를 붙이고, 사진자료 위쪽에 벨크로 테이프를 두 줄씩 붙인다.

제작 시 참고사항

- 하얀 배경화면에 이물질이 묻지 않도록 유의한다.

제시방법

1. 도입

1) 오늘 유치원에 오면서 동네의 어떤 것을 보았는지 이야기를 나눈다.

2. 전개

1) '한이네 동네' 동화를 듣는다.
2) 동화책의 내용에 대해 이야기를 나눈다.
3) 동화에 나온 장소들에 대해 이야기를 나눈다.

3. 마무리

1) 유아들이 가보고 싶은 장소와 좋아하는 장소 그래프를 만들고 활동을 회상한다.

5 배고픈 애벌레

생활주제	동식물과 자연	누리과정	자연탐구영역
자료유형	인형자료	주요기법	손인형

자료소개 및 주요기법 선정배경

- 동화를 통해 애벌레의 성장과정과 변화를 알 수 있다.
- 이 자료는 나비와 애벌레, 번데기 인형의 움직임과 변화를 통해 영유아가 활동에 흥미를 가질 수 있도록 제작하였다.
- 이야기 나누기가 끝난 후, 언어영역에서 유아들이 활동할 수 있다.

준비물 천(빨간색, 주황색, 노란색, 초록색, 파란색, 연보라색, 갈색), 펠트지(고동색, 갈색, 황토색, 초록색, 연두색, 빨간색, 검은색), 솜, 구슬, 단추, 모루, 철사, 지퍼, 재봉틀, 글루건, 풀, 가위, 칼, 자, 실(흰색, 검은색), 바늘

제작방법

1. 나비 만들기

1) 빨간색, 주황색, 노란색, 초록색, 파란색 천에 원 모양으로 몸통 도안을 그리고 연보라색 천에 날개 도안을 그린다.
2) 빨간색 동그라미 도안에는 모루를 꿰매고, 동그라미 도안 모두 솜을 넣고 재봉한다.
3) 날개는 구멍을 양쪽으로 남겨 재봉하고, 철사로 형태를 잡는다.

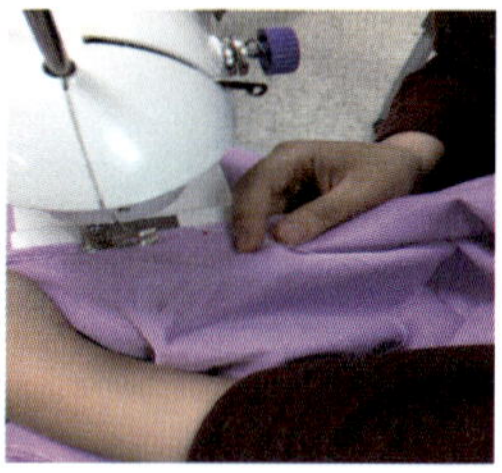

4) 날개에 남겨진 부분으로 손을 넣어 구슬을 꿰맨다.
5) 날개에 솜을 가득 넣고 남은 부분을 꿰맨다.
6) 몸통과 날개를 붙이고, 얼굴에 눈을 붙인다.

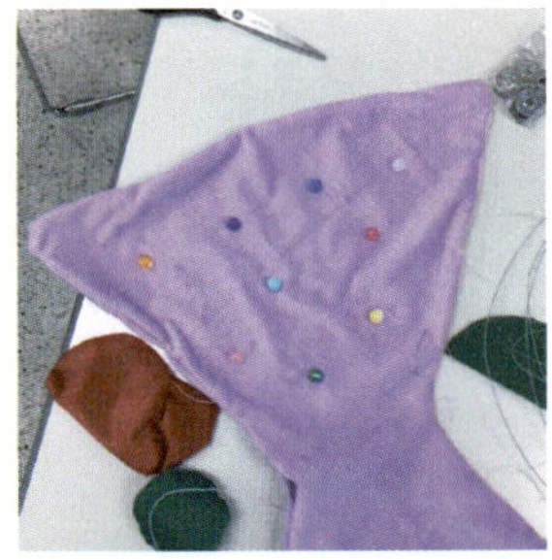

2. 애벌레 만들기

1) 배고픈 애벌레는 펠트지로 몸통과 얼굴을 만들어 손바느질한 뒤, 검은색 펠트지에 눈을 그려 글루건으로 붙인다.
2) 배부른 애벌레는 연두색, 초록색 펠트지를 재봉하고, 솜을 채운 뒤, 머리와 눈을 붙인다.

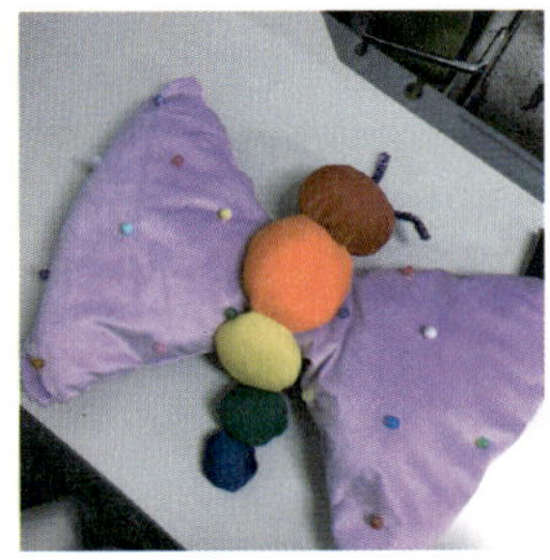

3. 번데기 만들기

1) 고동색 펠트지로 번데기를 만들어 지퍼를 단다.
2) 갈색과 황토색 펠트지로 꾸민다.

제작 시 참고사항

• 애벌레, 번데기, 나비의 크기를 고려하여 제작한다.

제시방법

– 동화를 들려주며 해당 인형을 제시한다.

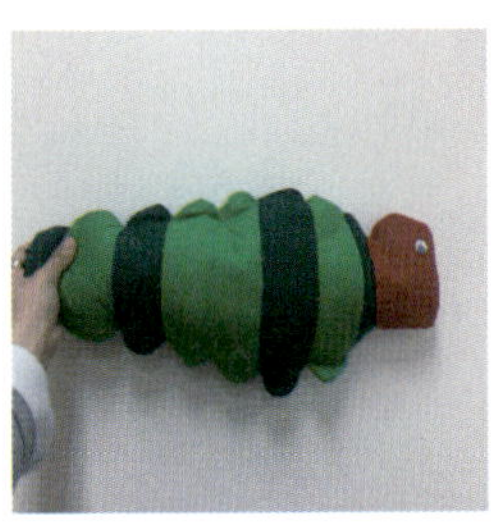

동화 자료

6 무지개 물고기

생활주제 동식물과 자연
누리과정 사회관계영역
자료유형 융판자료
주요기법 붙이고 떼기

자료소개 및 주요기법 선정배경

- 동화를 통해 나눔의 기쁨에 대해 알 수 있다.
- 이 자료는 바닷속 다양한 물고기들을 붙이고 뗄 뿐 아니라, 동화의 흐름에 따라 물고기의 비늘을 떼고 붙일 수 있도록 제작하였다.
- 이야기 나누기가 끝난 후, 언어영역에서 유아들이 활동할 수 있다.

준비물 펠트지(파란색 4절지, 초록색 4절지, 무지개 7가지색, 펄반짝이, 분홍색, 흰색, 황토색, 갈색, 검은색, 살구색), 까슬이, 솜, 글루건, 딱풀, 가위, 양면테이프, 여러 색 실, 바늘, 색연필, 하드보드지 2장(4절지), 경첩, 마줄, 본드

제작방법

1. 기본판과 물고기 만들기

1) 하드보드지 판에 양면테이프를 붙이고 파란색 펠트지를 붙인다.
2) 물고기 도안을 잘라 솜을 넣고 바느질하여 물고기를 만든다.
3) 무지개와 글자를 펠트지로 만들어 제목을 붙인다.

2. 무지개 물고기 만들기

1) 무지개 물고기 도안을 만든다.
2) 비늘 하나하나 바느질하여 자리를 잡는다.
3) 펄비늘은 까슬이만 붙인다.

3. 바다 배경 만들기

1) 파란바다 바탕에 바위와 산호초, 물풀 등을 붙인다.

2) 문어, 불가사리, 돌 등 숨김과 효과가 필요한 부분을 유의하여 제작한다.

제작 시 참고사항

• 붙이고 떼는 활동을 위해 물고기의 비늘 중 떼어지는 것을 구별하여 표시한다.

제시방법

– 무지개 물고기 동화 내용대로 물고기들을 등장 또는 퇴장시키며 동화를 들려준다.

7 커다란 순무

생활주제 동식물과 자연

누리과정 사회관계영역

자료유형 융판자료

주요기법 붙이고 떼기

자료소개 및 주요기법 선정배경

- 동화를 통해 서로 돕는 생활의 즐거움을 알 수 있다.
- 이 자료는 동화의 흐름에 따라 등장인물들을 떼고 붙일 수 있도록 제작하였다.
- 이야기 나누기가 끝난 후, 언어영역에서 유아들이 활동할 수 있다.

준비물 펠트지(흰색, 갈색, 검은색, 살구색, 황토색, 회색, 빨간색, 녹색, 분홍색), 하드보드지, 글루건, 가위, 바늘, 실, 벨크로 테이프

제작방법

1. 삼각융판 만들기

1) 하드보드지를 칼로 재단하여 삼각판을 만든다.
2) 초록색 펠트지를 이용하여 삼각판에 붙인다.
3) 동화책 이름을 삼각융판 위쪽에 붙인다.

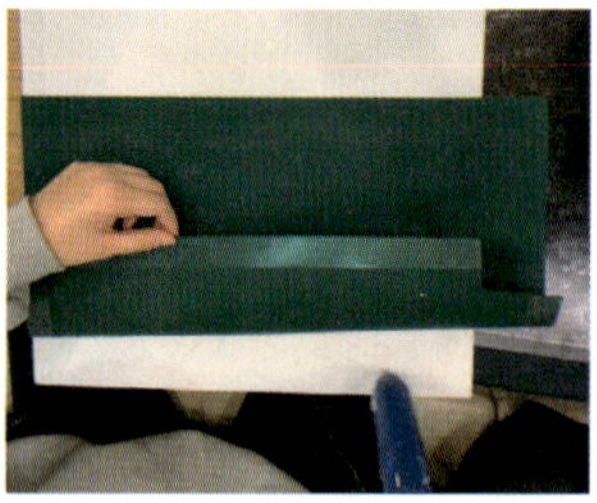

2. 등장인물 만들기

1) 펠트지에 특정 주인공의 도안을 그리고 오린다.
2) 얼굴을 바느질 해준다.
3) 글루건으로 몸을 붙인다.
4) 펠트지 뒷판에 벨크로 테이프로 6개 인형을 붙여준다.

제작 시 참고사항

- 작은 조각들을 붙일 때 글루건 사용으로 인해 매체가 지저분해 보일 수 있으므로 작은 조각들을 붙일 때는 양면테이프를 사용한다.

제시방법

– 커다란 순무 내용대로 등장인물들을 등장 또는 퇴장시키며 동화를 들려준다.

8 자림이의 입 속 충치 파티

생활주제 건강과 안전

누리과정 신체운동건강영역

자료유형 그림자료

주요기법 직접 그리기, 낚싯줄, 할핀, 겹치기

자료소개 및 주요기법 선정배경

- 동화를 통해 건강한 치아 관리에 관심을 갖고 실천할 수 있다.
- 이 자료는 수업을 위해 창작한 동화로 아크릴 물감으로 직접 그리고, 낚싯줄, 할핀, 겹치기 기법으로 움직임과 변화를 느끼며 흥미를 가질 수 있도록 제작하였다.
- 이야기 나누기가 끝난 후, 언어영역에서 유아들이 활동할 수 있다.

준비물 하드보드지, 머메이드지(흰색, 노란색, 빨간색, 분홍색, 검은색), 코팅지, 시트지, 매직, 물감도구, 할핀, 가위, 테이프, 칼, 낚싯줄

제작방법

1. 그림동화 만들기

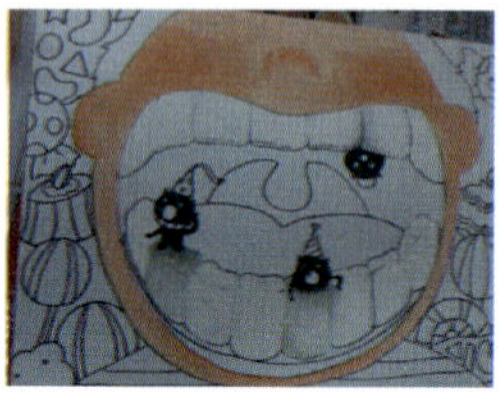

1) 하드보드지 5장에 만든 밑그림을 그린다.
2) 매직으로 테두리를 그린 후 물감으로 색칠한다.
3) 겉표지에 해당하는 글자 제목을 프린트해 오려 붙인다.
4) 양치질을 표현하기 위해 하드보드지에 따로 그려 오린다.
5) 양치질 부분의 하드보드지와 따로 그린 손을 할핀을 이용해 움직임을 표현한다.
6) 낚싯줄을 이용하여 음식의 움직임을 표현한다.
7) 시트지로 동화를 만든 하드보드지를 감싼다.
8) 등장인물 얼굴과 음식그림, 충치와 충치악당의 그림을 따로 그리고 시트지를 붙인다.
9) 등장인물 얼굴 뒤에 우드락을 붙인다.

10) 충치를 붙인 시트지를 하드보드지 크기로 1개 잘라 충치를 나타낼 수 있도록 하드보드지 뒷면에 5cm 정도를 붙이고 나머지를 앞으로 내린다.

11) 동화에 맞는 내용을 뒷면에 붙인다.

제작 시 참고사항

- 아크릴 물감에 물을 많이 섞지 않고 채색한다.

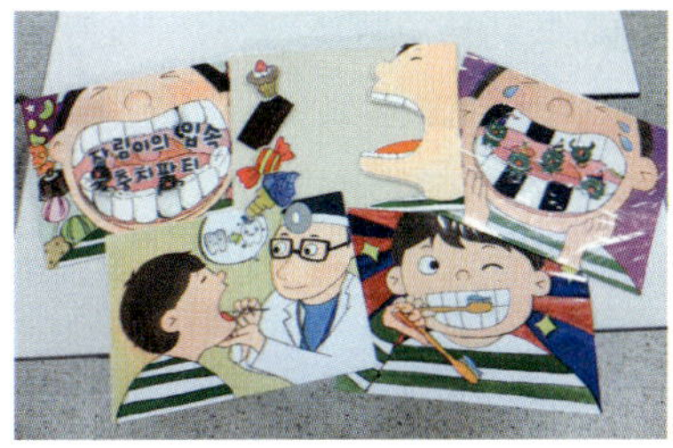

제시방법

1. 도입

1) 이 닦는 경험에 대해 이야기를 나눈다.

2. 전개

1) '자림이의 입속 충치 파티' 동화를 듣는다.

2) 동화책의 내용에 대해 이야기를 나눈다.

3) 이를 닦지 않으면 어떠한 일이 일어나는지 이야기를 나눈다.

3. 마무리

1) 활동을 회상하고, 언어영역에 게시한다.

9 일곱 마리 아기 양과 늑대

생활주제 건강과 안전 **누리과정** 사회관계영역
자료유형 블록보드자료 **주요기법** 돌리기

자료소개 및 주요기법 선정배경

- 동화를 통해 위급한 상황에서 침착하게 대응할 수 있다.
- 이 자료는 동화의 흐름에 따라 블록을 움직여 내용을 알 수 있도록 제작하였다.
- 이야기 나누기가 끝난 후, 언어영역에서 유아들이 조작하며 동화를 감상할 수 있다.

준비물 우유갑, 청테이프, 신문지, 하드보드지, 동화도안, 투명테이프, 가위, 투명시트지, 칼, 자

제작방법

1. 기본 블록 만들기

1) 빈 우유갑에 신문지를 구겨 넣는다.
2) 우유갑을 9개씩 테이프로 묶어 정육면체를 만든다.
3) 각 면에 하드보드지를 붙인다.

2. 동화내용 만들기

1) 가로 세로 30cm의 동화를 6장면으로 그린다.
2) 동화를 4면으로 컷팅한다.
3) 동화의 조작방향을 고려하면서 정육면체에 동화 조각을 부착한다.
4) 각 정육면체 블록을 투명시트지로 감싼다.

제작 시 참고사항

• 동화 조작에 대해 여러 번 실험한 후 최종적으로 동화 면을 붙이도록 한다.

제시방법

– '일곱 마리 아기 양과 늑대' 이야기에 따라 블록을 돌려가며 동화를 감상한다.

<일곱 마리 아기 양과 늑대>

<누가 내머리에 똥쌌어?>

※ 동화 자료

10 바다해적과 인어공주

생활주제 환경과 생활 **누리과정** 의사소통영역

자료유형 그림자료 **주요기법** 낚싯줄, 할핀

자료소개 및 주요기법 선정배경

- 동화를 통해 환경오염의 결과에 관심을 갖고 환경사랑을 실천할 수 있다.
- 이 자료는 수업을 위해 창작한 동화로 낚싯줄, 할핀 기법으로 움직임과 변화를 느끼며 흥미를 가질 수 있도록 제작하였다.
- 이야기 나누기가 끝난 후, 언어영역에서 유아들이 활동할 수 있다.

준비물 하드보드지 4절지(하늘색, 갈색), 색지(빨간색, 검은색, 노란색, 갈색, 흰색, 녹색, 분홍색, 살구색), 색종이, 가위, 풀, 글루건, 테이프, 칼, 송곳, 낚싯줄, 자석, 시트지, 색연필, 사인펜, 전기테이프, 지우개, 연필, 자

제작방법

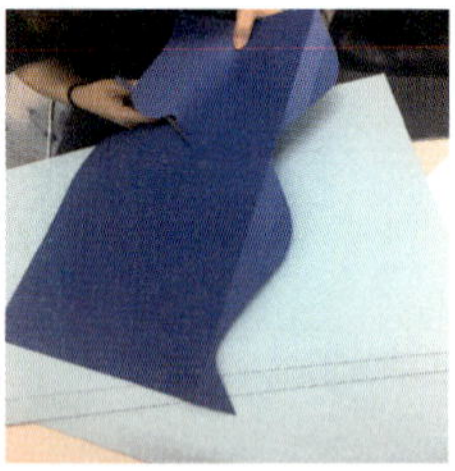

1. 그림동화 만들기

1) 동화의 밑그림을 그린다.
2) 밑그림을 기본으로 배경이 될 색지들을 잘라 붙인다.
3) 그림판의 배경이 될 부분을 하드보드지에 붙인다.
4) 움직임이 있는 등장인물은 붙이지 않고 따로 코팅해 둔다.
5) 움직임이 있는 그림과 배경장면에 송곳으로 구멍을 뚫는다.
6) 할핀을 꽂아 움직임이 가능하게 한다.

7) 할핀이 보이지 않도록 파도그림으로 덮어 마무리한다.
8) 움직임이 있는 배경장면 양쪽에 송곳으로 구멍을 뚫는다.
9) 낚싯줄에 움직임이 있는 해적과 손잡이를 붙이고, 뒷면에 움직이는 방향을 표시해 둔다.

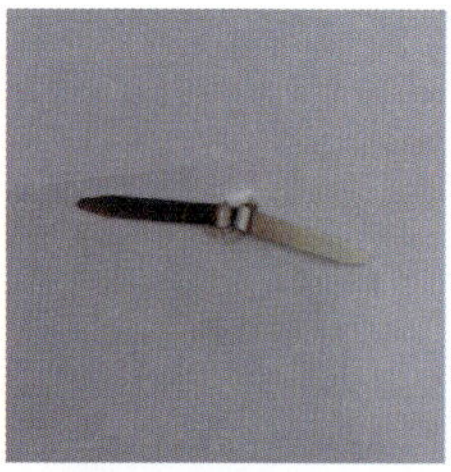

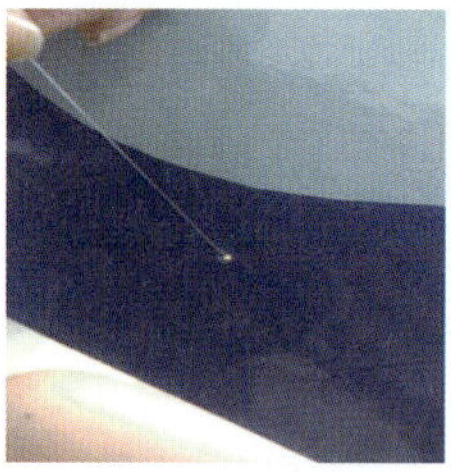

제작 시 참고사항

- 투명시트지를 붙일 때 유의하지 않으면, 색지가 찢어지므로 조심한다.

제시방법

1. 도입

1) 바다를 보거나 다녀온 경험이 있는지 이야기를 나눈다.

2. 전개

1) '바다해적과 인어공주' 동화를 듣는다.
2) 동화책의 내용에 대해 이야기를 나눈다.
3) 바다에 쓰레기를 함부로 버리면 어떠한 일이 일어나는지 이야기를 나눈다.

3. 마무리

1) 활동을 회상하고, 언어영역에 게시한다.

※ 동화 자료

11 팥죽 할머니와 호랑이

생활주제	겨울	누리과정	사회관계영역
자료유형	인형자료	주요기법	손가락 인형

자료소개 및 주요기법 선정배경

- 동화를 통해 작은 힘을 모으면 어려운 일을 이겨낼 수 있음을 알 수 있다.
- 이 자료는 등장인물을 손가락에 끼우고 동화를 제시하면서 영유아가 흥미를 가지고 동화에 참여할 수 있게 제작하였다.
- 이야기 나누기가 끝난 후, 언어영역에서 유아들이 활동할 수 있다.

준비물 펠트지(갈색, 베이지색, 회색, 노란색, 주황색, 보라색, 흰색, 검은색), 바늘, 솜, 글루건, 모루, 노끈, 여러 가지 색 실

제작방법

1. 손가락 골무 만들기

1) 아이보리색 펠트지를 손가락 크기로 20개를 오린다.
2) 위 자른 조각을 짝을 지어 버튼홀스티치로 꿰맨다.

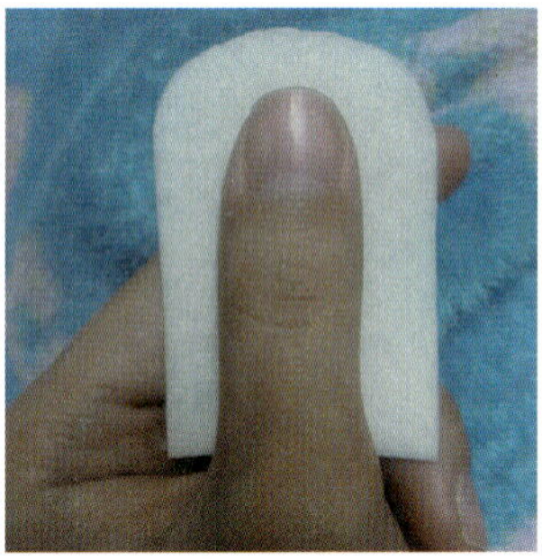

2. 등장인물 만들기

1) 할머니, 지게, 호랑이, 거북이, 알밤, 똥, 송곳, 절구, 멍석, 볏집 등의 특성을 살려 펠트지와 노끈 등을 이용하여 제작한다.

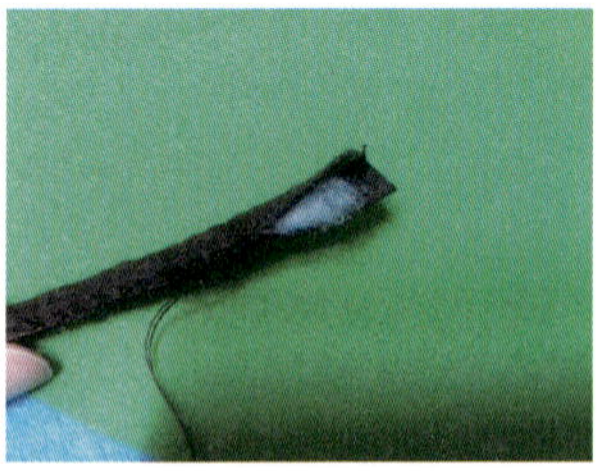

제작 시 참고사항

- 손가락 사이즈로 제작하므로 바늘, 글루건 사용 시 안전에 유의한다.

제시방법

1. 도입

1) 팥죽 실물 사진으로 흥미를 유발한다.

2. 전개

1) '팥죽 할머니와 호랑이' 동화를 듣는다.
2) 동화책의 내용에 대해 이야기를 나눈다.
3) 어려운 일이 닥쳤을 때 서로 도울 수 있는 방법이 무엇인지 이야기를 나눈다.

3. 마무리

1) 활동을 회상하고, 언어영역에 게시한다.

〈손가락 동물인형〉

12 장갑

생활주제 겨울　　**누리과정** 사회관계영역

자료유형 융판자료　　**주요기법** 붙이고 떼기

자료소개 및 주요기법 선정배경

- 동화를 통해 서로에 대한 따뜻한 언어를 배울 수 있다.
- 이 자료는 등장인물을 붙이고 떼는 방식으로 동화를 제시하면서 영유아가 흥미를 가지고 동화에 참여할 수 있게 제작하였다.
- 이야기 나누기가 끝난 후, 언어영역에서 유아들이 활동할 수 있다.

준비물 융판, 솜이 들어간 원단(낡은 베갯잇), 펠트지(연두색, 분홍색, 회색, 노란색, 밤색, 검은색, 살구색, 흰색, 청색, 갈색), 솜, 긴 스펀지, 글루건, 가위, 바늘, 실. 벨크로 테이프, 우드락

제작방법

1. 배경판 만들기

1) 청색 펠트지로 삼각융판을 제작한다.
2) 마른 나뭇가지와 흰 솜으로 겨울의 풍경을 만든다.
3) 갈색 펠트지로 눈 쌓인 나무를 만들어 부착한다.
4) 흰색 펠트지를 잘라 배경판에 바닥 눈과 내리는 눈을 장식한다.

2. 등장인물 만들기

1) 적절한 색상의 펠트지로 생쥐, 토끼, 개구리, 돼지, 여우, 늑대, 곰을 만들고 솜을 넣어 마무리한다.
2) 천을 사용하여 손모아장갑을 만든다.

제작 시 참고사항

• 장갑의 크기는 동물들이 들어갈 수 있을 만큼 커야 한다.

제시방법

1. 도입

1) 겨울의 날씨와 옷차림에 대해 이야기를 나눈다.

2. 전개

1) '장갑' 동화를 듣는다.
2) 동화책의 내용에 대해 이야기를 나눈다.
3) '~해도 되겠니?'라고 하는 대사를 서로에게 해 본다.

3. 마무리

1) 활동을 회상하고, 언어영역에 게시한다.

동시 자료

1. 우리동네에는
2. 다람쥐
3. 신호등이 말해요
4. 겨울을 좋아해

1 우리동네에는

생활주제	우리동네	누리과정	의사소통영역
자료유형	보드 자료	주요기법	막대자석으로 이동

자료소개 및 주요기법 선정배경

- 동시를 통해 우리동네의 다양한 가게에 관심을 가질 수 있다.
- 이 자료는 칼집을 이용한 이동을 통해 동시의 흐름을 알 수 있도록 제작되었다.
- 이야기 나누기가 끝난 후, 언어영역에서 유아들이 활동할 수 있다.

준비물 하드보드지(미색), 색지(갈색, 하늘색, 노란색, 분홍색, 초록색), 가위, 풀, 자, 사인펜, 동시 글자, 인쇄물(빵, 간판, 캐릭터, 물고기 등)

제작방법

1. 기본판 만들기

1) 하드보드지를 초록색 색지로 덮는다.
2) 동시 가게들의 위치를 고려하여 갈색 색지로 우리동네의 길을 붙인다.
3) 뒷면에 길을 표시한다(막대자석 이동길).

2. 제시자료 만들기

1) 우리동네 가게를 색지와 인쇄물로 만들어 붙인다.
2) 색지로 우리동네를 소개시켜줄 자석인형 “유리”를 만들고, 뒷면에 자석을 붙인다.
3) 동시 글자 인쇄물을 오린 후 하늘색 배지를 댄다.

3. 동시판 마무리 하기

1) 가게 그림과 동시를 판에 붙인다.
3) 투명시트지로 전체를 감싼다.

제작 시 참고사항

- 동시의 흐름에 맞게 길을 구성한다.
- 하드보드지를 사이에 두고 자력을 시험하여 사용한다.

제시방법

1. 도입

1) 우리동네에서 볼 수 있는 가게에 대해 이야기를 나눈다.

2. 전개

1) '우리동네에는' 동시를 함께 읊어본다.
2) 유아가 자석 조작에 참여하도록 격려한다.
3) 유아가 원하는 가게를 넣어 읊어본다.

3. 마무리

1) 활동을 회상하고, 언어영역에 게시하여 동네의 가게나 그림을 추가할 수 있음을 안내한다.

2 다람쥐

생활주제 동식물과 자연 / 누리과정 의사소통영역

자료유형 보드자료 / 주요기법 붙이고 떼기

자료소개 및 주요기법 선정배경

- 동시를 통해 반복되는 단어와 글자에 관심을 갖고 운율감을 느끼며 감상할 수 있다.
- 이 자료는 반복되는 글자를 붙이고 떼는 방법을 통해 동시를 흥미롭게 감상하고 배울 수 있도록 제작되었다.
- 이야기 나누기 후, 언어영역에서 유아들이 활동할 수 있다.

준비물 색지(주황색, 갈색, 빨간색, 초록색, 파란색, 남색, 황토색), 마스킹 테이프, 나뭇잎, 벨크로 테이프, 가위, 풀, 시트지, 솜, 펠트지(갈색, 흰색), 코팅지

제작방법

1. 기본판 만들기

1) 갈색 색지에 크기별로 다람쥐 6마리를 만든다.
2) 갈색 색지를 이용하여 나뭇가지를 자르고 붙인다.
3) 시트지로 감싸주고 마감처리를 위하여 마스킹 테이프를 감아준다.

2. 동시판 만들기

1) 하드보드지 위에 색지를 양면테이프로 붙인다.
2) 글씨를 하드보드지 크기를 고려하여 자르고 배지를 댄다.
3) 반복되는 부분을 떼고, 붙일 수 있게 만든다.
4) 마스킹 테이프를 이용하여 마감처리를 해준다.

3. 다람쥐 손인형 만들기

1) 펠트지로 다람쥐 도안을 제작한다.
2) 전체 바느질을 하고 머리부분은 방울솜으로 채운다.
3) 아래부분은 손을 넣어 다람쥐의 머리와 팔을 조작할 수 있도록 한다.

제작 시 참고사항

- 붙이고 떼는 글자 및 그림자료가 분실되지 않도록 판의 아래에 주머니를 만들거나 융판을 뒷면에 부착한다.

제시방법

1. 도입

1) 손인형 '다람이'로 주의집중을 한다.

2. 전개

1) 다람쥐 동시판을 보여준다.
2) 다람이와 함께 동시를 읽어본다.
3) 유아가 조작하며 글자를 붙이거나 뗀다.

3. 마무리

1) 활동을 회상하고, 언어영역에 게시하여 유아들이 다람이도 함께 조작할 수 있도록 한다.

❀ 동시 자료

3 신호등이 말해요

생활주제	교통기관	누리과정	의사소통영역
자료유형	보드자료	주요기법	끼우기

자료소개 및 주요기법 선정배경

- 동시를 통해 신호등의 역할과 신호등 색깔의 약속을 알 수 있다.
- 이 자료는 셀로판지를 끼우고 제거하는 방법을 통해 동시를 흥미롭게 감상하고 배울 수 있도록 제작되었다.
- 이야기 나누기 후, 언어영역에서 유아들이 활동할 수 있다.

준비물 하드보드지, 색지(하늘색, 연두색, 빨간색, 초록색, 노란색, 검은색, 흰색), OHP 필름, 손코팅지, 셀로판지(빨간색, 초록색), 가위, 칼, 자, 글루건, 양면테이프, 테이프, 풀

제작방법

1. 기본판 만들기

1) 하드보드지 위에 하늘색 바탕을 붙이고 연두색으로 산을 만들어 붙인다.
2) 동시 제목과 내용, 신호등 그림을 붙여 동시판을 만든다.
3) 투명시트지로 전체를 감싼다.

2. 신호등 만들기

1) 검은색 도화지 위에 신호등의 검은 틀을 부착한다.
2) 하드보드지 위에 신호등 사람 모양을 붙이고, 빨간색과 초록색 셀로판지를 붙인다.
3) 2)의 판을 끼우고 뺄 수 있도록 손잡이를 만든다.

3. 동시판 마무리 하기

1) 신호등 틀 안쪽으로 OHP 필름을 붙인다.
2) 전체 신호등을 동시판에 부착한다.

제작 시 참고사항

- 신호등을 끼우고 빼는 부분에 적당한 여유를 두고 제작한다.
- 셀로판지가 얇으므로 붙이거나 자를 때 조심한다.

제시방법

1. 도입

1) 신호등에 대한 수수께끼로 주의집중을 한다.

2. 전개

1) 신호등을 본 적이 있는지 이야기를 나눈다.
2) 동시판을 사용하여 동시를 읊는다.
3) 유아가 조작하며 신호등의 색깔과 약속을 상기하도록 한다.

3. 마무리

1) 활동을 회상하고, 언어영역에 게시하여 유아들이 조작할 수 있도록 한다.

4 겨울을 좋아해

생활주제 계절 **누리과정** 의사소통영역

자료유형 보드자료 **주요기법** 겹치기, 붙이고 떼기

자료소개 및 주요기법 선정배경

- 동시를 통해 추운 겨울 날씨에 적응하여 살아가는 동물에 대해 알 수 있다.
- 이 자료는 아스테이지를 동시판에 겹쳐 동시의 다양한 장면을 감상하고, 동시의 내용을 바꾸면서 동시를 재구성할 수 있도록 제작되었다.
- 이야기 나누기 후, 언어영역에서 유아들이 활동할 수 있다.

준비물 하드보드지, 펠트지(하늘색, 흰색), 양면테이프, 색지(연두색, 초록색, 노란색, 미색), 원형 벨크로 테이프, 글루건, 아스테이지, 폼폼이, 코팅지, 가위

제작방법

1. 기본판 만들기

1) 4절 하드보드지에 양면테이프를 붙이고 하늘색 펠트지를 붙인다.

2. 동시 내용판 만들기

1) 동시와 관련그림을 인쇄하고 코팅한다.
2) 코팅한 그림과 동시, 종이에 원형 벨크로 테이프를 붙인다.
3) 눈 효과를 위해 펀치로 흰색 펠트지를 뚫고 판에 붙인다.

3. 동시판 효과 만들기

1) 눈 결정모양을 인쇄하여 동그랗게 자른 후 코팅한다.
2) 아스테이지를 하드보드지 크기로 자르고 동시판 위에 덮는다.
3) 아스테이지 위에 눈 결정을 동시 판의 빈 공간에 붙여준다.

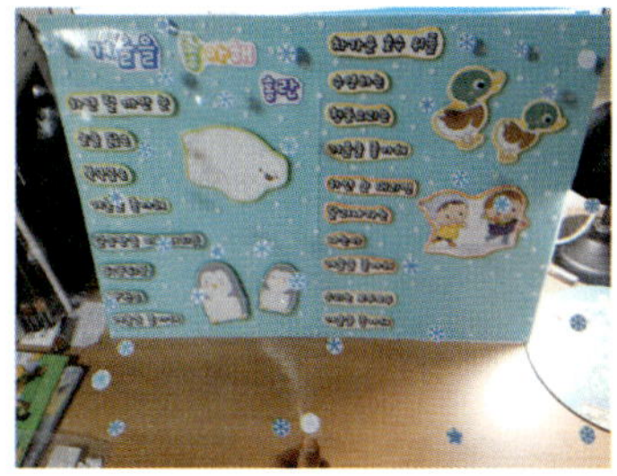

제작 시 참고사항

- 아스테이지 효과가 동시판과 겹쳐지지 않도록 제작한다.

제시방법

1. 도입

1) 겨울을 좋아하는지 이야기를 나눈다.

2. 전개

1) 겨울을 좋아해 동시판을 보며 소개한다.
2) 동시판을 사용하여 동시를 읊는다.
3) 유아가 조작하며 동물을 바꾸어 볼 수 있도록 한다.

3. 마무리

1) 활동을 회상하고, 언어영역에 게시하여 유아들이 조작할 수 있도록 한다.

동요 자료

1. 도레미 송
2. 미소
3. 달팽이의 하루
4. 문지기 문지기 문 열어라
5. 멋진 눈사람

※ 동요 자료

1 도레미 송

생활주제 유치원과 친구 **누리과정** 예술경험영역, 의사소통영역

자료유형 보드 자료 **주요기법** 겹치기

자료소개 및 주요기법 선정배경

- 동요의 노래가사를 바꾸어 부르면서 다양한 단어를 알아갈 수 있다.
- 이 자료는 노래에 맞추어 해당 소절을 겹쳐 내리며 동요의 흐름과 변화를 흥미롭게 경험할 수 있도록 제작되었다.
- 동요 배우기가 끝난 후, 음률영역이나 언어영역에서 유아들이 활동할 수 있다.

준비물 하드보드지 2장, 아스테이지, 투명시트지, 4절 크기의 색지(빨간색, 주황색, 노란색, 초록색, 파란색, 연노란색 등), 4절 크기의 머메이드지(연두색, 보라색, 검은색 등), 양면테이프, 풀, 가위

제작방법

1. 동요표지 만들기

1) 하드보드지에 배경 4절 색지를 붙인다.
2) 피아노 건반, 음표들과 무지개, 높은음자리표를 만든다.
3) 투명시트지로 덮어 씌운다.
4) 코팅한 '도레미송' 제목을 양면테이프로 붙여준다.

2. 동요 기본판 만들기

1) 하드보드지에 배경 4절 색지를 붙인다.
2) 머메이드지로 오선, 높은음자리표, 도-시를 붙인다.
3) '도'부터 '시'까지 오선 아래 붙인다.

3. 겹치기 효과 만들기

1) 아스테이지를 4절 크기(세로는 5cm 더 길게)로 자른 후 위 상단 뒷면에 양면테이프로 붙이고 부분 부분 자른다.
2) 아스테이지 위에 오선에 맞춰 음표와 코팅된 그림을 벨크로 테이프로 붙여 준다.
3) 뒤 하드보드지에 송곳으로 구멍을 뚫어 링으로 이어준다.

제작 시 참고사항

- 하드보드지에 색지는 풀을 이용하여 붙인다.
- 겹치기의 음표와 그림의 위치를 시험하고 붙인다.

제시방법

1. 도입

1) '도레미 송' 피아노 멜로디로 주의를 집중한다.

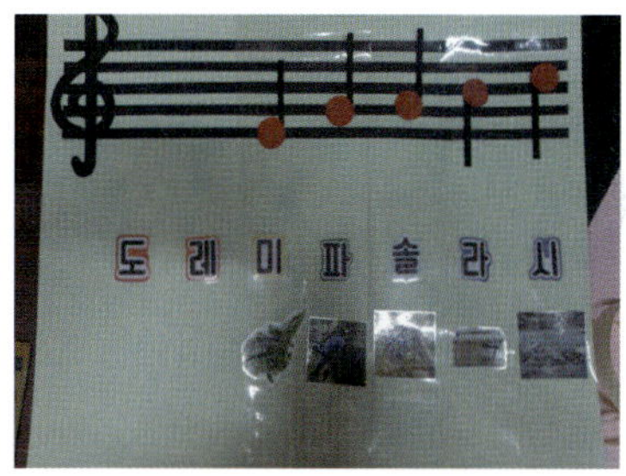

2. 전개

1) 도레미 송의 멜로디를 익힌다.
2) 도레미 송의 가사에 맞춰 불러본다.
3) 도레미 송에 들어 갈 단어를 그림 그려본 후 바꿔 불러본다.

3. 마무리

1) 활동을 회상하고, 음률영역이나 언어영역에 게시하여 그림이나 단어를 바꾸어 만들 수 있도록 안내한다.

2 미소

생활주제	나와 가족	누리과정	예술경험영역, 의사소통영역
자료유형	보드 자료	주요기법	거울보기, 붙이고 떼기

자료소개 및 주요기법 선정배경

- 동요를 부르면서, 다양한 표정을 알고 표정을 지으며 감정을 알 수 있다.
- 이 자료는 노래를 부르고 거울판을 보며 표정에 대해 호기심을 가질 수 있도록 제작되었다.
- 동요 배우기가 끝난 후, 음률영역이나 역할영역에서 유아들이 활동할 수 있다.

준비물

펠트지(흰색, 분홍색, 보라색), 거울지, 나무꼬챙이, 가위, 글루 건, 보드 롱, 하드보드지, 시트지, 고리, 색지(보라색, 노란색, 회색), 가사 인쇄

제작방법

1. 거울판 만들기

1) 하드보드지를 모서리가 둥글게 자른다.
2) 하드보드지 안에 크기를 맞추어 거울지를 자른다.
3) 거울지를 붙이고 펠트지를 이용하여 꾸민다.

2. 동요 제시자료 만들기

1) 가사를 붙일 보드롱 판을 1단계 하드보드지 모양에 맞게 자른다.
2) 가사를 인쇄하고 코팅하여 하드보드지 판에 붙인다.

제작 시 참고사항

- 하드보드지에 함석판을 붙이면 울퉁불퉁하므로 하드보드지를 도려내어 함석판을 넣는다.
- 함석판이 무거우므로 박스테이프로 여러 번 감아 고정한다.

제시방법

1. 도입

1) 오늘의 기분과 다양한 표정에 대해 이야기를 나눈다.

2. 전개

1) '미소' 노래를 살펴본다.
2) 가사 속 표정을 거울지에 지어본다.
3) 다양한 표정을 표현할 수 있도록 격려한다.

3. 마무리

1) 활동을 회상하고, 음률영역이나 역할영역에 게시한다.

3 달팽이의 하루

생활주제 동식물과 자연 **누리과정** 예술경험영역, 의사소통영역

자료유형 보드 자료 **주요기법** 자석판, 붙이고 떼기

자료소개 및 주요기법 선정배경

- 동요를 부르면서, 달팽이의 생김새와 움직임에 관심을 가질 수 있으며, 노래가사를 바꾸어 부르면서 다양한 단어를 알아갈 수 있다.
- 이 자료는 노래에 맞추어 달팽이를 움직이고, 가사를 바꾸면서 동요의 흐름과 변화를 흥미롭게 경험할 수 있도록 제작되었다.
- 동요 배우기가 끝난 후, 음률영역이나 언어영역에서 유아들이 활동할 수 있다.

준비물 4절 하드보드지 2장, 함석판, 마스킹 테이프(노란색), 펠트지(하늘색, 흰색, 갈색, 검은색, 살구색, 회색, 빨간색, 녹색 등), 색지(노란색, 보라색, 주황색), 잔디 색지, 자석, 칼, 가위, 글루건, 펀치, 고리, 코팅지, 벨크로 테이프 등

제작방법

1. 동요 기본판 만들기

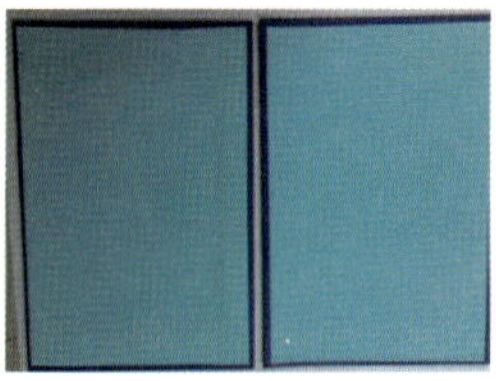

1) 4절 하드보드지 1장을 함석판 크기에 맞게 가운데를 뚫는다.
2) 가운데가 뚫린 하드보드지에 함석판을 맞춰 넣고 박스테이프로 감는다.
3) 펠트지를 붙이고 마스킹 테이프로 마무리 한다.

2. 동요 제시자료 만들기

1) 노래제목, 작사자, 작곡자, 도안, 글자들을 오려 코팅하고 벨크로 테이프를 붙인다.
2) 노래가사를 소절로 코팅하여 벨크로 테이프를 붙인다.
3) 동요의 상세내용 그림을 펠트지로 만들어 붙인다.

제작 시 참고사항

• 달팽이의 움직임을 고려하여 함석판과 자석을 선택한다.

제시방법

1. 도입

1) 달팽이 그림자 카드로 주의집중을 한다.

2. 전개

1) 달팽이를 본 적이 있는지 이야기를 나눈다.
2) 달팽이의 하루 동요판으로 노래를 배운다.
3) 유아가 조작하며 동요를 부를 수 있도록 격려한다.

3. 마무리

1) 활동을 회상하고, 음률영역이나 언어영역에 게시한다.

동요 자료

4 문지기 문지기 문 열어라

생활주제 우리나라 **누리과정** 신체운동건강영역

자료유형 보드 자료 **주요기법** 자석, 붙이고 떼기

자료소개 및 주요기법 선정배경

- 동요를 배우면서 우리나라의 전통놀이에 관심을 갖고 친구들과 즐거운 신체게임활동을 경험할 수 있다.
- 이 자료는 전통노래인 '문지기 문지기 문 열어라'를 부르면서, 친구들과 문을 자석열쇠로 열어보고, 복주머니를 획득하면서 적극적인 신체활동을 할 수 있도록 제작되었다.
- 동요 배우기가 끝난 후, 음률영역이나 언어영역에서 유아들이 활동할 수 있다.

준비물 우드락, 박스, 한지(갈색, 검은색, 베이지색, 진한 회색, 초록색, 연두색, 노란색), 털실, 펠트지(파란색, 빨간색, 노란색), 동전자석, 고리

제작방법

1. 기본판 만들기

1) 대문판은 우드락에 베이지색 한지를 구겨서 덮는다.
2) 대문은 4절 크기의 우드락을 반으로 나눠 갈색 한지로 덮는다.
3) 대문 가운데는 파란색 한지와 빨간색 한지로 태극문양을 만들고, 가운데에 붙인다.
4) 지붕은 얇은 우드락을 지그재그로 붙이고, 고리에 검은색 한지를 감아서 문고리를 만든다.
5) 경칩을 위, 아래에 각각 양 쪽에 두 개씩 붙인다.

2. 열쇠와 열쇠구멍 만들기

1) 두꺼운 우드락을 다양한 모양(육각형, 세모, 네모, 사다리꼴)으로 잘라서 노란색 한지로 덮고 위에 동전자석을 붙인다.
2) 열쇠 손잡이는 나무젓가락을 반으로 자른 뒤 노란색 한지로 덮어 1)에 붙인다.
3) 열쇠 구멍은 두꺼운 우드락을 사각형으로 잘라 가운데 열쇠가 들어갈 만한 크기의 구멍을 뚫어서 갈색 한지로 덮는다.
4) 열쇠 구멍을 대문 오른쪽 아래에 붙인 뒤, 구멍에 동전자석을 붙인다.

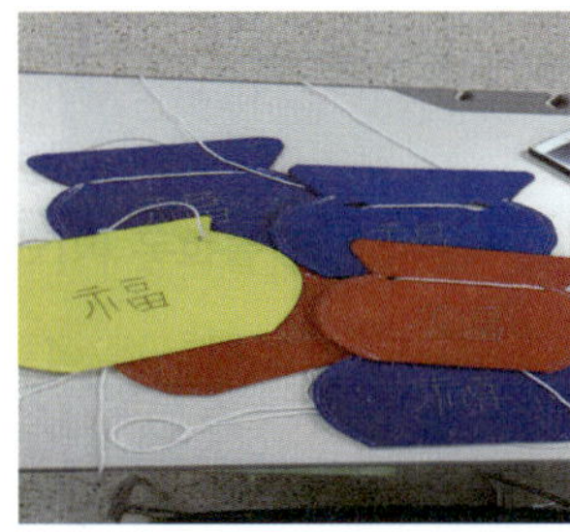

3. 복주머니 만들기

1) 빨간색, 파란색, 노란색 펠트지를 복주머니 모양으로 손이 들어갈 수 있는 크기로 자른다.
2) 두 겹의 테두리를 재봉틀로 박는다. 복주머니 입구 바깥쪽에 구멍을 뚫어서 하얀 털실로 끈을 만든다.
3) 복주머니 가방 가운데에 福을 금색 펜으로 쓴다.
4) 복주머니를 한지 색종이로 복주머니를 접는다.
5) 접은 복주머니 가운데에 福을 금색 펜으로 쓴다.
6) 복주머니를 코팅해서 자른 뒤, 펠트지에 붙을 수 있도록 벨크로 테이프를 붙인다.

제작 시 참고사항

- 열쇠와 열쇠구멍의 크기를 잘 맞추어 제작한다.

❀ 동요 자료

5 멋진 눈사람

생활주제 겨울 　 누리과정 예술경험영역

자료유형 보드자료 　 주요기법 겹치기, 붙이고 떼기

자료소개 및 주요기법 선정배경

- 동요를 부르면서, 겨울에 관심을 갖고 겨울철 옷차림을 알 수 있다.
- 이 자료는 노래에 맞추어 해당 소절을 겹쳐 내리고, 가사를 붙이고 떼며 동요의 흐름과 변화를 흥미롭게 경험할 수 있도록 제작되었다.
- 동요 배우기가 끝난 후, 음률영역이나 언어영역에서 유아들이 활동할 수 있다.

준비물 펠트지(흰색, 파란색, 검은색, 보라색, 노란색, 분홍색, 초록색, 주황색, 갈색, 남색, 회색, 빨간색), 글루건, 가위, 폼보드, 부들이 융천(2마), 양면테이프, 3공 링, 아스테이지, 겨울철 도안, 도화지, 순간 접착제

제작방법

1. 동요책 겉판 만들기

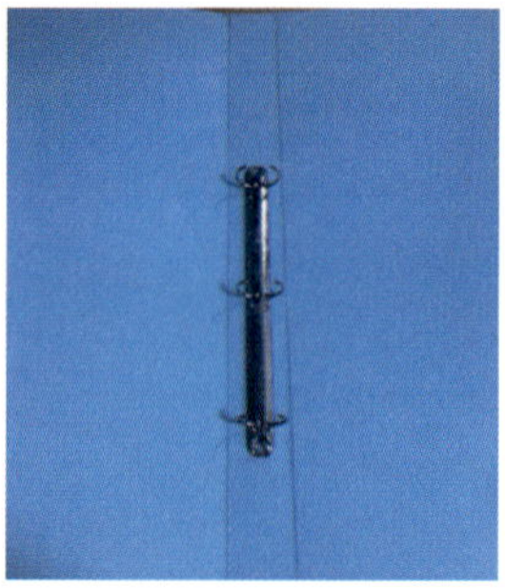

1) 폼보드를 43cm×61cm 2개, 4.8cm×61cm 1개를 제단한다.
2) 4.8cm×61cm를 가운데에 놓고 간격을 약 3mm 정도 벌려주고 융천을 붙여준다.
3) 책처럼 접기 위해서 폼보드를 책 형태로 만든 후 3공 링을 순간 접착제로 부착한다.

2. 동요내용 기본판 만들기

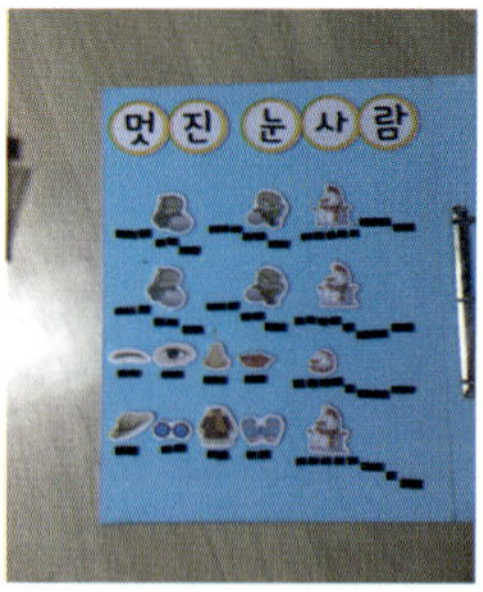

1) '멋진 눈사람' 글자, 박자 바, 가사 이미지 도안을 인쇄 후 코팅하여 벨크로 테이프를 붙인다.

3. 겹치기 효과 만들기

1) 아스테이지를 크기에 맞춰 3장 제단한다.
2) 1장에 눈사람 모형, 2장에 눈썹, 눈, 코, 입, 3장에 모자, 외투, 장갑, 안경을 만든 후 글루건으로 붙인다.
3) 집게로 아스테이지를 고정시킨다.

제작 시 참고사항

- 폼보드를 바닥에 펼친 상태에서 펠트지를 부착하면 책처럼 접히지 않을 수가 있으니 유의한다.
- 아스테이지 위에 글루건을 직접 사용하면 아스테이지가 녹을 수도 있으니 유의한다.

제시방법

1. 도입

1) 겨울과 눈사람에 대해 이야기를 나눈다.

2. 전개

1) '멋진 눈사람' 노래를 들어본다.
2) 가사를 읽어 본 후 노래를 나누어 불러본다.
3) 유아가 조작하며 가사를 바꾸어 불러본다.

3. 마무리

1) 활동을 회상하고, 음률영역에 게시하여 유아들이 조작할 수 있도록 한다.

순서안내 자료

1. 햄버거 만들기
2. 컵 케이크
3. 참치주먹밥
4. 치킨 케밥 만들기
5. 크리스마스 카드

※ 순서안내 자료

1 햄버거 만들기

생활주제 건강과 안전 **누리과정** 신체운동건강영역

자료유형 투사자료 **주요기법** 겹치기

자료소개 및 주요기법 선정배경

- 이 자료는 '건강과 안전' 생활주제의 요리순서안내 자료이다. 햄버거를 만들 때, 그 순서에 따라 만들어 볼 수 있다.
- 이 자료는 요리순서에 맞추어 단계를 겹쳐 내리며 요리의 완성을 미리 보고 요리에 대한 동기를 부여하고 기대감을 가질 수 있도록 제작되었다.
- 요리가 끝난 후, 미술영역이나 언어영역에서 유아들도 교사와 같은 자료를 만들어 볼 수 있다.

준비물 펠트지(갈색, 황토색, 노란색, 초록색, 흰색, 빨간색), 코팅지, 고리, 하드보드지, 가위, 펀치, 글루건, 풀

제작방법

1. 햄버거 재료 도안 만들기

1) 펠트지에 햄버거 재료들의 도안을 그린다.
2) 도안들을 오린다.

2. 겹치기 제시자료 만들기

1) 코팅지에 빵, 패티, 치즈, 상추, 양파, 고기, 치즈, 상추 순으로 올려넣고 코팅을 한다.
2) 펠트지가 뜨는 부분은 다시 한 번 코팅기계에 넣어 완벽하게 코팅될 수 있도록 한다.
3) 코팅이 완성된 것들을 순서대로 모은 뒤에 코팅지 상단 부분에 펀치기계로 구멍을 뚫은 후 고리를 끼워준다.

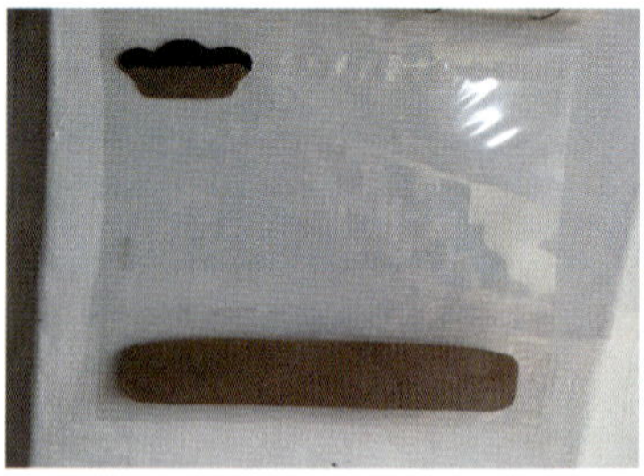

제작 시 참고사항

• 펠트지가 두꺼워 코팅지 사이가 벌어지므로 완전히 열을 가하여 코팅한다.

제시방법

– 햄버거 먹어본 경험을 나눈 후, 요리 순서도를 함께 보고, 요리를 한다.

2 컵 케이크

생활주제 생활도구 | 누리과정 의사소통영역
자료유형 보드 자료 | 주요기법 겹치기

자료소개 및 주요기법 선정배경

- 이 자료는 '생활도구' 생활주제의 요리순서안내 자료이다. 주방의 생활도구인 요리도구의 사용을 알고, 친구들과 필요한 도구를 빌리거나 빌려주는 대화를 할 수 있다.
- 이 자료는 요리순서에 맞추어 단계를 겹쳐 내리며 요리의 완성을 미리 보고 요리에 대한 동기를 부여하고 기대감을 가질 수 있도록 제작되었다.
- 요리가 끝난 후, 미술영역이나 언어영역에서 유아들도 교사와 같은 자료를 만들어 볼 수 있다.

준비물 색지, 아스테이지, 시트지, 하드보드지, 가위, 풀, 아크릴 물감, 양면테이프, 테이프, 코팅지

제작방법

1. 요리 제목판 만들기

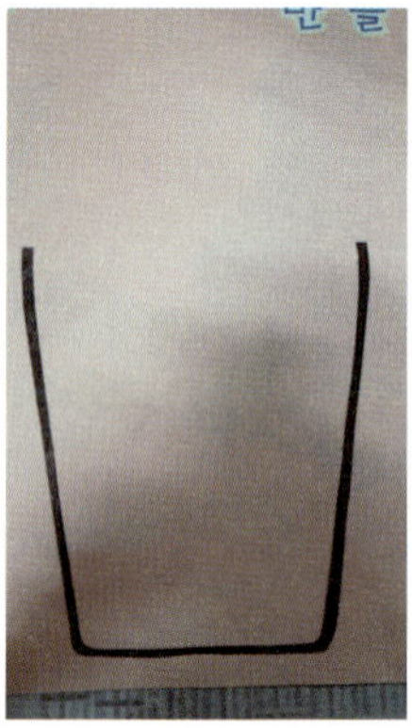

1) 하드보드지에 분홍색 색지를 붙인다.
2) '컵 케이크 만들기' 글씨모양을 노란색 색지를 덧대어 제목을 만든다.
3) 컵의 테두리만 그리고 오린 후 시트지로 감싸 마무리한다.

2. 겹치기 제시자료 만들기

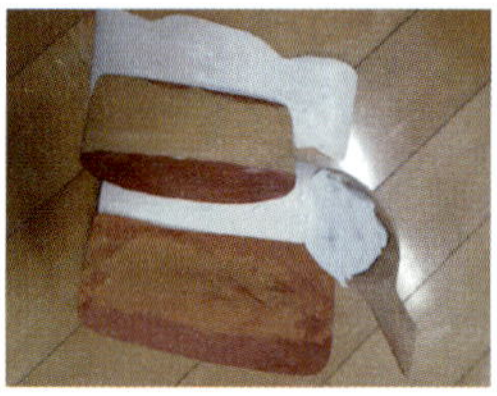

1) 아스테이지에 붙일 빵, 생크림, 짤주, 숟가락의 도안을 그리고 오린다(위에 올려지는 생크림과 딸기는 프린트한다).
2) 자른 도안들을 각각 아크릴 물감으로 칠하고 말린다.
3) 다 마른 도안들을 코팅하고 오려준다.

3. 겹치기 효과 만들기

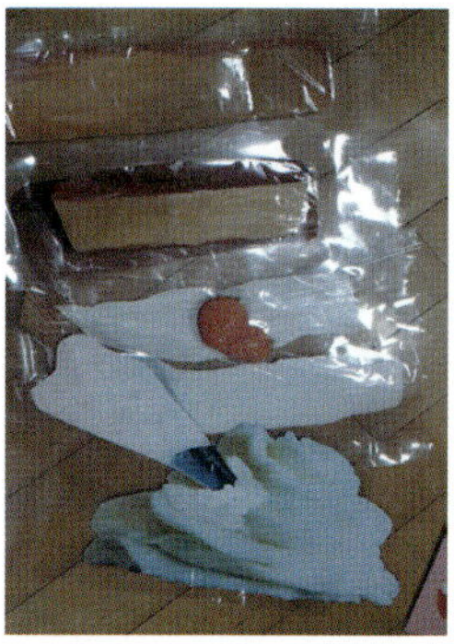

1) 아스테이지를 알맞은 크기로 잘라준다.
2) 재료가 올려지는 순서에 맞추어 아스테이지를 테이프로 고정시키고 앞뒤로 자연스럽게 넘어갈 수 있도록 계속 접어주며 자국을 낸다.
3) 코팅한 그림들을 위치에 맞추어 붙인다.

제작 시 참고사항

- 아스테이지를 넘겨가며 재료들의 위치가 잘 맞는지 확인한다.
- 아크릴 물감을 칠할 때 물을 적게 하여 진하고 선명하게 표현한다.

제시방법

– 컵 케이크 먹어본 경험을 나눈 후, 요리 순서도를 함께 보고, 요리를 한다.

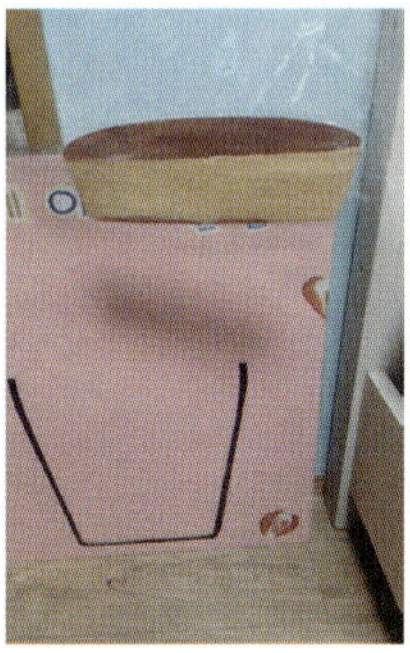
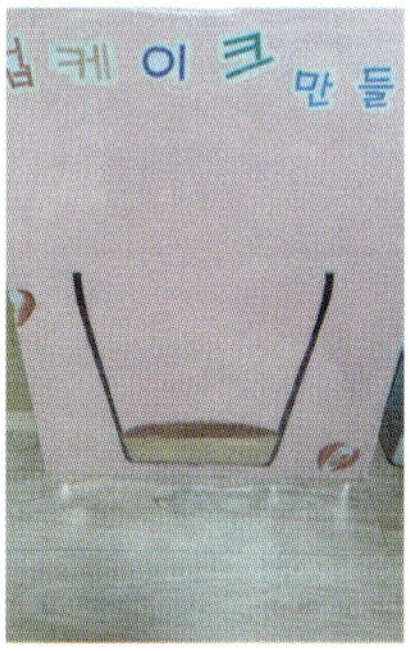

3 참치주먹밥

생활주제 생활도구 **누리과정** 의사소통영역
자료유형 OHP 자료 **주요기법** 겹치기

자료소개 및 주요기법 선정배경

- 이 자료는 '생활도구' 생활주제의 요리순서안내 자료이다. 주방의 생활도구인 요리도구의 사용을 알고, 친구들과 필요한 도구를 빌리거나 빌려주는 대화를 할 수 있다.
- 이 자료는 요리순서에 맞추어 단계를 겹쳐 내리며 요리의 완성을 미리 보고 요리에 대한 동기를 부여하고 기대감을 가질 수 있도록 제작되었다.
- 요리가 끝난 후, 미술영역이나 언어영역에서 유아들도 교사와 같은 자료를 만들어 볼 수 있다.

준비물 하드보드지, 색상지, 시트지, 고리, OHP 필름, 마스킹 테이프, 매직, 네임펜, 펀치, 자, 양면테이프, 칼, 가위

제작방법

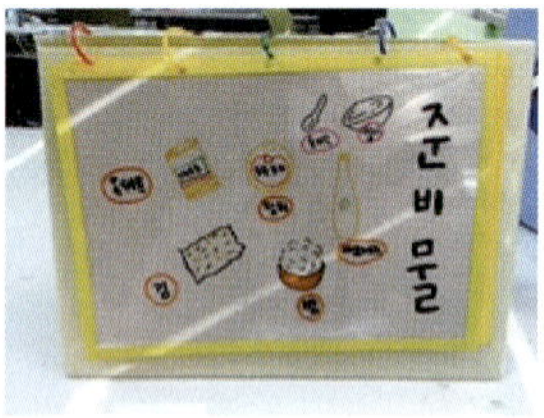

1. 겹치기 제시자료 만들기

1) 참치주먹밥의 재료 중 첫 번째 재료를 가장 마지막 장이 되도록 그린다.
2) 겹치는 부분들을 고려하여 그림을 그린다.

2. 요리 표지 만들기

1) 펀치로 하드보드지와 OHP 필름에 구멍을 뚫는다.
2) 요리순서대로 끼운다.

제작 시 참고사항

- 겹치기 효과와 관련 없는 자료일 경우, 흰 종이로부터 다시 시작한다(예를 들어, 준비물 같은 경우).

제시방법

- 요리 경험을 나눈 후, 참치주먹밥 요리 순서도를 함께 보고, 요리를 한다.

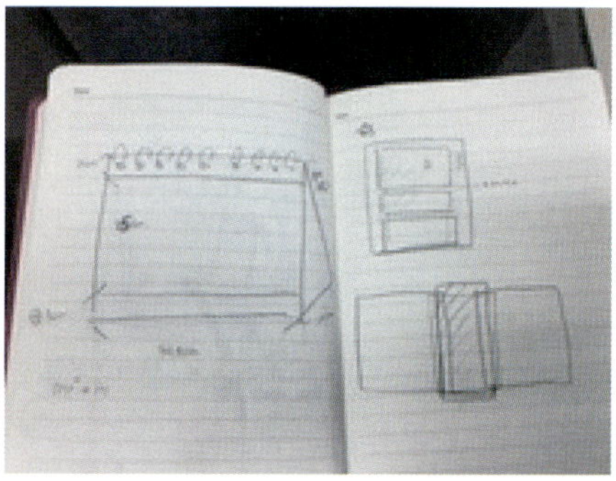

달력형 순서도 도안 예시

※ 순서안내 자료

4 치킨 케밥 만들기

생활주제 세계여러나라 **누리과정** 사회관계영역

자료유형 투사자료 **주요기법** 겹치기

자료소개 및 주요기법 선정배경

- 이 자료는 '세계여러나라' 생활주제의 요리순서안내 자료이다. 요리순서를 관찰하고 경험하면서 세계여러나라의 다양한 음식에 관심을 가질 수 있다.
- 이 자료는 치킨 케밥 요리순서에 맞춘 순서도이다. 교사나 유아가 자료를 넘기며 순서에 따라 요기를 할 수 있도록 제작되었다.
- 활동이 끝난 후, 조작영역에서 유아들이 책상위에 펼쳐두고 만들어 볼 수 있다.

준비물 하드보드지, OHP 필름, 매직, 네임펜, 펀치, 고리, 색상지

제작방법

1. 기본판 만들기

1) 하드보드지를 삼등분하여 칼집을 넣어 접는다.
2) 노란색 색상지와 시트지를 붙인다.
3) 펀치를 이용하여 구멍을 내 고리를 건다.

2. 요리 재료 제시자료 만들기

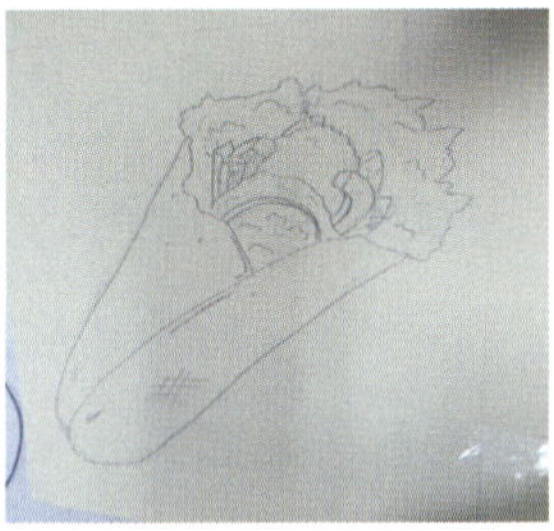

1) 이면지에 도안을 그린다.
2) 도안을 사용하여 OHP 필름에 밑그림을 그린다.
3) 밑그림을 그린 필름을 매직으로 색칠한다.
4) 색칠된 필름을 순서대로 고리에 건다.

제작 시 참고사항

• 뒤에서 앞으로 넘기는 자료이다. 필름이 고리에 걸리지 않도록 조정하여 제작한다.

제시방법

– 세계여러나라의 음식에 대한 이야기를 나누고, 요리순서에 따라 치킨 케밥을 만든다.

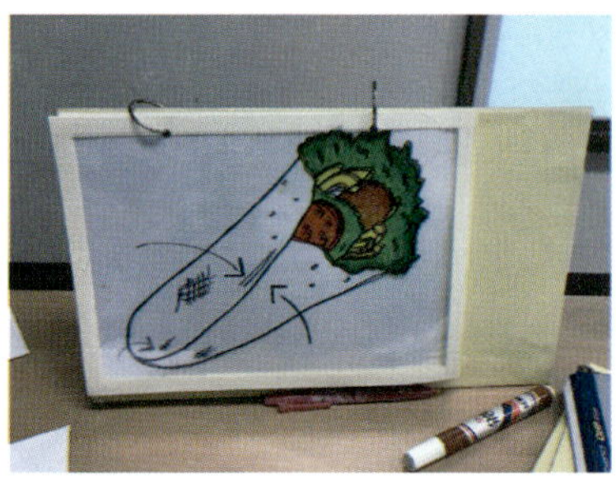

순서안내 자료

5 크리스마스 카드

생활주제 겨울 **누리과정** 예술경험영역, 의사소통영역

자료유형 보드 자료 **주요기법** 병풍 순서도, 붙이고 떼기

자료소개 및 주요기법 선정배경

- 이 자료는 '겨울' 생활주제의 종이접기순서안내 자료이다. 색종이로 크리스마스에 관련된 것들을 접으면서 다양한 색감과 크리스마스의 즐거움을 경험할 수 있다.
- 이 자료는 종이접기순서에 맞춘 병풍식 안내도이다. 또한 유아가 자료를 떼어 접힌 모양을 탐색할 수 있도록 제작되었다.
- 활동이 끝난 후, 조작영역에서 유아들이 책상 위에 펼쳐두고 만들어 볼 수 있다.

준비물 하드보드지, 색지, 마스킹 테이프, 가위, 글루건, 박스테이프, 색종이, 털실, 칼, 풀, 벨크로 테이프

제작방법

1. 병풍 만들기

1) 하드보드지를 동일한 크기로 4개를 만든다.
2) 4개를 박스테이프와 마스킹 테이프를 이용해 붙인다
(하드보드지를 이어줄 때 두 개를 완전히 포개어 붙여준다).

2. 종이접기 제시자료 만들기

1) 산타클로스, 선물꾸러미, 선물상자, 크리스마스 트리를 단계별로 접는다.
2) 단계별로 접은 색종이에 접는 방법에 대한 간단한 설명을 써준다.

3. 제시자료 붙이기

1) 순서도 종이접기를 하드보드지에 벨크로 테이프를 이용해 붙여준다.
2) 색종이 손상을 방지하기 위해 순서도 위에 아스테이지를 붙여준다.

제작 시 참고사항

- 종이의 크기를 바꾸지 않고 접어야 한다(접으면서 작아진다고 해서 큰 종이를 사용하면 유아가 혼동할 수 있다).

제시방법

– 크리스마스에 대해 이야기를 나누고, 카드에 들어갈 종이접기를 한다.

게시판 자료

1. 하이든의 종달새
2. 무엇이 붙을까?
3. 달의 모양은 어떻게 변할까?
4. 다양한 미술 기법
5. 미술영역의 약속
6. 몸에 좋은 곡식
7. 우리나라 태극기

❀ 게시판 자료

1 하이든의 종달새

생활주제 동식물과 자연 **누리과정** 예술경험영역

자료유형 보드 자료 **주요기법** 음률영역

자료소개 및 주요기법 선정배경

- 이 자료는 '동식물과 자연' 생활주제의 음률영역 게시자료이다. 자연의 소리를 음악으로 표현할 수 있음을 알고, 즐겁게 감상할 수 있다.
- 이 자료의 게시를 통해 자연의 소리를 표현한 악기에 관심을 갖고 악기의 소리의 조화로움을 감상하고 구별할 수 있도록 격려할 수 있다.
- 음악감상이 끝난 후, 음률영역에 게시할 수 있다.

준비물 하드보드지, 펠트지(흰색, 갈색, 검은색, 주황색, 노란색, 분홍색, 하늘색, 연두색), 손코팅지, 글루건, 가위, 자, 칼, 양면테이프, 박스테이프

제작방법

1. 기본판 만들기

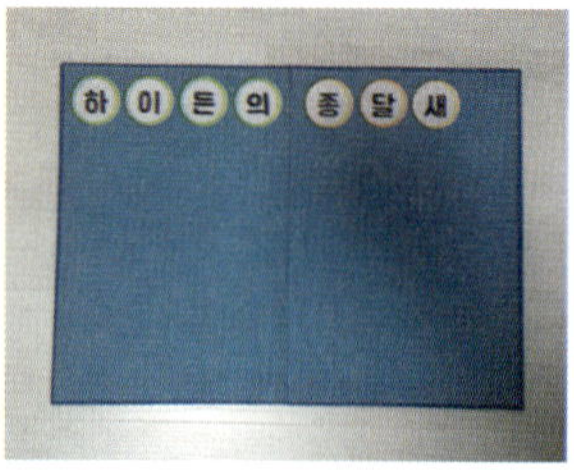

1) 4절 하드보드지를 반으로 자른 후 박스테이프로 연결하여 접히도록 한다.
2) 진하늘색 펠트지로 겉면을 감싼다.
3) 연하늘색 펠트지를 안쪽에 붙인다.
4) 곡명을 원형 틀 안에 한 글자씩 프린트하고 배지를 덧댄 뒤 코팅하여 위쪽에 붙인다.

2. 게시자료 만들기

1) 게시 내용을 분류하고 각 제목을 펠트지로 잘라 붙인다.
2) 게시할 내용을 프린트한 후 배지를 덧대어 코팅한다.
3) 악기 사진을 실물 비율로 맞춰 프린트한 후 배지와 코팅하여 붙인다.

3. 게시자료 꾸미기

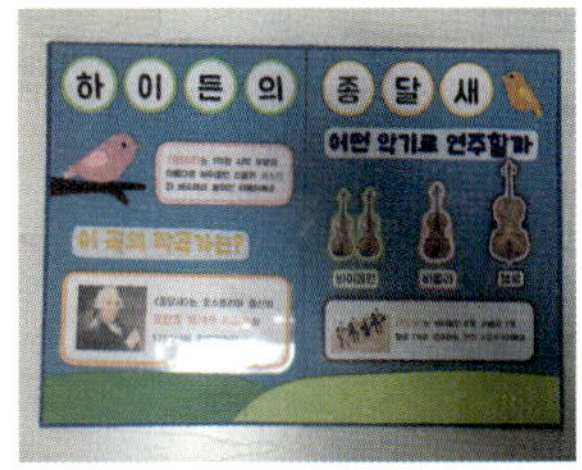

1) 작은 크기, 큰 크기의 종달새 2개를 만든다.
2) 갈색 펠트지를 나뭇가지 모양으로 잘라 큰 종달새와 함께 붙인다.
3) 연두색과 초록색 펠트지를 동산 모양으로 잘라 밑쪽에 붙인다.
4) 표지에 활동 제목을 프린트하여 붙인다.

제작 시 참고사항

- 악기 사진 자료를 실물 비율로 맞춰 제시한다.

제시방법

- 도 입: 새소리를 들어본 경험에 대해 이야기를 나눈다.
- 전 개: 음악으로 표현한 새소리를 상상한 후 '하이든의 종달새'를 감상하며 악기소리를 탐색한다.
- 마무리: 음악 속에서 다른 자연의 소리를 찾아본다.

2 무엇이 붙을까?

생활주제	생활도구	누리과정	자연탐구영역
자료유형	보드 자료	주요기법	과학영역

자료소개 및 주요기법 선정배경

- 이 자료는 '생활도구' 생활주제의 과학영역 게시자료이다. 우리 주변의 다양한 사물 가운데 자력이 있는 혹은 없는 물체 및 물질에 관심을 가질 수 있다.
- 이 자료의 게시를 통해 자석이 붙는 물체를 알고 그 특징과 공통점들을 찾아보도록 격려할 수 있다.
- 이야기 나누기가 끝난 후, 과학영역에 게시할 수 있다.

준비물 펠트지(주황색, 분홍색, 노란색, 파란색, 하늘색, 보라색, 빨간색, 연두색), 투명 반구, 방울, 솜방울, 스팡글, 집게, 플라스틱 고리, 클립, 빨대, 모루, 자석, 가위, 풀, 접착제, 하드보드지(하늘색)

제작방법

1. 게시자료 만들기

1) 여러 가지 색의 펠트지를 반구의 크기에 맞춰 원 모양으로 자른다.
2) 반구 안에 담을 물체들을 적당량으로 준비한다(방울, 솜방울, 스팽글, 집게, 플라스틱 고리, 클립, 빨대, 모루).
3) 각각의 반구 안에 물체들을 담고 원 모양으로 자른 펠트지를 접착제로 붙인다.
4) 펠트지를 붙인 반구들을 하드보드지 위에 적당한 간격을 두고 붙인다.

2. 기본판 만들기 및 꾸미기

1) 하드보드지 위에 프린트한 제목을 둥근 모양으로 잘라서 위쪽에 붙여준다.
2) 반구 끝에 풍선의 끈처럼 털실을 적당한 길이로 잘라 붙여준다.

제작 시 참고사항

- 하나의 반구 안에 너무 많은 양의 물체를 넣지 않도록 한다.

제시방법

- 도　입: 자석이 붙을 수 있는 철로 만들어진 물건들에 대해 이야기를 나눈다.
- 전　개: 자석을 가지고 각각의 반구에 대어보며 자석에 붙는 물체를 찾아 자석에 붙는 물체들의 공통점에 대해 이야기한다.
- 마무리: 과학영역에 게시한다.

3 달의 모양은 어떻게 변할까?

생활주제 환경과 생활　　**누리과정** 자연탐구영역

자료유형 보드 자료　　**주요기법** 과학영역

자료소개 및 주요기법 선정배경

- 이 자료는 '환경과 생활' 생활주제의 과학영역 게시자료이다. 우리가 살고 있는 공간에서 일어나는 변화에 관심을 갖고 관찰할 수 있다.
- 이 자료의 게시를 통해 달의 모양이 변화함을 알고, 자연과 우주의 신비함을 느낄 수 있으며 달의 모양뿐 아니라 자연의 변화를 관찰하도록 격려할 수 있다.
- 이야기 나누기가 끝난 후, 과학영역에 게시할 수 있다.

준비물 하드보드지(검은색), 색지(노란색, 빨간색, 주황색, 초록색, 파란색, 보라색), 할핀, 시트지, 두꺼운 검은색 도화지, 송곳

제작방법

1. 게시자료 만들기

1) 노란색 색지 위에 여러 모양의 달을 그린 후 오린다.
2) 초록색, 파란색, 노란색 색지로 지구, 별들을 만든다.
3) 빨간색, 주황색 색지로 태양을 만든다.
4) 각 위치에 맞는 달의 모양대로 달을 오린 후 붙여준다.

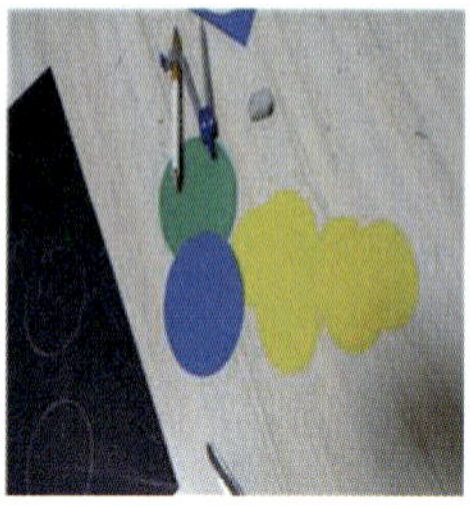

5) 검은색 하드보드지에 태양과 지구, 달의 위치를 대략적으로 표시한다.

2. 기본판 만들기

1) 마분지를 동그란 모양으로 오린 후 돌림판의 일정 부분만 오려준다.
2) '달의 변화'와 각 달의 이름을 붙여준다.
3) 시트지를 붙이고 송곳으로 구멍을 뚫어 할핀을 달아 돌림판을 완성한다.

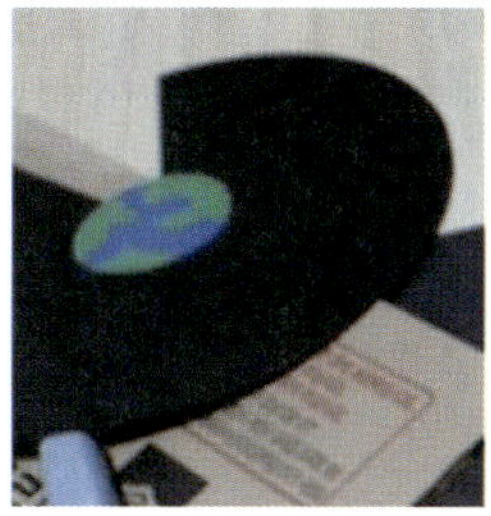

제작 시 참고사항

- 달의 위치와 이름, 방향 등을 정확히 맞추어 부착한다.
- 배경지와 돌림판의 구별이 이루어져 자료가 더욱 분명하게 보이도록 배경지의 색상을 남색이나 곤색으로 한다.

제시방법

- 도　입: 달을 본 경험에 대해 이야기를 나눈다.
- 전　개: 달의 모양이 변화하는 동영상을 시청한 후 다양한 달의 모습과 이름을 알아본다.
- 마무리: 활동 후 과학영역에 게시하여 달을 그려보거나 이름을 적어보도록 안내한다.

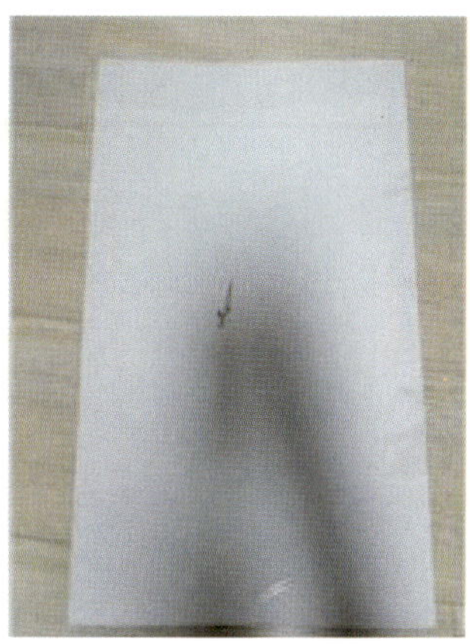

4 다양한 미술 기법

생활주제 세계여러나라 **누리과정** 예술경험영역
자료유형 보드 자료 **주요기법** 미술영역

자료소개 및 주요기법 선정배경

- 이 자료는 '세계여러나라' 생활주제의 미술영역 게시자료이다. 세계의 미술작품에 관심을 갖고 다양한 기법으로 미술활동을 즐길 수 있다.
- 이 자료의 게시를 통해 다양한 기법으로 한 작품을 표현할 수 있음을 보여주면서, 유아가 여러 가지 자료를 탐색하여 자유롭게 표현할 수 있도록 격려할 수 있다.
- 이야기 나누기가 끝난 후, 미술영역에 게시할 수 있다.

준비물 하드보드지, 색지, 흰색 도화지, OHP 필름, 셀로판지, 물감(빨간색, 흰색, 검은색, 노란색, 파란색), 면봉, 시트지, 쿠킹호일, 글루건, 풀, 가위

제작방법

1. 게시자료 만들기

1) 여러 가지 붙이기
   - 인쇄한 그림 위에 OHP 필름을 올려 도안을 그린다.
   - 그림에 따라 셀로판지를 붙이고 매직으로 선을 따라 그린다.

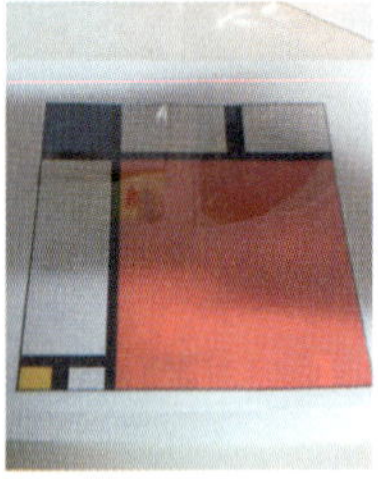

2) 모자이크
   - 준비된 종이에 밑그림을 그린다.
   - 그림에 필요한 색의 물감을 면봉으로 찍어 기법으로 그림을 그린다.

3) 호일그림
   - 준비한 종이에 밑그림을 그린다.
   - 밑그림에 글루건으로 두껍게 칠한다.
   - 글루건이 다 마르면 그 위에 쿠킹호일로 감싸 글루건의 굴곡이 드러나게 한다.

– 그림의 윤곽이 드러나면 유성매직으로 색칠한다.
– 글루건으로 뒤에 남은 호일을 정리해준다.

2. 게시판 만들기

1) 하드보드지에 색지를 붙인다.
2) 하드보드지 위에 시트지를 붙여 마무리한다.
3) 기법과 기법이름을 코팅하여 붙인다.

제작 시 참고사항

- 투명시트지를 붙일 때 호일이나 재료가 찢어지지 않도록 유의한다.

제시방법

– 도　입: 몬드리안의 그림을 보여주며, 그림 그린 경험에 대해 이야기를 나눈다.
– 전　개: 다양한 기법에 대해 알아보고, 한 가지를 선택하여 표현해본다.
– 마무리: 활동 후 미술영역에 게시한다.

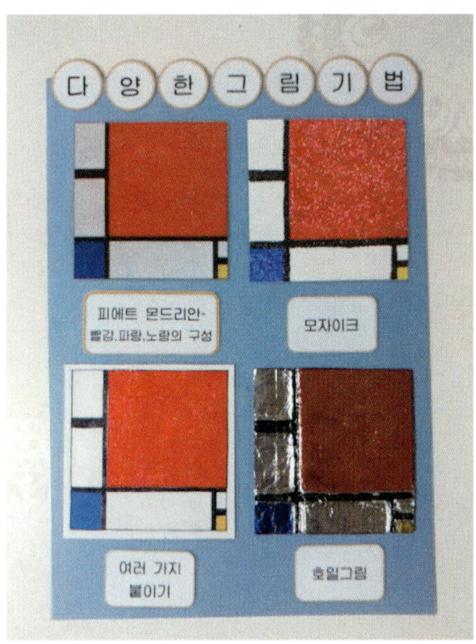

5 미술영역의 약속

생활주제	생활도구	누리과정	예술경험영역
자료유형	보드 자료	주요기법	미술영역

자료소개 및 주요기법 선정배경

- 이 자료는 '생활도구' 생활주제의 미술영역 게시자료이다. 우리 주변의 다양한 도구 중 미술활동에서 사용하는 도구들의 활용과 정리에 관심을 가질 수 있다.
- 이 자료의 게시를 통해 미술영역에서 도구를 사용할 때 지켜야 할 약속을 상기하고 자신과 타인을 위한 미술영역에서의 질서를 알아가도록 격려할 수 있다.
- 이야기 나누기가 끝난 후, 미술영역에 게시할 수 있다.

준비물 하드보드지, 4절 색지, 색종이, 가위, 풀, 유성매직, 투명시트지, 벨크로 테이프

제작방법

1. 기본판 만들기

1) 하드보드지에 색지를 붙여 약속판을 단단하게 한다.
2) 약속판 윗부분에 '미술영역 약속'을 자른 색지를 붙여 제목을 만든다.
3) 칸을 6개로 나눈 후 도구들의 올바른 사용법과 주의점을 쓴다.
4) 칸 윗부분에 벨크로 테이프의 보들이를 작게 잘라 붙인다.

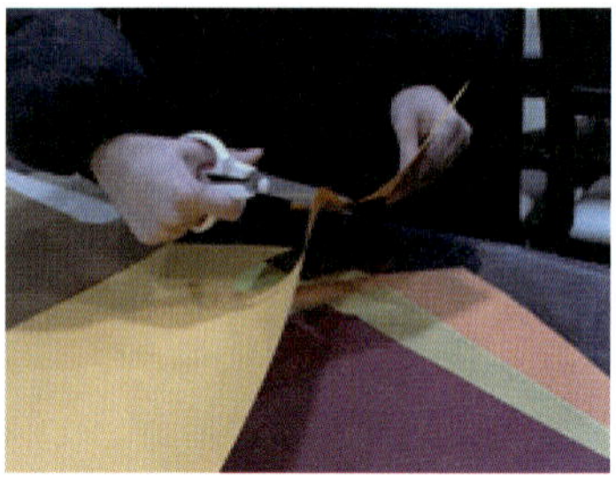

2. 게시자료 만들기

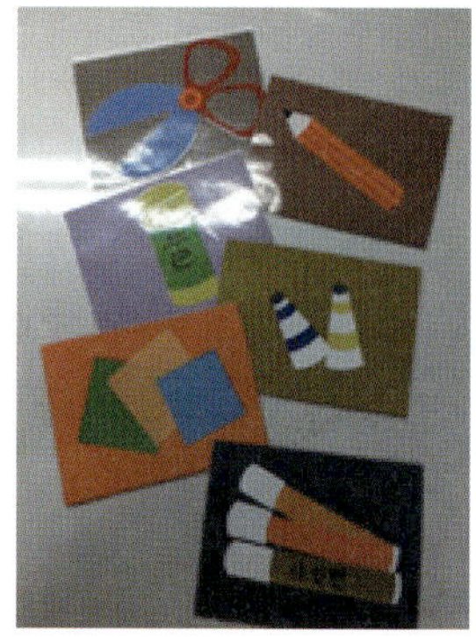

1) 가위, 풀, 사인펜, 물감, 연필, 색종이 모양을 색종이로 만든 후에 색지 위에 붙이고 코팅한다.
2) 코팅한 그림카드 뒷면에 까슬이를 작게 잘라 붙인다.

제작 시 참고사항

- 투명시트지를 붙일 때 기포가 발생하지 않도록 유의한다.

제시방법

- 도 입: 가위, 풀, 사인펜, 물감, 색종이, 연필 그림카드로 도구에 대한 퀴즈를 낸다.
- 전 개: 언제 사용해 보았는지 이야기를 나눈다.
- 마무리: 그림카드를 유아와 함께 약속판에 붙여보고 추후 미술영역에 게시한다.

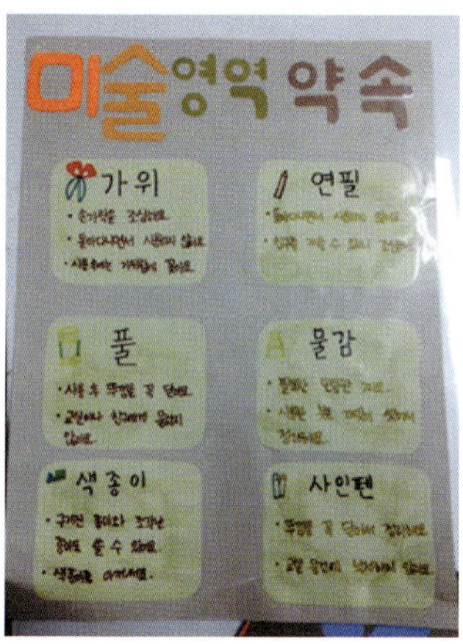

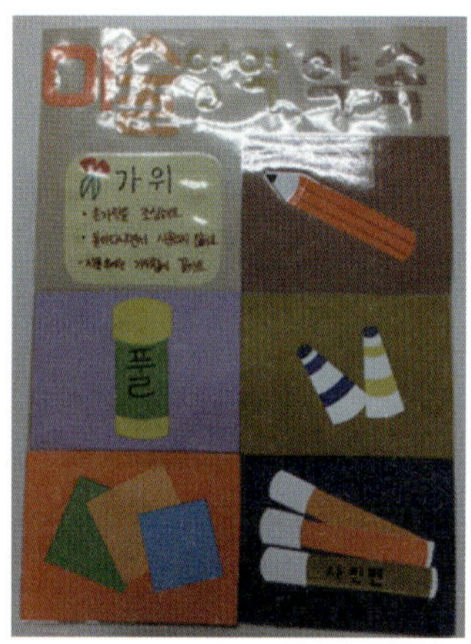

6 몸에 좋은 곡식

생활주제 건강과 안전 **누리과정** 자연탐구영역

자료유형 실물보드자료 **주요기법** 과학영역

자료소개 및 주요기법 선정배경

- 이 자료는 '건강과 안전' 생활주제의 과학영역 게시자료이다. 몸에 좋은 곡식들에 관심을 갖고, 우리 몸의 건강에 좋은 식습관을 기를 수 있다.
- 이 자료의 게시를 통해 다양한 곡식과 환경에 관심을 가짐으로써, 곡식을 소중히 여기는 마음을 가질 수 있다.
- 활동이 끝난 후, 과학영역에 게시하여 유아의 관찰활동을 격려할 수 있다.

준비물 우드락(검은색, 갈색), 투명 컵 뚜껑 5개, 곡식 5종류(팥, 흑미, 검은콩, 찹쌀, 동부콩), 노끈, 칼, 글루건, 가위

제작방법

1. 기본판 만들기

1) 검은색 우드락과 갈색 우드락의 원형 폭이 5cm 정도 차이가 나도록 만든다.
2) 검은색 우드락과 갈색 우드락을 글루건으로 붙인다.
3) 투명 컵 뚜껑의 둘레를 노끈으로 감싸 붙인다.

2. 게시자료 만들기

1) 다섯 가지 곡식을 준비한다(팥, 흑미, 검은콩, 찹쌀, 동부콩).
2) 컵 뚜껑 사이즈만한 곡식을 한 곳에 모은다.
3) 컵 뚜껑 밑바닥을 갈색 우드락 판에 고정시킨다.
4) 각각의 콩 이름을 판에 붙여준다.
5) "관찰해요" 글자를 돋보기 모형 손잡이에 붙인다.

제작 시 참고사항

- 건조된 곡식을 사용한다.

제시방법

- 도　입: 아침밥을 먹은 경험에 대해 이야기를 나눈다.
- 전　개: 곡식이 무엇인가 알아보고 실물을 보며 곡식의 특징을 알고 실물 곡식을 탐색한다.
- 마무리: 몸에 좋은 곡식에 대해 친숙해지는 경험을 제공한 후 과학영역에 게시한다.

7 우리나라 태극기

생활주제 우리나라　**누리과정** 예술경험영역

자료유형 투사자료　**주요기법** 미술영역

자료소개 및 주요기법 선정배경

- 이 자료는 '우리나라' 생활주제의 미술영역 게시자료이다. 우리나라를 상징하는 태극기에 대해 알고 우리나라를 대표하는 국기에 담긴 의미에 관심을 가질 수 있다.
- 이 자료의 게시를 통해 태극기를 그리는 순서와 의미에 관심을 가짐으로써, 나라 사랑하는 마음을 키울 수 있다.
- 활동이 끝난 후, 미술영역에 게시하여 유아의 활동을 격려할 수 있다.

준비물 하드보드지, 색지(검은색, 파란색, 빨간색), 한지(흰색), 물풀, 코팅지

제작방법

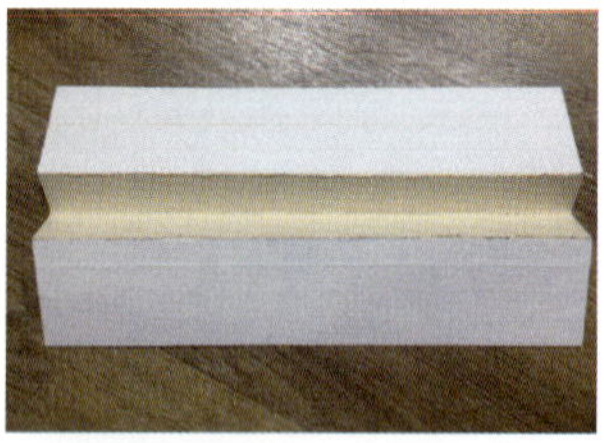

1. 기본판 만들기

1) 8절 하드보드지에 칼집을 내어 삼각대를 만든다.
2) 고리링을 끼울 4개 지점에 구멍을 뚫는다.

2. 게시자료 만들기

1) 태극기 무늬, 태극기 모양의 의미들을 코팅하여 오린다.
2) 펠트지를 부착한 뒷면에 모양의 의미를 붙인다.
3) 각각의 조각을 순서대로 배열하여 코팅지에 겹치도록 붙인다.
4) 색지에 각 조각을 붙인 코팅지에 구멍을 뚫고, 삼각대와 연결한다.

제작 시 참고사항

- 투명자료라 해도 장 수가 많아지면 불투명하게 보이므로 장 수를 조절한다.

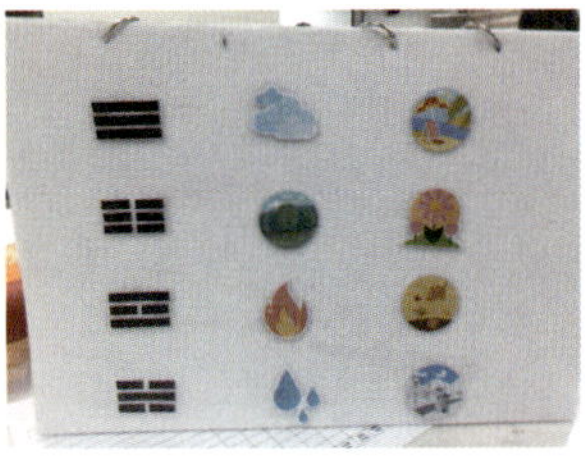

제시방법

- 도　입: 실물 태극기를 보며, 태극기의 사용에 대해 이야기를 나눈다.
- 전　개: 태극기 모양의 의미를 함께 살펴보고 태극기 그리는 순서를 알아본다.
- 마무리: 미술영역에 게시하여 유아가 기름종이나 다양한 기법으로 태극기와 친숙해지는 활동을 할 수 있도록 격려한다.

Chapter 11

영유아 교재교구의 실제

- 신체놀이형 자료
- 감각형 자료
- 조작형 자료
- 게임형 자료
- 체험형 자료

신체놀이형 자료

1. 신나는 볼링게임
2. 아기 테니스
3. 누가 누가 잘하나
4. 알록달록 동물터널
5. 고리 던지기
6. 공 받기
7. 동물들과 공 놀이
8. 공을 굴려 보아요

※ 신체놀이형 자료

1 신나는 볼링게임

흥미영역	쌓기영역	표준보육과정	신체운동건강영역
자료유형	인형자료	대상연령	만 3세

자료소개 및 주요기법 선정배경

- 이 자료는 쌓기영역에서 대근육활동을 자극하는 교재교구이다.
- 이 자료는 동물모형들을 활용한 볼링게임의 형식으로 제작되어 영유아의 대근육 발달뿐 아니라 수세기 개념에도 효과적이다.
- 대그룹 활동 후에 개인 혹은 짝, 팀 게임으로도 활용할 수 있다.

준비물

펠트지(분홍색, 갈색, 하늘색, 검은색, 노란색, 보라색, 빨간색, 파란색, 초록색, 주황색), 십자수실, 방울솜, 방울, 글루건, 스테이플러, 가위, 바늘, 벤치, 쪽가위, 상자, 펜(연필, 볼펜, 네임펜)

제작방법

1. 동물모형 볼링핀 만들기

1) 몸통도안을 대고 펠트지에 그린다(핀 하나당 4장).
2) 2장씩 스테이플러를 이용하여 고정시키고 버튼홀 스티치 기법을 사용하여 1/2만 꿰맨다.
3) 펠트지를 같은 색끼리 짝지어서 한 면을 제외하고는 모두 바느질한다.
4) 눈, 코, 귀 등을 바늘과 실을 이용하여 붙인다.
5) 방울솜을 충분히 채워넣고, 방울을 안에 2개 정도 넣은 다음 완전히 꿰맨다(흔들면 소리가 나도록).

2. 공 만들기

1) 면을 펠트지로 만들고 꿰맨다.
2) 한 면만 남기고 안에 방울을 3개 정도 넣는다.
3) 창구멍을 막는다.

3. 볼링레일 박스 만들기

1) 상자의 면을 칼로 잘라서 펼친 다음 정한 색상의 펠트지로 감싼다.
2) 바깥쪽은 '동물볼링놀이'의 글자를 붙인 다음 볼링핀의 그림을 펠트지로 오려 붙인다.

제작 시 참고사항

- 동물모형의 키를 일정하게 제작하고 레일을 평평하게 만든다.
- 공을 만들 때 방울을 그냥 넣으면 솜에 소리가 묻히므로 통에 따로 넣는다.

2 아기 테니스

흥미영역	쌓기영역	표준보육과정	신체운동건강영역
자료유형	인형자료	대상연령	만 2~3세

자료소개 및 주요기법 선정배경

- 이 자료는 대 · 소근육 활동을 자극하는 교재교구이다.
- 이 자료는 부드러운 펠트질감의 소형 테니스 라켓과 공으로 제작되어 영유아의 대근육 발달뿐 아니라 소근육 발달, 사회성 발달에도 효과적이다.
- 활동 후에 개인 혹은 짝 게임으로도 활용할 수 있다.

준비물 펠트지(갈색, 검은색, 흰색, 노란색, 파란색, 빨간색, 연두색), 백업, 가위, 딱풀, 빨래망, 바늘, 실, 양말, 솜, 방울, 종이 문서박스, 테이프, 스테이플러, 모양자, 칼, 송곳, 글루건

제작방법

1. 아기 라켓과 공 만들기

1) 노란색 펠트지 위에 연필로 라켓 모양의 도안을 2개(위, 아래) 그린다. 그려준 도안을 가위로 자른 후 사이에 빨래망을 올려 놓는다.
2) 도안선을 따라 박음질을 한다.
3) 가장자리 부분에 백업을 라켓 모양으로 만들어 단단하고 꼼꼼하게 박음질을 한다.
4) 완성된 라켓모양 손잡이 부분에 초록색, 갈색, 파란색 펠트지로 감싼 후 박음질을 한다.
5) 병아리, 개구리 모양의 얼굴을 예쁘게 꾸며준다.
6) 양말을 자른 후 솜과 방울을 넣어 양말 공을 만든다.

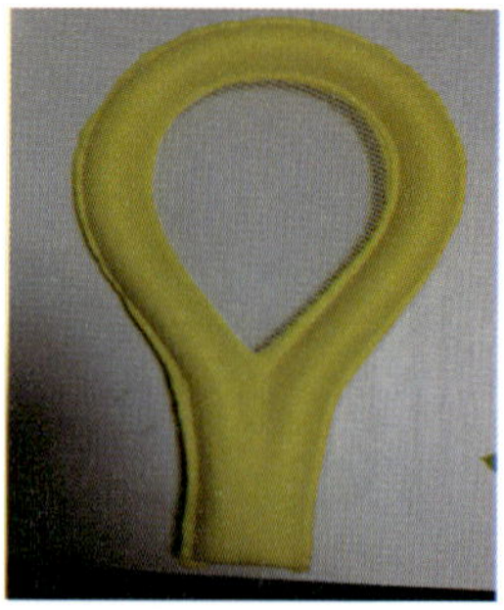

2. 보관상자 만들기

1) 종이 문서박스 바깥부분에 연두색, 안쪽 부분에 노란색 펠트지를 붙인다.
2) 별 모양과 세모 모양을 만들어 종이 박스를 꾸민다.
3) 뒷면에 위, 아래 송곳으로 구멍을 뚫어 연두색 펠트지로 가방 끈을 만든다.

제작 시 참고사항

- 손잡이가 영유아의 손 크기에 적합하도록 제작한다.

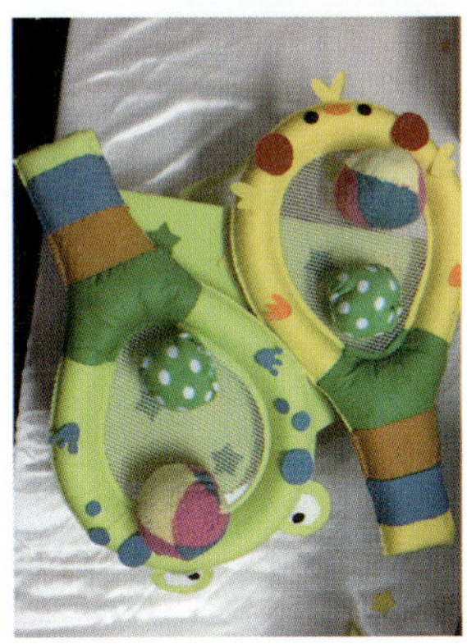

3 누가 누가 잘하나

흥미영역	쌓기영역	표준보육과정	신체운동건강영역
자료유형	인형자료	대상연령	만 2~3세

자료소개 및 주요기법 선정배경

- 이 자료는 대근육 활동을 자극하는 교재교구이다.
- 이 자료는 상자에 공을 던져 넣는 형식으로 제작되어 영유아의 대근육 발달뿐 아니라 공간감각발달과 사회성 발달에도 효과적이다.
- 활동 후에 짝 혹은 팀 게임으로도 활용할 수 있다.

준비물

시트지(분홍색, 고동색, 초록색, 흰색, 검은색), 라면상자, 하드보드지(4절지) 2장, 우드락, 펠트지, 볼풀공, 바구니, 칼, 가위, 글루건, 풀, 양면테이프, 박스테이프, 벨크로 테이프, 볼펜, 스티로폼, 부직포

제작방법

1. 동물상자 만들기

1) 같은 크기의 상자의 날개를 오려 정리한다.
2) 상자를 정한 색상의 시트지로 감싼다.
3) 하드보드지에 동물모양의 도안을 그린다.
4) 토끼, 호랑이, 팬더, 개구리 모양대로 오린다.
5) 동물의 특성에 따라 시트지로 꾸민다.
6) 상자 위에 각 동물을 하나씩 붙인다.

2. 점수판 만들기

1) 하드보드지 2개를 붙인다.
2) 부직포로 모든 면을 감싼다.
3) 점수를 표시하기 위해 별모양과 하트모양을 오린다.
4) 활동명을 스티로폼에 붙여 판 상단에 부착한다.

제작 시 참고사항

- 동물들의 얼굴 크기를 비슷하게 제작한다.
- 동물들의 입 크기가 너무 작지 않도록 제작한다.

4 알록달록 동물터널

흥미영역 쌓기영역 **표준보육과정** 신체운동건강영역

대상연령 만 1~2세

자료소개 및 주요기법 선정배경

- 이 자료는 대근육 활동을 자극하는 교재교구이다.
- 이 자료는 터널을 기어서 통과해야 하는 형식으로 제작되어 영유아의 대근육 발달뿐 아니라 공간 감각발달에도 효과적이다.
- 활동 후에 게임자료들과 응용하여 활용할 수 있다.

준비물 폼보드, 뽕뽕이, 펠트지, 지끈, 스티로폼, 글루건, 풀, 테이프, 가위, 솜 등

제작방법

1. 동물터널 만들기

1) 폼보드를 아치형으로 자른 다음 분홍색 펠트지에 붙인다.
2) 하트모양과 뽕뽕이로 꾸민다.
3) 터널을 지탱할 수 있는 상자 2개를 색지로 포장한다.
4) 상자에 칼집을 내어 터널을 꽂고 글루건으로 단단히 고정한다.

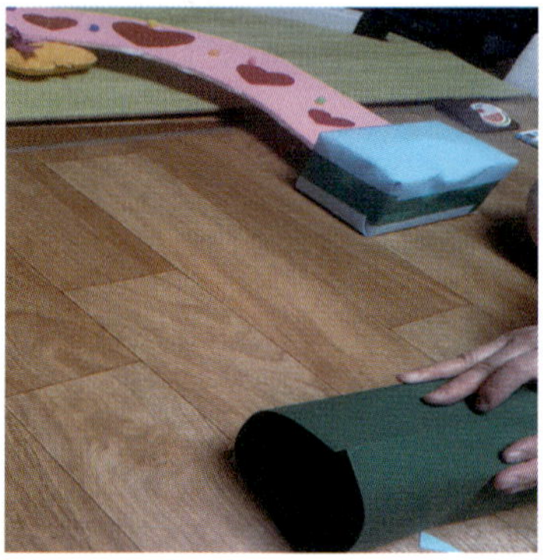

2. 동물모빌 만들기

1) 동물 모양의 도안을 만든다.
2) 솜과 방울을 넣고 바느질한다.
3) 끈으로 동물들을 아치에 단다.

제작 시 참고사항

- 동물들이 영유아가 엎드렸을 때 닿을 듯 말 듯 한 위치에 오도록 단다.

5 고리 던지기

흥미영역 쌓기영역

표준보육과정 신체운동건강영역

대상연령 만 2~4세

자료소개 및 주요기법 선정배경

- 이 자료는 대근육 활동을 자극하는 교재교구이다.
- 이 자료는 목표지점을 향해 고리를 던져 끼우는 형식으로 제작되어 영유아의 대근육 발달뿐 아니라 공간감각발달에도 효과적이다.
- 활동 후에 게임자료들과 응용하여 활용할 수 있다.

준비물 펠트지(빨간색, 파란색, 노란색, 초록색, 흰색), 솜, 박스, 바늘, 실, 방울솜, 가위, 휴지심, 글루건, 두루마리휴지

제작방법

1. 고리기둥 만들기

1) 휴지심 3개를 글루건으로 붙여준다.
2) 휴지심을 흰색 펠트지로 감싸고 노란색 펠트지로 둘러 준다.
3) 초록색 펠트지로 상자를 감싸고 기둥을 단단히 고정시킨다.
4) 방울솜으로 장식한다.

2. 고리 만들기

1) 빨간색 펠트지를 원형으로 자르고 5cm가량 작은 원을 하나 그려 도넛모양으로 자른다.
2) 솜을 넣고 바느질한다.
3) 같은 방법으로 총 10개 만든다(빨간색 5개, 파란색 5개).

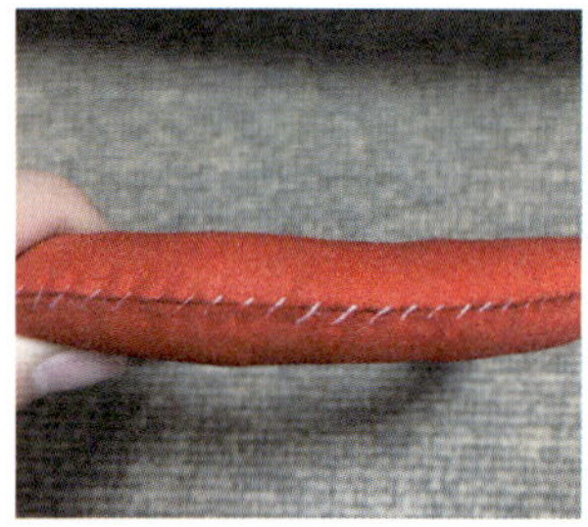

제작 시 참고사항

- 고리의 크기가 일정하도록 제작하며 고리기둥을 단단히 고정하여 제작한다.

신체놀이형 자료

6 공 받기

흥미영역 쌓기영역 **표준보육과정** 신체운동건강영역

대상연령 만 2~4세

자료소개 및 주요기법 선정배경

- 이 자료는 대근육 활동을 자극하는 교재교구이다.
- 이 자료는 줄에 매달린 공을 바구니에 담는 형식으로 제작되어 영유아의 대근육 발달뿐 아니라 소근육 조절능력에도 효과적이다.
- 활동 후에 게임자료들과 응용하여 활용할 수 있다.

준비물 펠트지(황토색, 갈색, 검은색, 살구색, 노란색, 분홍색, 진분홍색, 흰색), 탁구공 2개, 글루건, 가위, 양면테이프, 털실, 연필, 백업, 칼, 동글이, 철사(가는 것, 굵은 것), 모루, 나무젓가락

제작방법

1. 바구니 라켓 만들기

1) 바구니에 철사를 연결하여 손잡이를 만든다.
2) 바구니에 연결한 철사 손잡이에 나무젓가락을 글루건으로 붙여주고 백업으로 감싸서 고정시킨다.
3) 철사로 연결한 바구니 옆에 철사가 보이지 않게 모루로 감싸 붙여준다.

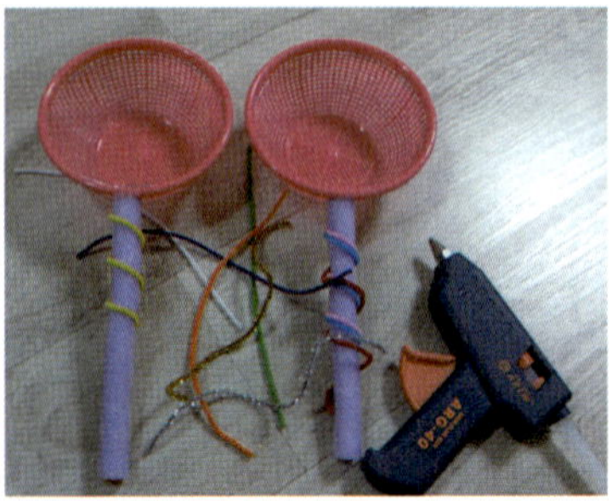

2. 라켓 완성하기

1) 두꺼운 도화지에 동물 얼굴 그림을 그려 오린다.
2) 오린 도화지에 펠트지를 양쪽에 붙여준다.
3) 바구니의 안과 밖을 진분홍색 펠트지를 붙여서 감싸준다.
4) 탁구공에 털실을 감아서 붙인 다음 바구니의 바닥에 실로 연결한다.

제작 시 참고사항

- 고리의 크기가 일정하도록 제작하며 고리기둥을 단단히 고정하여 제작한다.

7 동물들과 공 놀이

흥미영역 쌓기영역

표준보육과정 신체운동건강영역

대상연령 만 2~4세

자료소개 및 주요기법 선정배경

- 이 자료는 대근육 활동을 자극하는 교재교구이다.
- 이 자료는 기린의 몸통에 공을 던지는 형식으로 제작되어 영유아의 대근육 발달뿐 아니라 소근육 조절능력에도 효과적이다.
- 활동 후에 게임자료들과 응용하여 활용할 수 있다.

준비물 펠트지(황토색, 빨간색, 검은색, 녹색, 노란색), 하드보드지 2장, 가위, 양면테이프, 리본, 벨크로 테이프

제작방법

1. 과녁판 만들기

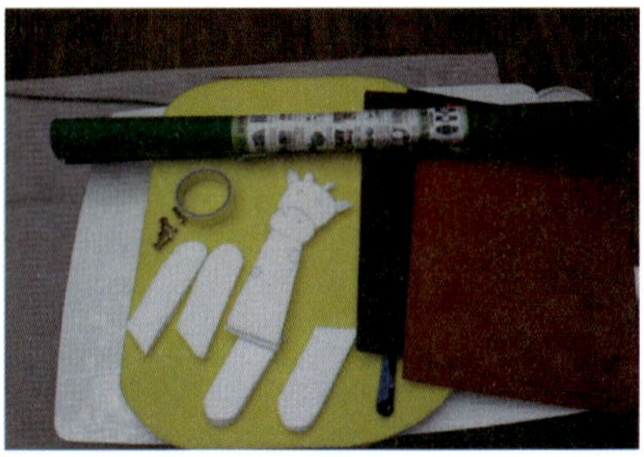

1) 하드보드지에 기린 모양(얼굴 1개, 팔 2개, 다리 2개, 몸 1개)의 도안을 그린다.
2) 그린 도안 중 얼굴 1개와 팔, 다리를 오린다.
3) 기린 몸통을 도안대로 자른다.
4) 각각의 준비된 도안에 녹색 펠트지를 덮는다.
5) 얼굴에 눈과 코를 붙여준다.
6) 몸통과 팔, 다리 부분에 발과 과녁을 펠트지로 붙여준다.
7) 벨크로 테이프를 과녁에 붙여준다.

제작 시 참고사항

- 고리의 크기가 일정하도록 제작하며 고리기둥을 단단히 고정하여 제작한다.

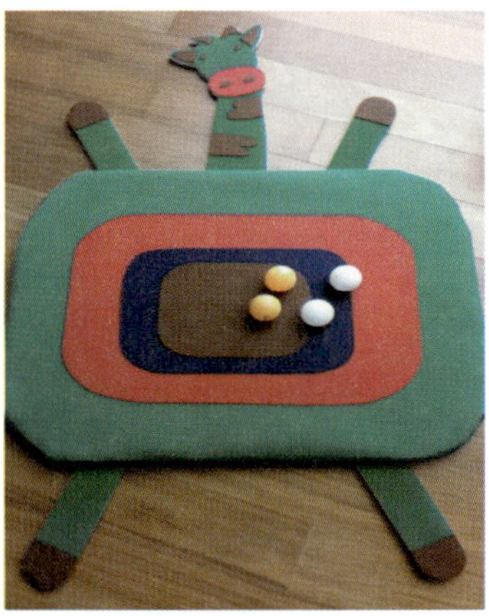

8 공을 굴려 보아요

흥미영역 쌓기영역 **표준보육과정** 신체운동건강영역

대상연령 만 1~2세

자료소개 및 주요기법 선정배경

- 이 자료는 쌓기영역에서 대근육 활동을 자극하는 교재교구이다.
- 이 자료는 동물모형들을 활용한 공 굴리기 형식으로 제작되어 영유아의 대근육 발달에 효과적이다.
- 대그룹 활동 후에 개인 혹은 짝, 팀 게임으로도 활용할 수 있다.

준비물 펠트지(빨간색, 흰색, 분홍색, 초록색, 갈색, 하늘색, 파란색, 노란색, 검은색, 주황색), 줄무늬양말(보라색, 하늘색, 회색, 분홍색, 노란색, 살구색), 솜, 방울, 글루건, 가위, 십자수실, 바늘, 박스, 벨크로 테이프, 플라스틱 밑판

제작방법

1. 동물모형 만들기

1) 양말은 발끝에서 13cm되는 위치를 절단한다.
2) 동물의 귀와 얼굴, 볼 등에 필요한 펠트지는 도안을 이용하여 잘라 놓는다.
3) 플라스틱 밑판은 펠트 동그라미보다 작게 자른다.
4) 절단한 양말은 자른 위치에 홈질해서 솜을 넣은 후 홈질한 실을 쭉 잡아당겨 매듭지어둔다.
5) 절단한 펠트지 귀, 얼굴, 코, 볼을 글루건으로 붙인다.
6) 몸통 바닥은 플라스틱 동그라미와 펠트지 동그라미를 이용하여 홈질한 부분에 붙인다.
7) 얼굴 부분을 위치에 맞게 눈알은 검은색 실을 이용하여 단다.

2. 공 만들기

1) 동물모형을 만들고 남은 양말을 이용 오각형 12개로 절단한다.
2) 오각형은 변끼리 박음질해서 이어준다.
3) 솜을 넣고 방울을 넣어 마무리한다.

3. 보관 박스 만들기

1) 적당한 박스의 안과 겉을 펠트지로 감싼다.
2) 바깥 면에 교구명을 붙인다.

제작 시 참고사항

- 양말 천은 늘어나고 오염이 쉬운 재질이므로 바느질 시 간격과 실의 당김에 유의한다.

감각형 자료

1. 소리나는 애벌레
2. 거북이 심벌즈
3. 감각책
4. 같은 짝을 찾아요
5. 거북이와 동물책
6. 과일을 자르면?
7. 동물 까꿍 놀이
8. 동물 딸랑이
9. 동물 아코디언
10. 양말 딸랑이

감각형 자료

1 소리나는 애벌레

흥미영역 조작영역 **표준보육과정** 신체운동건강영역

대상연령 만 0~1세

자료소개 및 주요기법 선정배경

- 이 자료는 촉감과 청각을 위한 교재교구이다.
- 이 자료는 부드러운 펠트 질감의 애벌레 몸통 고리에서 나는 소리를 듣고, 고리를 끼우며 감각을 발달시킬 수 있다. 또한 똑딱이 단추로 고리를 연결할 수 있어 소근육 발달에도 효과적이다.
- 활동 후에 조작영역에서 활용할 수 있다.

준비물 다양한 색깔의 펠트지, 바늘과 실, 똑딱이 단추, 솜, 가위, 딸랑이 방울

제작방법

1. 애벌레 고리 만들기

1) 도넛모양으로 원과 다리 한 쌍을 그려 7장을 복사한다.
2) 7개의 고리에 솜과 방울을 넣어 바느질한다.
3) 애벌레 발모양 사이에 끈을 넣고 양면테이프로 고정한다.
4) 완성된 애벌레 다리를 고리 2장 사이에 붙인 후 솜을 넣어서 박음질한다.
5) 고리 사이사이에 똑딱이 단추를 단다.

2. 머리 만들기

1) 머리 모양 펠트지에 눈과 볼을 오려 붙인다.
2) 애벌레의 입은 두 가지 색실로 꼬아서 박음질한다.
3) 더듬이는 펠트지를 오려서 솜을 넣고 박음질한다.

3. 꼬리 만들기

1) 꼬리 부분은 원형으로 도안한다.
2) 솜을 넣어 박음질한다.
3) 기둥과의 연결부분에 똑딱이 단추를 단다.

4. 몸통 기둥 만들기

1) 완성한 고리를 끼운 총 길이와 두께를 잰다.
2) 펠트지로 기둥을 만들고 솜을 가득 넣어 바느질한다.
3) 양 끝에 똑딱이 단추를 단다.

제작 시 참고사항

- 고리를 끼우는 원이 일정한 크기가 되도록 한다.
- 기둥의 둘레와 원의 크기를 맞추어 조작 시 어려움이 없도록 한다.

2 거북이 심벌즈

흥미영역 조작영역 **표준보육과정** 예술경험영역

대상연령 만 0~1세

자료소개 및 주요기법 선정배경

- 이 자료는 청각을 위한 교재교구이다.
- 이 자료는 거북이 모양의 심벌즈를 부딪치며 소리를 듣고, 감각적인 능력을 발달시킬 수 있다. 또한 눈과 손의 협응력을 기르며 짝을 맞추어 소리를 낼 수 있다.
- 활동 후에 조작영역에서 활용할 수 있다.

준비물 다양한 색깔의 펠트지, 바늘, 실, 똑딱이 단추, 솜, 가위, 딸랑이 방울

제작방법

1. 거북이 모형 만들기

1) EVA와 반짝이 펠트지를 거북이 모양으로 자른다.
2) 반구에 구멍을 뚫어서 모루를 이용하여 손잡이를 만든다.
3) 반구 안에 다양한 크기와 색깔의 반짝이 볼을 넣는다.
4) 거북이 모양에 내용물이 담긴 반구를 붙인다.
5) 반구 둘레를 반짝이 줄로 꾸민다.
6) 펠트지로 눈을 만들어 붙인다.

2. 심벌즈 소리 만들기

1) 병뚜껑을 거북이 아래에 접착제를 이용하여 붙인다.

제작 시 참고사항

- 반구 안에 소리나는 사물을 넣지 않는다(병뚜껑이 부딪히는 소리만 들리도록 제작한다).

3 감각책

흥미영역 조작영역 **표준보육과정** 예술경험영역

대상연령 만 0~1세

자료소개 및 주요기법 선정배경

- 이 자료는 촉각을 위한 교재교구이다.
- 이 자료는 헝겊책을 조작함으로써 소근육을 발달시킬 수 있다.
- 활동 후에 조작영역에서 활용할 수 있다.

준비물 펠트지(파란색, 갈색, 남색, 살구색, 분홍색, 빨간색, 하늘색, 초록색, 흰색, 황토색, 주황색, 보라색, 연보라색, 연두색, 노란색), 솜(방울솜), 글루건, 가위, 실(펠트지와 같은 색), 바늘, 색연필, 벨크로 테이프, 스테이플러, 펀치, 고리, 운동화 끈

제작방법

1. 기본상자 만들기

1) 페이지당 감각 종류를 정한다.
2) 도안을 그린 후 각 도안을 바느질한다.
3) 솜 넣는 부분을 남기고 바느질한다.
4) 고리를 끼울 구멍을 펀치로 뚫어 버튼홀 스티치로 마감한다.
5) 벨크로 테이프는 글루건으로 단단하게 고정시켜준다.
6) 완성된 낱장을 고리에 끼워 책모양으로 만든다.

제작 시 참고사항

- 각 책장의 조각들을 잃어버리지 않도록 유의한다.

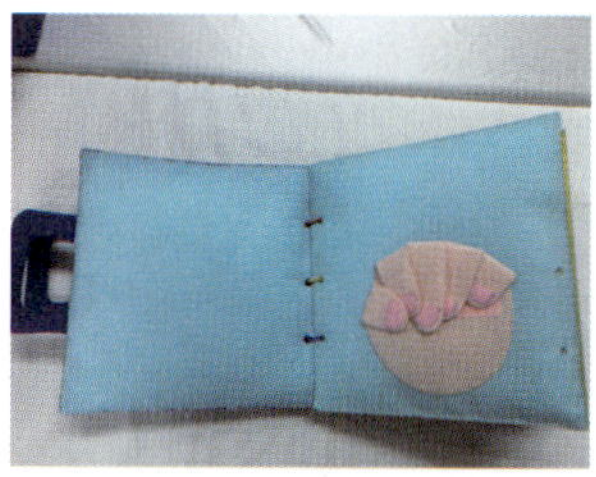

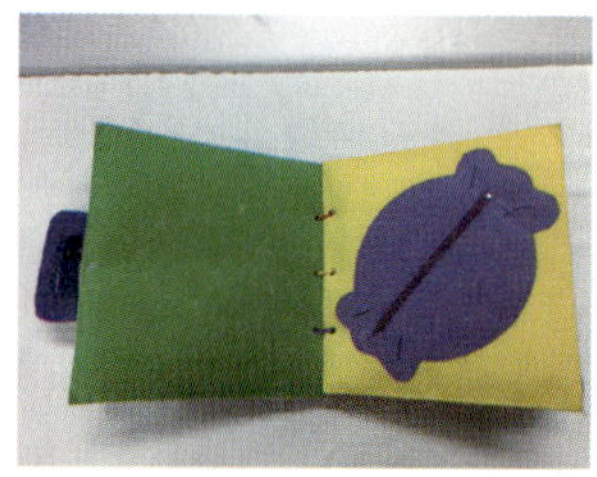

4 같은 짝을 찾아요

흥미영역 조작영역 **표준보육과정** 예술경험영역

대상연령 만 0~1세

자료소개 및 주요기법 선정배경

- 이 자료는 청각을 위한 교재교구이다.
- 이 자료는 각 소리병의 소리를 듣고 짝을 찾아보는 활동을 위해 제작되었다.
- 활동 후에 조작영역에서 활용할 수 있다.

준비물 펠트지, 투명한 물병 6개, 티슈상자 2개, 색모래(빨간색, 노란색, 파란색), 까만콩, 구슬, 자갈돌, 반짝이스티커, 하드보드지, 칼, 가위, 볼펜, 자, 양면테이프, 재료그림, 스카치테이프

제작방법

1. 기본상자 만들기

1) 티슈상자의 양면에 하드보드지를 빳빳하게 댄다.
2) 물병이 들어갈 수 있도록 상자 윗면에 여섯 개의 구멍을 뚫는다.
3) 티슈상자를 노란색, 초록색 펠트지로 감싸준다.

2. 소리병 만들기

1) 투명 물병에 색모래를 색깔별로 채워준다.
2) 콩, 구슬, 자갈돌도 물병에 채워준다.
3) 색모래가 담겨 있는 병에는 병뚜껑에 똑같은 색깔의 펠트지를 붙인다.
4) 콩, 구슬, 자갈돌의 물병에는 같은 그림을 인쇄하여 붙여준다.

5) 물병 윗부분을 색모래 색깔과 같은 펠트지로 꾸며준다.
6) 뚜껑 담을 상자를 만들어 펠트지를 붙이고, 반짝이 스티커로 장식을 한다.
7) 활동명을 인쇄하여 바닥면에 제목을 붙인다.

제작 시 참고사항

- 재료들이 쏟아지지 않도록 뚜껑을 잘 닫는다.

❀ 감각형 자료

5 거북이와 동물책

흥미영역 조작영역 **표준보육과정** 예술경험영역

대상연령 만 0~1세

자료소개 및 주요기법 선정배경

- 이 자료는 시각을 위한 교재교구이다.
- 이 자료는 거북이 모양의 책에서 다양한 동물들의 얼굴을 까꿍 형식으로 볼 수 있도록 제작되었다. 영아가 흥미에 따라 책장을 넘기고 아래에 바퀴가 있어 거북이를 이동시킬 수 있다.
- 활동 후에 조작영역에서 활용할 수 있다.

준비물 펠트지(빨간색, 노란색, 주황색, 초록색, 파란색, 남색, 살구색, 분홍색, 검은색, 황색 등), 우드락, 두꺼운 도화지, 목공풀, 바퀴, 눈알, 글루건, 가위

제작방법

1. 거북이 책판 만들기

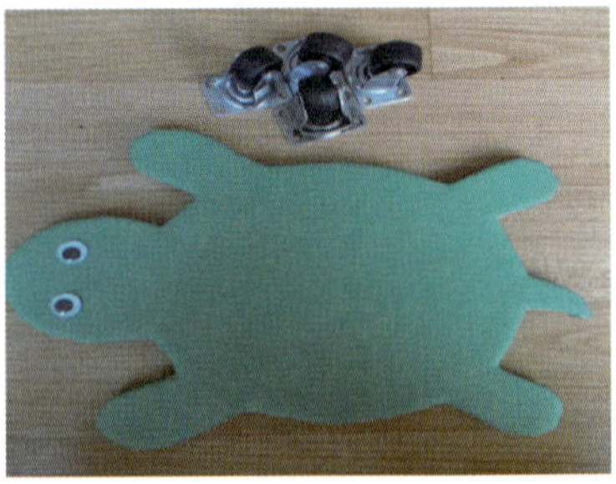

1) 우드락에 거북이를 그려서 거북이 모양을 만든다.
2) 접착용 펠트지로 감싼다.
3) 아래 부분에 거북이 모양으로 만든 펠트지를 부착하여 마무리한다.
4) 거북이 아래에 바퀴를 단다(바퀴가 아닌 스펀지를 달 수도 있다).

2. 동물 얼굴 책 만들기

1) 펠트지로 색깔별로 원을 만든다.
2) 펠트지 원을 책장으로 만든다.
3) 펠트지로 원하는 동물 얼굴을 만든다.

4) 완성된 동물 그림을 원모양의 가운데에 붙인다.

5) 완성된 책을 거북이 등에 붙여서 고정시킨다(글루건 사용).

제작 시 참고사항

- 책장과 책장 사이를 연결하거나, 동물들의 얼굴을 붙일 때 글루건 실이 지저분하게 처리될 수 있으므로 유의한다.

6 과일을 자르면?

흥미영역 조작영역 **표준보육과정** 자연탐구영역

대상연령 만 1~2세

자료소개 및 주요기법 선정배경

- 이 자료는 시각을 위한 교재교구이다.
- 이 자료는 과일의 겉모양을 펼치면 과일의 속모양을 볼 수 있도록 제작되었다. 영아가 똑딱이 단추로 과일을 열고 닫을 수 있어 소근육 발달 및 과일에 대한 흥미도를 향상시킬 수 있다.
- 활동 후에 조작영역에서 활용할 수 있다.

준비물 펠트지, 솜, 실, 바늘, 가위, 똑딱이 단추 5쌍, 과일 도안

제작방법

1. 과일 겉면 만들기

1) 도안을 참고하여 감, 수박, 딸기, 사과, 포도의 겉모양을 1쌍씩 만든다.
2) 솜을 넣고 앞판과 뒤판을 바느질한다.
3) 과일의 가장자리에 똑딱이 단추를 단다.

2. 과일 속 만들기

1) 도안을 참고하여 각 과일의 특징을 펠트지로 표현한다.

2) 완성된 과일 속을 각 과일에 부착한다.

제작 시 참고사항

- 과일의 특징이 분명하게 나타날 수 있도록 제작한다.

감각형 자료

7 동물 까꿍 놀이

흥미영역 조작영역 **표준보육과정** 자연탐구영역

대상연령 만 0~1세

자료소개 및 주요기법 선정배경

- 이 자료는 시각을 위한 교재교구이다.
- 이 자료는 휴지심 사이로 교사나 또래의 얼굴을 볼 수 있도록 제작되었다. 대상영속성이 획득되기 전 후 단계 발달에 적합한 까꿍 놀이를 동물의 얼굴로 제작하여 활동 흥미도를 향상시킬 수 있다.
- 활동 후에 조작영역에서 활용할 수 있다.

준비물 펠트지(빨간색, 노란색, 분홍색, 주황색, 밤색, 흰색, 검은색), 솜, 글루건, 가위, 십자수실, 바늘, 휴지심, 흰색 고무줄, 빈 박스, 벨크로 테이프

제작방법

1. 동물 까꿍 인형 만들기

1) 양, 소, 사자, 개구리, 고양이 얼굴 도안을 정한다.
2) 도안을 대고 하드보드지에 동물 얼굴 테두리를 그리고 오린다.
3) 정한 색 펠트지를 하드보드지 위에 붙이고 동물 얼굴을 꾸민다.
4) 동물의 얼굴을 두 조각 낸다.

2. 까꿍 조작물 만들기

1) 휴지심 10개를 검은색 펠트지로 감싼다.
2) 완성된 동물 얼굴 반쪽을 휴지심 윗면에 부착한다.
3) 흰색 고무줄을 휴지심 2개를 통과하여 연결하고 묶는다.

제작 시 참고사항

- 고무줄은 느슨하지 않도록 제작하여 평상시에 동물 얼굴이 하나로 보이도록 한다.

감각형 자료

8

동물 딸랑이

흥미영역 조작영역 **표준보육과정** 자연탐구영역

대상연령 만 0~1세

자료소개 및 주요기법 선정배경

- 이 자료는 청각과 눈과 손의 협응을 위한 교재교구이다.
- 이 자료는 영아가 손에 들고 흔들면 소리가 나도록 제작되었다. 딸랑이는 대표적인 청각 놀잇감으로 손으로 흔드는 행동과 소리의 인과관계를 경험할 수 있어 영아의 활동 흥미도를 향상시킬 수 있다.
- 활동 후에 조작영역에서 활용할 수 있다.

준비물 펠트지(주황색, 파란색, 초록색, 검은색, 흰색, 분홍색), 분유통 뚜껑(3개), 모루(파란색, 초록색, 주황색), 방울(큰 것, 작은 것), 글루건, 가위, 칼, 양면테이프, 실(회색), 바늘, 압정, 뿅뿅이, 바구니

제작방법

1. 딸랑이 틀 만들기

1) 분유통 뚜껑을 1/2를 잘라낸다.
2) 분유통 뚜껑을 위쪽을 펠트지로 감싼다.
3) 밑부분에 압정으로 구멍을 뚫고 방울을 단다.
4) 손잡이 부분을 모루로 감싸준다.

2. 동물 얼굴 만들기

1) 분유뚜껑 절반 사이즈에 맞추어 동물모양을 만든다.
2) 동물 얼굴에 눈과 코를 붙여준다.
3) 완성된 동물 얼굴을 분유통 윗부분에 붙인다.

제작 시 참고사항

• 분유통 뚜껑을 자를 때 날카롭게 잘리므로 유의한다.

9 동물 아코디언

흥미영역 조작영역 **표준보육과정** 자연탐구영역

대상연령 만 1~2세

자료소개 및 주요기법 선정배경

- 이 자료는 청각과 눈과 손의 협응을 위한 교재교구이다.
- 이 자료는 영아가 손에 끼우고 늘이거나 줄이면 소리가 나도록 제작되었다. 이 자료는 청각 놀잇감으로 손의 움직임과 소리의 인과관계를 경험할 수 있어 영아의 활동 흥미도를 향상시킬 수 있다.
- 활동 후에 조작영역에서 활용할 수 있다.

준비물 스펀지, 펠트지(연두색, 주황색, 살구색, 분홍색, 파란색), 바늘, 고무줄, 실, 장식 눈, 글루건, 가위, 접착제

제작방법

1. 동물 아코디언 만들기

1) 스펀지를 동물의 얼굴 크기에 맞춰 자른다.
2) 벨로우즈(바람통) 줄 길이를 자른다.
3) 펠트지를 스펀지에 맞게 잘라 바느질한다.
4) 아코디언 벨로우즈(바람통) 줄도 칸칸이 바느질하여 주름을 만든다.

2. 손잡이와 장식하기

1) 고무줄을 윗면에 맞추어 자르고 맞추어 끼워서 같이 꿰맨다.
2) 고무줄에 방울을 달아준다.
3) 눈을 붙이고 귀도 만들어 붙여서 동물 모양을 만든다.

제작 시 참고사항

- 아코디언 바람통 표현에서 접히는 방향에 유의하여 바느질한다.

⊛ 감각형 자료

10 양말 딸랑이

흥미영역 조작영역　　**표준보육과정** 자연탐구영역

대상연령 만 0~1세

자료소개 및 주요기법 선정배경

- 이 자료는 청각과 눈과 손의 협응을 위한 교재교구이다.
- 이 자료는 영아가 손에 들고 흔들면 소리가 나도록 제작되었다. 딸랑이는 대표적인 청각 놀잇감으로 손으로 흔드는 행동과 소리의 인과관계를 경험할 수 있어 영아의 활동 흥미도를 향상시킬 수 있다.
- 활동 후에 조작영역에서 활용할 수 있다.

준비물 양말, 딸랑이, 구슬, 스티로폼, 솜, 캐릭터, 글루건, 끈, 핀, 요구르트병 2개

제작방법

1. 딸랑이 만들기

1) 양말 목에 끈을 핀에 묶어서 고무줄 넣듯이 끈을 넣는다.
2) 양말 속에 솜을 약간 넣는다.
3) 요구르트병에 각기 다른 구슬을 넣는다.
4) 실을 당겨서 양말 입구에 묶는다.

제작 시 참고사항

• 양말로 딸랑이를 제작할 때 기존 양말의 질감과 캐릭터를 염두에 두고 제작한다.

조작형 자료

1. 고리 끼우기
2. 같은 숫자 끼우기
3. 어느 곳에 사는 동물일까?
4. 낚시하러 떠나요
5. 토끼와 당근 주사위
6. 퍼즐을 맞춰요
7. 자동차 기차 만들기
8. 어떤 동물일까?
9. 과일 조각은 몇 개일까?
10. 까꿍! 찾아보아요
11. 나는 누구일까요?
12. 세탁기가 돌아가요
13. 애벌레의 몸통을 찾아주세요
14. 내가 만든 아이스크림
15. 어떤 동물이 나올까요?
16. 카드 미끄럼틀
17. 까치 까치 설날은
18. 코끼리와 기린
19. 옷을 입혀보아요

※ 조작형 자료

1 고리 끼우기

흥미영역 조작영역　　**표준보육과정** 신체운동건강영역

대상연령 만 2~3세

자료소개 및 주요기법 선정배경

- 이 자료는 대 · 소근육 활동을 자극하는 교재교구이다.
- 이 자료는 부드러운 펠트 질감의 고리로 제작되어 영유아의 대근육 발달뿐 아니라 거리감각과 같은 공간지각능력, 사회성 발달에도 효과적이다.
- 활동 후에 개인 혹은 짝 게임으로도 활용할 수 있다.

준비물 빈 박스, 골판지, 색 펠트지, 바늘, 실, 본드, 가위, 솜, 글루건

제작방법

1. 기둥 만들기

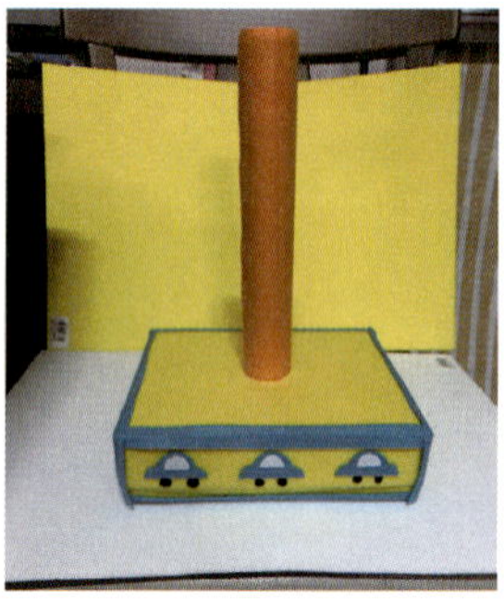

1) 골판지를 돌돌 말아서 고리가 끼워질 기둥을 만든다.
2) 펠트지로 골판지를 감싼다.
3) 빈 박스 위에 기둥의 지름만큼의 구멍을 낸다.
4) 노란색 펠트지로 박스를 감싼다.
5) 테두리를 파란색 펠트지로 두르고 자동차 모양으로 장식을 한다.

2. 고리 만들기

1) 5가지 색상의 펠트지에 꽃무늬 고리 모양을 도안한다.
2) 도안을 색깔별로 겹쳐 바느질한다.
3) 꽃무늬 고리 안을 솜으로 채운다.

제작 시 참고사항

- 고리를 끼우는 원이 일정한 크기가 되도록 한다.
- 기둥의 둘레와 원의 크기를 맞추어 조작 시 어려움이 없도록 한다.

❀ 조작형 자료

2 같은 숫자 끼우기

흥미영역 조작영역 **표준보육과정** 신체운동건강영역

대상연령 만 2~3세

자료소개 및 주요기법 선정배경

- 이 자료는 손가락의 소근육과 손목 활동을 위한 교재교구이다.
- 이 자료는 우유갑과 병뚜껑을 활용한 조작블록으로 제작되어 영유아의 소근육 발달뿐 아니라 수의 서열과 일대일 대응에도 효과적이다.
- 활동 후에 개인 혹은 짝 게임으로도 활용할 수 있다.

준비물 펠트지 8절(분홍색, 하늘색, 보라색, 초록색, 연두색, 주황색, 노란색, 진갈색, 남색, 파란색, 연갈색 4장, 흰색 1장), 스카치테이프, 양면테이프 6개, 숫자 모양, 우유갑 20개, 신문지, 물병 뚜껑(쌍 20개), 접착 펠트지

제작방법

1. 기본 블록 만들기

1) 우유갑에 신문지를 탄탄하게 넣고 스카치테이프로 붙여준다.
2) 펠트지를 가로: 23.5cm, 세로: 9cm 양쪽 뚜껑은 7cm로 자른다.
3) 자른 펠트지를 양면테이프로 붙인다.
4) 숫자 0~9를 쌍으로 붙인다.
5) 모양을 숫자와 대응하여 쌍으로 붙인다(예: 1-1 ⇒ 하트-하트).

2. 연결고리 만들기

1) 완성된 블록의 양쪽에 암뚜껑과 수뚜껑을 글루건을 이용하여 붙인다.

제작 시 참고사항

- 뚜껑을 붙일 때, 완성 시 돌려 끼웠을 때의 모양을 고려하여 돌려본 후 최종적으로 부착한다.

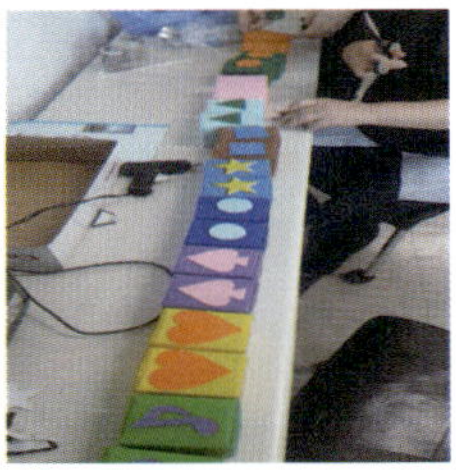

❀ 조작형 자료

3 어느 곳에 사는 동물일까?

흥미영역 조작영역 **표준보육과정** 자연탐구영역

대상연령 만 3~4세

자료소개 및 주요기법 선정배경

- 이 자료는 장소에 따라 동물들이 사는 곳을 분류하는 교재교구이다.
- 이 자료는 자석자료로 영유아가 직접 동물들을 붙이고 떼면서 동물들의 서식지에 관심을 가질 수 있도록 제작되었다. 또한 장소에 따른 분류를 통해 공간인식능력과 동물들의 특성에 호기심을 가질 수 있다.
- 활동 후에 조작영역에서 놀이할 수 있다.

준비물 접착용 펠트지(연한하늘색, 연한연두색, 청색, 색깔별 펠트지), 자석, 자석판(함석판), 글루건, 우드락, 가위, 자, 연필, 하드보드지, 벨크로 테이프, 양면테이프(대), 투명스카치테이프(대), 눈알

제작방법

1. 배경판 만들기

1) 우드락에 함석판을 붙이고, 배경 색상지를 붙인다(바다색, 육지색, 하늘색).
2) 배경판 뒤를 고정시켜 세울 수 있는 받침대를 만든다.
3) 글씨를 붙일 무지개 다리를 만든다.
4) 박스에 펠트지를 붙여 보관함을 만든다.
5) 펠트지로 "어느 곳에 사는 동물일까?" 제목을 만들어 꽃모양 펠트지에 붙인다.
6) 무지개에 글씨를 붙여서 완성한다.

2. 제시자료 만들기

1) 접착용 펠트지로 바다 사는 동물, 땅에 사는 동물, 하늘 사는 동물들을 도안하여 제작한다.
2) 동물들의 모형이 완성되면 눈을 붙인다.
3) 완성된 동물들에 자석을 붙인다.

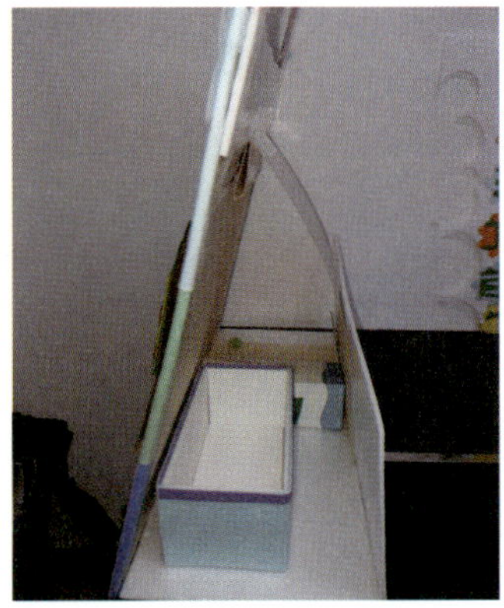

제작 시 참고사항

- 함석판과 자석의 자력을 시험하여 붙인다.

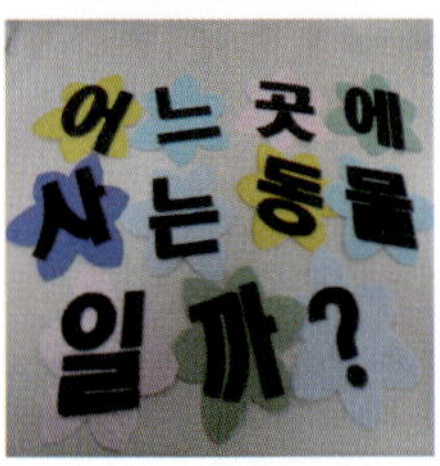

4 낚시하러 떠나요

흥미영역 조작영역 **표준보육과정** 자연탐구영역

대상연령 만 3~4세

자료소개 및 주요기법 선정배경

- 이 자료는 자석의 성질을 이용하여 낚시를 경험하는 교재교구이다.
- 이 자료는 자석자료로 제작되어 영유아가 직접 바다생물들을 낚아 올려볼 수 있도록 제작되었다. 또한 낚시를 위한 순간집중력과 수 세기 및 분류개념을 익힐 수 있다.
- 활동 후에 조작영역에서 놀이할 수 있다.

준비물 펠트지(황토색, 분홍색, 파란색, 하늘색, 빨간색, 주황색, 노란색, 보라색), 솜, 글루건, 자, 가위, 양면테이프, 바늘, 실(펠트지 색깔별로), 똑딱이, 클립, 자석, 끈, 봉

제작방법

1. 낚시 가방 만들기

1) 가방 몸체와 손잡이 도안을 한다.
2) 손잡이와 가방 몸체를 붙인다.
3) 가방 몸체 하늘색 부분을 수족관처럼 장식한다.
4) 가방 바깥쪽에 펠트지에 글자와 배 모양을 붙인다.
5) 가방 안쪽 가장자리 똑딱이 단추를 바느질로 달아서 가방역할을 하도록 만든다.

2. 제시자료 만들기

1) 다양한 바다생물을 색깔별로 만든다.
2) 오린 도안 두 장을 겹쳐서 가장자리를 꿰맨다.
3) 모형 안에 솜과 클립을 넣고 마무리한다.
4) 동물들의 모형이 완성되면 눈을 붙인다.

5) 완성된 동물들에 자석을 붙인다.

3. 낚싯대 만들기

1) 봉에 끈을 묶어 고정한다.
2) 끈 끝에 원형 자석을 부착한다.

제작 시 참고사항

- 자력을 시험하여 붙인다.

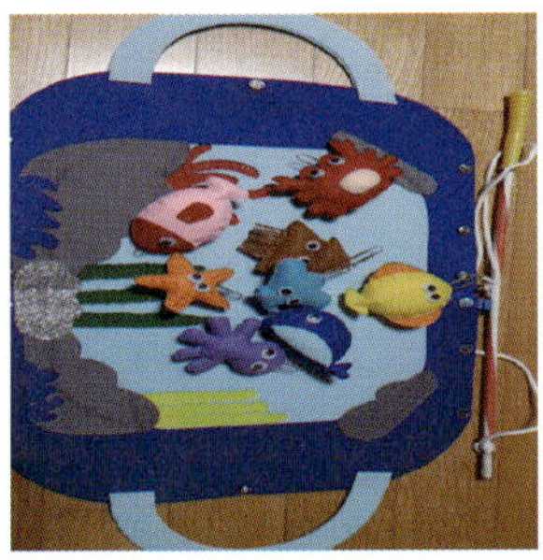

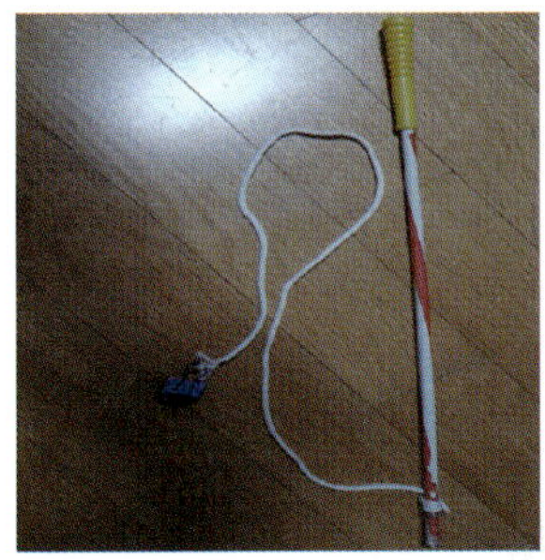

조작형 자료

5 토끼와 당근 주사위

흥미영역 조작영역　　**표준보육과정** 자연탐구영역

대상연령 만 2~3세

자료소개 및 주요기법 선정배경

- 이 자료는 주사위의 여섯 면을 통해 수 세기와 수적 증가를 경험하는 교재교구이다.
- 이 자료는 주사위 내부에 방울을 넣어 주시위를 던지거나 돌릴 때 소리가 나도록 제작되었다. 주사위를 돌리며 이야기를 꾸미고, 당근의 수적 증가를 통해 수와 수량의 개념을 익힐 수 있다.
- 활동 후에 조작영역에서 놀이할 수 있다.

준비물 펠트지(분홍색, 살구색, 검은색, 흰색, 노란색, 빨간색, 녹색, 하늘색, 파란색), 양면테이프, 가위, 바늘, 실, 아이스박스, 박스, 방울(8개), 글루건, 칼, 자

제작방법

1. 주사위 박스 만들기

1) 아이스박스가 부서질 수 있으니 안에 박스를 넣는다.
2) 박스 안에 방울을 여러 개 넣는다.
3) 박스 테두리 크기로 정한 색상의 펠트지를 양면테이프로 박스에 붙인다.

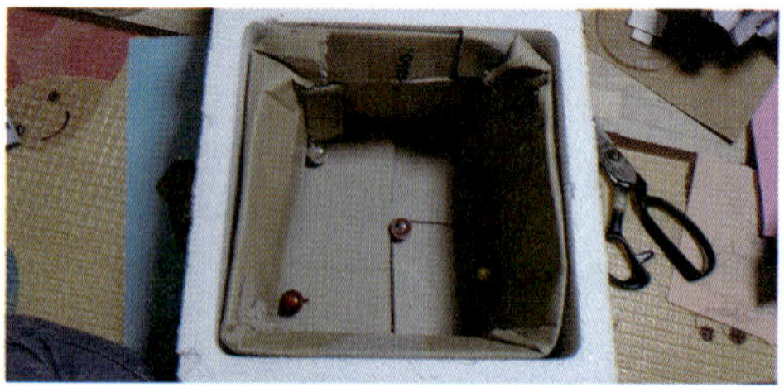

2. 주사위 표면 꾸미기

1) 토끼를 펠트지에 그리고 오려서 바늘과 실로 꿰맨다.
2) 숫자 1과 당근, 줄기, 토끼를 한 면에 붙인다.
3) 숫자 2~6까지 연결된 줄기에 숫자만큼 당근을 붙여준다.

4) 주사위의 테두리를 흰색 펠트지로 마무리한다.

제작 시 참고사항

- 펠트지 면의 크기를 일정하게 자른다.

❀ 조작형 자료

6 퍼즐을 맞춰요

흥미영역 조작영역 **표준보육과정** 자연탐구영역

대상연령 만 2~3세

자료소개 및 주요기법 선정배경

- 이 자료는 퍼즐을 맞추는 과정에서 집중력을 기르고 퍼즐의 완성을 통해 성취감을 경험하는 교재교구이다.
- 이 자료는 영유아의 연령에 적합한 퍼즐의 수량을 토대로 제작되었다. 6~10조각의 퍼즐을 구성하면서 인지적인 능력과 조작능력을 기를 수 있다.
- 활동 후에 조작영역에서 놀이할 수 있다.

준비물 EVA 2장, 가위, 칼, 마스킹 테이프 2개(분홍색, 흰색), 양면테이프, 밑그림 2장, 코팅한 밑그림 2장, 30cm 자, 신문지

제작방법

1. 퍼즐 만들기

1) 정한 사이즈의 퍼즐 그림을 준비한다.
2) 코팅한 퍼즐 그림 뒷면에 양면테이프를 촘촘히 붙인다.
3) EVA 위에 퍼즐 그림을 붙인다.
4) 자를 대고 퍼즐 그림을 8조각으로 자른다.

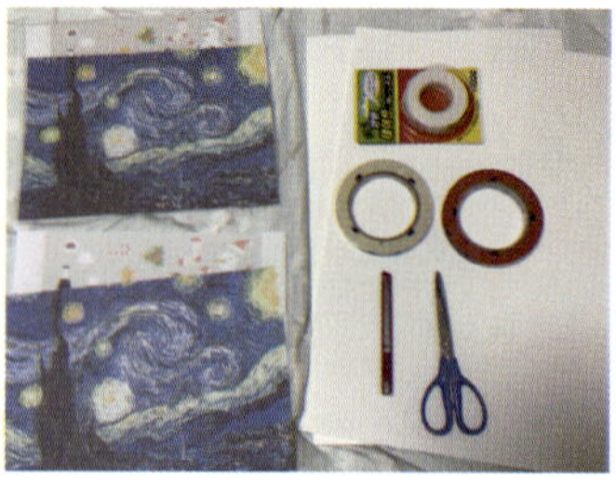

2. 퍼즐 판 만들기

1) 퍼즐 그림보다 사방 2cm씩 큰 EVA 판을 자른다.
2) EVA를 2cm 너비로 길게 잘라서 양면테이프를 붙이고 테두리를 둘러 준다.
3) 가장자리 테두리를 마스킹 테이프로 마무리한다.

제작 시 참고사항

- 코팅지의 모서리가 날카롭지 않게 가위로 조금씩 오려서 둥글게 마무리 해준다.

※ 조작형 자료

7 자동차 기차 만들기

흥미영역 조작영역 **표준보육과정** 자연탐구영역

대상연령 만 2~3세

자료소개 및 주요기법 선정배경

- 이 자료는 소근육 조작과 협응력 발달을 위한 교재교구이다.
- 이 자료는 자동자를 단추로 연결하면서 소근육의 움직임을 정교화할 수 있도록 제작되었다. 또한 자동차에 제시된 수를 익히며 순차적인 수의 배열에 대한 개념을 기를 수 있다.
- 활동 후에 조작영역에서 놀이할 수 있다.

준비물 펠트지(빨간색, 주황색, 살구색, 노란색, 연두색, 초록색, 라임색, 하늘색, 파란색, 남색, 흰색, 검은색), 바늘, 실, 단추, 솜, 글루건

제작방법

1. 자동차 만들기

1) 펠트지를 자동차 모양 20개를 같은 색으로 한 쌍씩 자른다.
2) 흰색 창문을 양 면에 바느질한다.
3) 검은색 펠트지로 숫자를 오려 바느질한다.
4) 자동차 앞쪽에 단추를 단다.
5) 자동차 안에 솜을 넣고 바느질한다.
6) 글루건으로 자동차 바퀴를 단다.
7) 자동차의 뒤쪽에 단춧구멍을 자른 뒤 바느질한다.

제작 시 참고사항

- 조작 시 단추의 크기와 단춧구멍의 크기가 적절하지 않을 수 있으므로 시험 후 단추나 구멍의 크기를 결정한다.

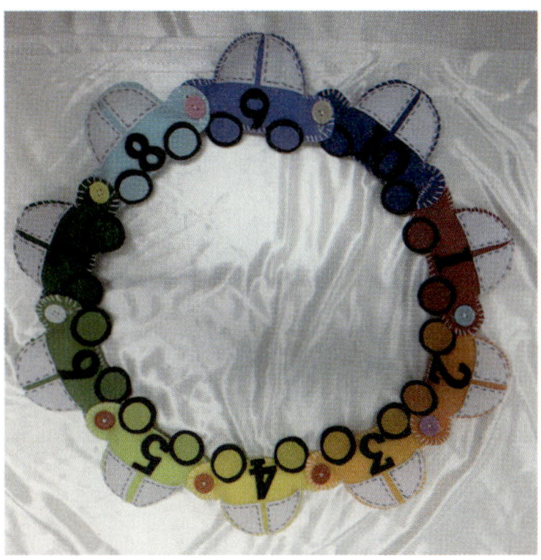

❀ 조작형 자료

8 어떤 동물일까?

흥미영역 조작영역　**표준보육과정** 자연탐구영역

대상연령 만 1~2세

자료소개 및 주요기법 선정배경

- 이 자료는 소근육 조작과 협응력 발달을 위한 교재교구이다.
- 이 자료는 동물의 특징적인 부분을 붙이고 뗄 수 있도록 제작되었다. 이를 통해 동물의 특징을 알고 세밀하게 관찰할 수 있다.
- 활동 후에 조작영역에서 놀이할 수 있다.

준비물 펠트지(파란색, 하늘색, 갈색, 노란색, 주황색, 분홍색, 살구색, 검은색, 흰색), 솜, 바늘, 실, 글루건, 벨크로 테이프, 가위, 연필

제작방법

1. 동물 만들기

1) 펠트지에 동물들 모양(돼지, 토끼, 사슴, 사자, 코끼리)의 도안을 그린다.
2) 펠트지를 도안대로 자른다.
3) 펠트지를 동물 모양대로 바느질한다.
4) 배경지에 붙인다.

2. 동물 특징부위 만들기

1) 동물 특징 모양을 도안한다.
2) 동물의 특정부위 모양에 솜을 넣어 바느질한다.
3) 동물의 특정부위 모양 뒤에 벨크로 테이프를 붙인다.

제작 시 참고사항

- 동물의 크기와 특정부위의 크기 및 색상이 조화롭도록 제작한다.

9 과일 조각은 몇 개일까?

흥미영역 조작영역 **표준보육과정** 자연탐구영역

대상연령 만 1~2세

자료소개 및 주요기법 선정배경

- 이 자료는 소근육 조작과 수 인식 발달을 위한 교재교구이다.
- 이 자료는 과일의 조각을 붙이고 뗄 수 있도록 제작되었다. 이를 통해 과일의 특징을 알고 소근육과 수 인식을 향상시킬 수 있다.
- 활동 후에 조작영역에서 놀이할 수 있다.

준비물 펠트지(빨간색, 초록색, 검은색, 살구색, 주황색, 보라색, 연분홍색, 흰색, 갈색), 본드, 가위, 자, 칼, 볼펜, 양면테이프, 바늘, 고리링, 펀치, 색연필, 하드보드지(8절지 4장), 벨크로 테이프

제작방법

1. 과일 책 만들기

1) 하드보드지로 책판을 7개 만든다.
2) 책판을 펠트지로 감싼다.
3) 일정한 간격을 두고 고리를 끼울 구멍을 뚫는다.

2. 제시자료 만들기

1) 펠트지로 과일의 색깔을 정해서 한 쌍 도안한다.
2) 도안을 정한 숫자대로 조각을 오려낸다(예: 수박 → 3조각, 오렌지 → 4조각).
3) 2에서 만든 조각이 얹히는 부분은 과일의 속을 만들어 붙인다.
4) 해당 숫자를 오려 붙인다.

제작 시 참고사항

- 과일의 밑판과 조각의 크기가 잘 맞도록 제작한다.

10 까꿍! 찾아보아요

흥미영역 조작영역 **표준보육과정** 자연탐구영역

대상연령 만 1~2세

자료소개 및 주요기법 선정배경

- 이 자료는 인지 발달을 위한 교재교구이다.
- 이 자료는 교사가 뚜껑을 열면서 교육내용을 제시하거나, 영아가 뚜껑을 열어 내용을 확인할 수 있도록 제작되었다. 이를 통해 다양한 사물에 대한 호기심을 기르고 인지능력을 향상시킬 수 있다.
- 활동 후에 조작영역에서 놀이할 수 있다.

준비물 펠트지(빨간색, 노란색, 파란색, 초록색, 흰색, 분홍색, 하늘색, 갈색), 4절 칼라보드(연두색), 글루건, 가위, 30cm 자, 칼

제작방법

1. 기본판 만들기

1) 연두색 칼라 우드락에 울타리를 오려 붙인다.
2) 정한 색상으로 나무를 만들어 울타리 위를 꾸며 준다.
3) 활동판의 제목을 만들어 상단에 붙인다.

2. 제시자료 만들기

1) 두꺼운 종이에 나무와 꽃잎, 줄기 등을 본 뜬 뒤 오린다.
2) 본을 따라 펠트지로 꽃을 만든다(뒷판과 앞판).
3) 까꿍에서 제시할 자료들을 찾아 코팅하고 오린다.
4) 꽃을 열면 제시자료가 보일 수 있도록 꽃 뒷판과 앞판 사이에 끼운다(물티슈의 뚜껑을 활용하여 열면 제시자료가 보이도록 만들 수 있다).

제작 시 참고사항

- 꽃의 크기를 고려하여 제시자료를 준비한다.

※ 조작형 자료

11 나는 누구일까요?

흥미영역 조작영역 **표준보육과정** 의사소통영역

대상연령 만 3~4세

자료소개 및 주요기법 선정배경

- 이 자료는 글자와 사물인식을 위한 교재교구이다.
- 이 자료는 교사와 영아가 사물에 적합한 단어를 붙이고 떼면서 활동할 수 있도록 제작되었다. 또한 사물의 색상과 재료의 색상 및 배지의 색상을 일치시켜 영아도 감각적으로 글자를 인식할 수 있도록 하였다. 이를 통해 다양한 사물에 대한 호기심을 기르고 글자와 사물에 대한 인식능력을 향상시킬 수 있다.
- 활동 후에 조작영역에서 놀이할 수 있다.

준비물 시트지(살구색 2m), 폼보드 3개(2절, 4절), 머메이드지 3장(빨간색, 노란색, 초록색 4절), 소량 펠트지(분홍색, 파란색), 고리링, 글루건, 가위, 칼, 자, 풀, 송곳, 양면테이프, 벨크로테이프, 그림 일러스트

제작방법

1. 제시자료 만들기

1) 그림 일러스트와 단어를 프린트한 후 사물의 색을 고려하여 머메이드지에 붙인다.
2) 글자를 사물의 색을 고려한 배지를 대어 만들고 코팅한다.
3) 글자카드에 벨크로 테이프를 붙인다.

2. 기본판 만들기

1) 2절 폼보드에 제목과 그림을 일정한 간격으로 붙인다.
2) 1과 3을 시트지로 감싼다.
3) 4절 폼보드에 벨크로를 크기에 맞춰 잘라 붙인다.

4) 2절 폼보드 아랫부분과 4절 폼보드 윗부분에 송곳을 이용하여 구멍을 뚫고 카드링으로 연결시킨다.

제작 시 참고사항

- 판의 크기에 따라 링의 크기와 간격을 조절해야 한다.

❀ 조작형 자료

12 세탁기가 돌아가요

흥미영역 조작영역 **표준보육과정** 자연탐구영역

대상연령 만 3~5세

자료소개 및 주요기법 선정배경

- 이 자료는 세탁기 작동의 원리에 관심을 가질 수 있는 교재교구이다.
- 이 자료는 스위치를 켜고 끌 때 세탁기가 작동하는 것을 보면서, 기계의 원리에 관심을 가질 수 있도록 제작되었다. 세탁기는 일상생활에서 관찰할 수 있는 사물이므로 영유아게 친숙한 물건이다. 이를 통해 주변 사물에 대한 호기심과 관찰력을 기를 수 있다.
- 활동 후에 조작영역에서 놀이할 수 있다.

준비물 하드보드지 4장, 글루건, 가위, 커터칼, 자, 스위치, 전선, 건전지 홀더, 모터, 전기테이프, 우드락, 투명필름, 시트지(회색, 흰색)

제작방법

1. 세탁기 작동부분 만들기

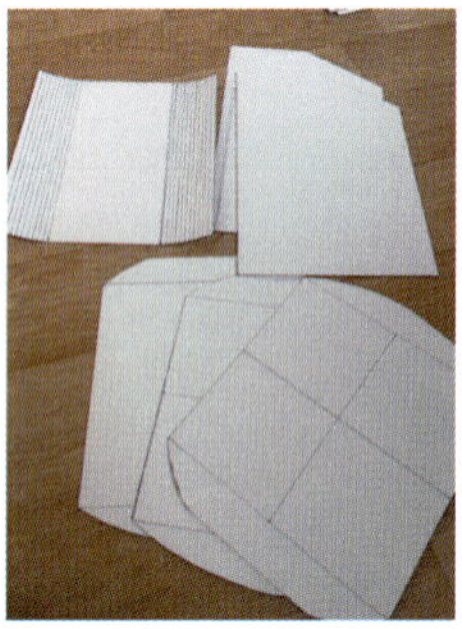

1) 하드보드지에 윗판 3장 밑판(가로 20cm, 세로 27cm)과 양옆(세로 30cm) 중간지지대 빨래통을 그려 제단한다.
2) 양 옆판은 앞 윗쪽을 삼각형으로 한 번 더 잘라준다.
3) 제단한 하드보드지를 양 옆과 뒷 판 먼저 부착하고 밑면에 건전지 홀더, 중간에 모터와 전선을 연결한 후 부착한다.
4) 빨래통을 만들어 모터와 결합시킨다.

2. 세탁기 통 만들기

1) 중간지지대 가운데를 빨래통 크기에 맞춰 동그랗게 잘라주고 세탁기 안 중간에 붙인다.
2) 중간에 전선이 나올 구멍을 만들어준다.
3) 중간지지대를 위쪽으로 회색 시트지를 붙인다.

4) 윗판도 2장 모두 가운데를 동그랗게 제단하고 2장 사이에 원기둥을 만들어 이은 뒤 빨래통 바로 (0.5cm)위쪽으로 붙인다.
5) 윗판을 한 장 더 올려 붙이고 가운데를 제단해 뚜껑을 만든다.
6) 뚜껑 가운데 구멍을 내 투명 필름을 붙인다.
7) 스위치를 달고 전선을 연결한다.
8) 앞면은 필름을 붙인다.
9) 앞면의 일부를 제외한 겉을 시트지로 마감한다.
10) 세탁기 작동판을 사진으로 찍어 프린트하여 붙인다.

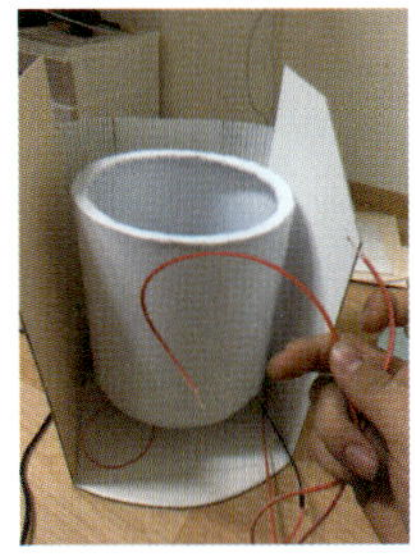

제작 시 참고사항

- 모터는 강력한 것으로 준비하고 빨래통은 최대한 가볍게 만들어야 한다.
- 건전지는 되도록 큰 용량(9V)으로 준비한다.

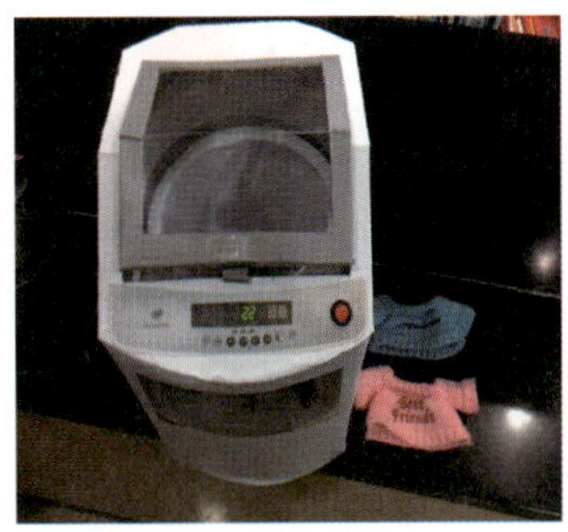

13 애벌레의 몸통을 찾아주세요

흥미영역 조작영역 **표준보육과정** 자연탐구영역

대상연령 만 3~4세

자료소개 및 주요기법 선정배경

- 이 자료는 수 세기와 수량에 대한 인식을 위한 교재교구이다.
- 이 자료는 교사와 영아가 애벌레의 몸통을 붙이고 떼면서 활동할 수 있도록 제작되었다. 이를 통해 수의 서열과 수 증가에 따른 양과 크기의 변화에도 관심을 가질 수 있다.
- 활동 후에 조작영역에서 놀이할 수 있다.

준비물 하늘색 펠트지, 털실(노란색, 주황색, 초록색) 스티로폼(탁구공 크기), 글루건, 풀, 가위, 칼, 양면테이프, 하드보드지(8절지), 벨크로 테이프(보들이/까슬이), 폼폼이(완두콩 크기), 눈알 스티커, 숫자스티커

제작방법

1. 기본판 만들기

1) 하드보드지(8절)에 하늘색 펠트지를 붙인다.
2) 스티로폼을 반으로 잘라 노란색, 주황색, 초록색 털실을 감아 붙인다.
3) 각 반구에 눈알 스티커를 붙여주고 뽕뽕이를 붙여 애벌레의 코를 만들어 준다.

2. 제시자료 만들기

1) 스티로폼에 흰색 털실을 감아준다.
2) 이때 크기 차이를 두기 위해 다음 스티로폼을 감을 때는 이전 숫자보다 털실을 한 번 더 감아준다(5개 한 세트).

3) 흰색 털실로 감은 스티로폼 위에 글루건을 이용해 숫자 스티커를 붙여주고 색깔 털실을 감아준다.

제작 시 참고사항

- 털실을 감는 횟수를 잘 기억하고 제작해야 한다.

14 내가 만든 아이스크림

흥미영역 조작영역 **표준보육과정** 자연탐구영역

대상연령 만 1~2세

자료소개 및 주요기법 선정배경

- 이 자료는 소근육 조작과 패턴인식을 위한 교재교구이다.
- 이 자료는 교사와 영아가 아이스크림의 토핑을 붙이고 떼면서 활동할 수 있도록 제작되었다. 이를 통해 소근육발달과 간단한 패턴 인식에 관심을 가질 수 있다.
- 활동 후에 조작영역에서 놀이할 수 있다.

준비물 펠트지(황토색, 갈색, 검은색, 살구색, 노란색), 방울솜, 끈끈이, 까끌이, 바늘, 실, 구슬 등

제작방법

1. 아이스크림 모형 만들기

1) 여러 색의 펠트지를 부채 모양으로 오린다.
2) 부채꼴의 양 변을 바느질하고 솜을 넣어 덮는다.
3) 바깥의 이음새 부분이 보이지 않게 펠트지와 구슬로 장식한다.
4) 콘의 끝부분은 동그랗게 말아주어 솜이 빠져나가지 않도록 한다.

2. 아이스크림 토핑 만들기

1) 아이스크림 콘의 윗부분 원형 크기로 원을 도안하여 자른다.
2) 솜을 넣고 입체적으로 토핑을 만든다.
3) 토핑의 아래와 위에 벨크로 테이프를 붙여 단으로 쌓을 수 있게 만든다.

제작 시 참고사항

• 간단한 패턴카드를 만들어 제시할 수 있다.

조작형 자료

15 어떤 동물이 나올까요?

흥미영역 조작영역 **표준보육과정** 자연탐구영역

대상연령 만 2~4세

자료소개 및 주요기법 선정배경

- 이 자료는 집중력과 기억력을 위한 교재교구이다.
- 이 자료는 뿅망치로 해당 칸을 치면, 카드가 붙어 올라오면어 판의 동물이 제시되도록 제작되었다. 이를 통해 영유아는 집중력을 키우고, 동물의 위치를 기억하며 공간과 좌표개념에 관심을 가질 수 있다.
- 활동 후에 조작영역에서 놀이할 수 있다.

준비물 하드보드지, 펠트지(빨간색, 분홍색, 보라색, 주황색), 뿅망치, 벨크로 테이프, 우드락, 가위, 자, 글루건, 접착테이프, 레이스

제작방법

1. 기본판 만들기

1) 사각형으로 도려낸 하드보드지를 우드락에 부착한다.
2) 펠트지로 활동명을 만들어 상단에 부착한다.
3) 동물의 사진을 사각형에 맞게 출력하여 코팅한다.
4) 동물의 이름을 사진 위에 붙여준다.
5) 창문처럼 레이스를 달아 장식한다.

2. 가림카드 만들기

1) 사각형 크기와 모양으로 하드보드지를 자른다.
2) 자른 하드보드지를 펠트지로 싼다.
3) 뿅망치에 벨크로 테이프 까슬이를 붙인다.

제작 시 참고사항

- 동물이 아닌 과일카드나 사물카드로 활동할 수 있도록 필름 교체형으로 제작한다.

조작형 자료

16

카드 미끄럼틀

흥미영역 조작영역 **표준보육과정** 의사소통영역

대상연령 만 2~4세

자료소개 및 주요기법 선정배경

- 이 자료는 그림과 단어의 대응 인식 능력을 위한 교재교구이다.
- 이 자료는 그림카드를 통에 넣으면, 글자로 출력이 되는 방식으로 제작되었다. 이를 통해 영유아는 단어와 그림의 조합을 익히고 다양한 개념에 관심을 가질 수 있다.
- 활동 후에 조작영역에서 놀이할 수 있다.

준비물 펠트지(황토색, 갈색, 검은색, 주황색, 흰색, 하늘색, 파란색), 가위, 칼, 양면테이프, 재활용 빈 박스, 찍찍이, 뽕뽕이, 양면카드, 손 코팅필름

제작방법

1. 미끄럼 박스 만들기

1) 빈 상자 갑의 상단과 하단에 카드가 쉽게 들어갈 수 있는 크기로 오려낸다.
2) 겉면을 컬러 반짝이 펠트지로 붙인다.
3) 오려낸 부분끼리 연결되도록 미끄럼 형태로 연결시킨다.
4) 앞면에 곰 얼굴을 펠트지로 만들어 얼굴을 꾸며준다.
5) 박스 뒤쪽에 카드를 보관할 상자를 만들어 붙인다.

2. 그림과 단어카드 만들기

1) 그림카드와 대응되는 단어를 뒷면으로 하여 코팅한다.

2) 그림카드의 내용은 다른 종류로 여러 가지를 준비한다.

제작 시 참고사항

- 미끄럼틀의 길이와 카드의 크기를 고려하여 잘 미끄러지도록 제작한다.

17 까치 까치 설날은

흥미영역 조작영역　　**표준보육과정** 사회관계영역

대상연령 만 5세

자료소개 및 주요기법 선정배경

- 이 자료는 설날에 관심을 갖고 관련된 음식, 놀이, 옷차림 등을 알아보는 교재교구이다.
- 이 자료는 퍼즐 형식과 서랍을 열고 닫는 형식으로 제작되어 영유아가 관련 주제와 카드를 일대일로 대응시키면서 조작할 수 있다.
- 교사 제시용으로도 활용할 수 있으며, 활동 후에 조작영역에서 놀이할 수 있다.

준비물 하드보드지, 가위, 칼, 자, 풀, 색지, 시트지, 골판지, 노란색 마스킹 테이프, 한지, 글루건, 글루건 심, 전통그림자료, 펀치, 링

제작방법

1. 기본판 만들기

1) 하드보드지 2장을 가지고 정육각형 밑판과 윗판 2개를 만들고 한지로 붙여준다.
2) 정육각형 판 위에 정육각형 모서리마다 일정한 칸막이 6개를 하드보드지로 만들어 머메이드지를 붙인 후 마스킹 테이프로 마무리한다.

2. 서랍과 퍼즐판 만들기

1) 서랍

6개의 칸막이에 들어갈 정삼각형 서랍을 하드보드지로 만든 후, 초록색 머메이드지를 붙이고 마스킹 테이프로 마무리한 후 골판지로 손잡이를 붙인다.

2) 퍼즐판

윗판 위에는 정육각형 모양으로 뚫려 있는 또 하나의 큰 육각형을 붙인다. 완성된 정육각형 윗판에 각각의 퍼즐 완성 그림을 각 면마다 붙여 퍼즐을 할 때 유아들이 참고할 수 있도록 한다.

3) 그림자료

작은 육각형 안에 들어가도록 프린트해서 여섯 조각으로 잘라 서랍에 넣는다.

제작 및 게임지도 시 참고사항

- 한 면에 붙어 있는 사진(남자한복, 여자한복, 윷놀이, 떡국, 한과, 연)을 보고 해당하는 서랍에 있는 퍼즐을 꺼내 뚜껑에 맞추어본다.

18 코끼리와 기린

흥미영역 조작영역 **표준보육과정** 자연탐구영역

대상연령 만 2~4세

자료소개 및 주요기법 선정배경

- 이 자료는 동물의 특징을 이용한 창의력 발달과 의사소통능력 발달을 위한 교재교구이다.
- 이 자료는 코끼리의 코와 기린의 목이 긴 점에 착안하여 줄로 연결된 부위가 늘어나도록 제작되었다. 이를 통해 다양한 이야기를 꾸미거나 인형극을 하며 의사소통능력 및 창의력을 발달시킬 수 있다.
- 활동 후에 조작영역에서 놀이할 수 있다.

준비물 펠트지(주황색, 노란색, 회색, 빨간색), 달걀판(30구, 15구), 낚싯줄, 아이스크림 막대, 공작용 눈알, 글루건, 칼, 가위, 가죽끈(노란색, 갈색), 방울, 박스, 비닐팩 심, 목공풀

제작방법

1. 줄 인형 만들기

1) 비닐팩 심을 2개로 나눈다. 심에 박스를 잘라 붙인다.
2) 달걀판을 잘라 발과 코가 될 부분을 자른다.
3) 달걀판과 비닐팩 심에 펠트지를 붙여준다.
4) 아이스크림 막대를 붙여준 후 펠트지로 감싸준다.
5) 가죽끈으로 코와 다리를 연결한다.
6) 비닐팩 심 안에 방울을 넣고 막아준다.
7) 펠트지로 발바닥을 만들어 붙여준다.
8) 낚싯줄을 연결한다.
9) 귀를 달아주고 눈을 붙여준다.

제작 시 참고사항

• 코끼리의 코와 기린의 목 등 늘어나는 효과가 있는 부분에 주의하여 제작한다.

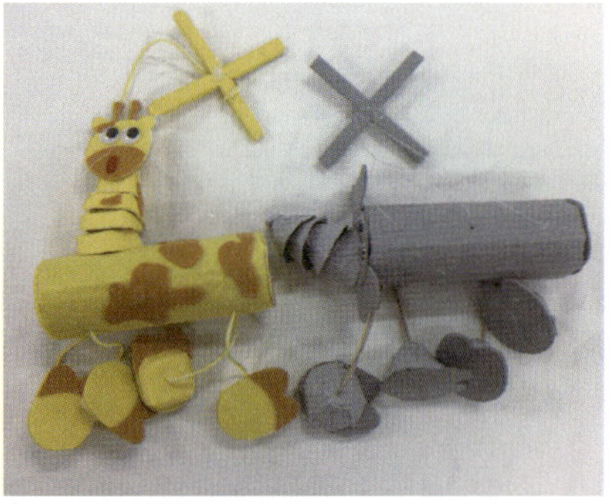

19 옷을 입혀보아요

흥미영역 조작영역 **표준보육과정** 의사소통영역

대상연령 만 2~4세

자료소개 및 주요기법 선정배경

- 이 자료는 소근육 조작과 사회성 발달을 위한 교재교구이다.
- 이 자료는 책을 넘기며 옷을 입혀보는 방식으로 제작되어 영유아가 직접 자유롭게 조작할 수 있다. 이를 통해 알맞은 옷차림에 대해 관심을 가질 수 있다.
- 활동 후에 조작영역에서 놀이할 수 있다.

준비물 펠트지(초록색, 갈색, 진분홍색, 하늘색, 노란색, 빨간색, 파란색, 형광색, 분홍색, 살구색, 땡땡이 패턴), 하드보드지 2장, 글루건, 눈알 4개, 고리 4개, 까슬이, 펀치, 가위, 실, 바늘, 레이스, 색끈, 남자 여자 도안, 여러 가지 옷 도안

제작방법

1. 기본 책 만들기

1) 하드보드지 1장에 하늘색 펠트지와 분홍색 펠트지를 반을 나눠 잘라서 붙인다.
2) 나머지 한 장에는 초록색 펠트지를 전부 붙인다.
3) 남자 여자 도안을 살구색 펠트지에 대고 그린 후 가위로 자른다.
4) 남자 여자 얼굴에 눈과 입, 몸에 팬티를 입혀 판에 붙인다.
5) 앞표지에 '옷을 입혀보아요' 글자를 여러 가지 색 펠트지로 만들어 붙인다.
6) 앞표지와 옷 입히기 판을 고리를 끼워서 책처럼 완성한다.

2. 제시자료 만들기

1) 여러 가지 옷 도안을 여러 가지 색에 대고 그린 후 가위로 자른다.
2) 남자 여자 머리와 팬티도 펠트지에 대고 그린 후 가위로 자른다.
3) 옷 뒤에 까슬이를 크기에 맞게 오려서 붙인다.

제작 시 참고사항

• 추가적으로 옷이나 모자, 신발 등을 제작한다.

게임형 자료

1. 당근을 주세요
2. 새콤달콤 사과따기
3. 밤과 대추 모으기
4. 먹이를 주어요
5. 사계절을 맞춰보아요
6. 요구르트 왔어요
7. 누구 키가 클까요?
8. 동물원에 가요!
9. 강치야 놀자
10. 배고픈 펭귄

1 당근을 주세요

흥미영역 조작영역 **표준보육과정** 자연탐구영역

대상연령 만 3~5세

자료소개 및 주요기법 선정배경

- 이 자료는 수학적 지식과 사회성 발달을 위한 교재교구이다.
- 이 자료는 짝게임 혹은 팀게임의 형식으로 제작되었다. 토끼 입에 당근을 먹이는 과정에서 영유아는 인지적 능력을 발달시킬 뿐 아니라 또래와의 관계에서 바람직한 사회적 기술을 발달시킬 수 있다.
- 활동 후에 조작영역에서 다양한 게임형식에서 활용할 수 있다.

준비물 펠트지(빨간색, 검은색, 회색, 흰색, 분홍색, 진분홍색, 하늘색, 파란색, 주황색, 살구색, 갈색), 가위, 자, 양면테이프, 글루건, 실, 바늘, 색도화지, 두꺼운 도화지 2장, 큰상자, 요구르트병 2개, 솜, 200mL 우유팩

제작방법

1. 게임판 만들기

1) 하드보드지로 게임판이 될 상자를 만든다.
2) 상자를 펠트지로 포장하고 바닥에 돌다리 모양의 길을 붙인다.
3) 하드보드지로 작은 상자 두 개를 만든다.
4) 작은 상자를 분홍색, 하늘색으로 각각 포장한다.
5) 분홍색 토끼, 파란색 토끼의 입이 입구가 되도록 만들어 작은 상자에 붙인다.
6) 작은 토끼 상자들을 큰 상자에 붙인다.

7) 당근을 담아둘 통을 하드보드지로 만들어 시작점 박스 면에 부착한다.

2. 당근 만들기

1) 당근 모양으로 자른 펠트지를 두 겹으로 바느질한다.
2) 당근 안에 솜을 넣고 꿰맨 후, 당근 겉은 초록색 펠트지로 꾸민다.

3. 주사위와 말 만들기

1) 200mL 우유팩을 잘라 정사각형으로 만든다.
2) 빨간색 펠트지로 포장하고 검은 펠트지로 도트를 1~6까지 붙인다.
3) 요구르트병 두 개를 각각 분홍색, 파란색 펠트지로 포장한다.
4) 사람 모양으로 인형을 만든다.

제작 시 참고사항

- 당근과 게임말을 분실하지 않도록 보관상자에 보관한다.

2 새콤달콤 사과따기

흥미영역 조작영역 **표준보육과정** 자연탐구영역

대상연령 만 2~4세

자료소개 및 주요기법 선정배경

- 이 자료는 수학적 지식과 사회성 발달을 위한 교재교구이다.
- 이 자료는 짝게임 혹은 팀게임의 형식으로 제작되었다. 사과를 획득해가는 과정에서 영유아는 인지적 능력을 발달시킬 뿐 아니라 또래와의 관계에서 바람직한 사회적 기술을 발달시킬 수 있다.
- 활동 후에 조작영역에서 다양한 게임형식에서 활용할 수 있다.

준비물 펠트지(갈색, 빨간색, 노란색, 초록색, 연두색, 흰색, 황토색, 분홍색, 초록색, 검은색), 리본(보라색), 벨크로보드, 벨크로 테이프, 우드락(3장), 피젯스피너, 나무젓가락, 전기테이프, 글루건, 풀, 가위, 양면테이프, 철사

제작방법

1. 게임판 만들기

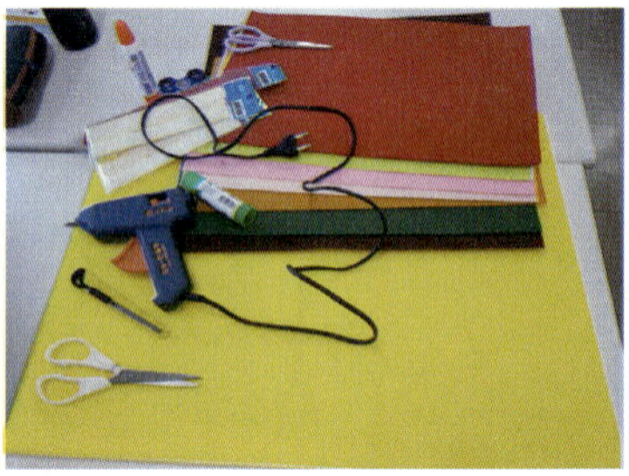

1) 우드락을 노란색 펠트지로 감싸 기본판을 만든다.
2) 초록색과 갈색 펠트지로 나무를 만들어 한 가운데 붙이고 잔디로 아래 부분을 꾸민다.
3) 새콤달콤 사과따기 제목을 만들어 판의 위쪽에 부착한다.

2. 게임자료 만들기

1) 사과, 원숭이, 토끼모양을 정한 색의 펠트지로 만든다.
2) 모양의 뒤에 벨크로 테이프를 붙인다.

3. 회전판 만들기

1) 우드락을 원형으로 2개(아래판과 윗판) 자른다.
2) 윗판의 가운데에 피젯 스피너를 끼운다.
3) 아래 판에 나무젓가락을 이용해 지지대를 만들고 나무젓가락 끝은 전기테이프로 감싼다.
4) 윗판과 아랫판 사이에 우드락을 세 겹 쌓아 판의 회전을 돕는다.
5) 윗판을 숫자와 칸으로 꾸미고, 피젯스피너를 나무젓가락에 고정시킨다.
6) 철사와 펠트지를 이용해 화살표를 만들어 밑판에 철사를 꽂아 윗판의 숫자를 가르킬 수 있도록 고정시킨다.

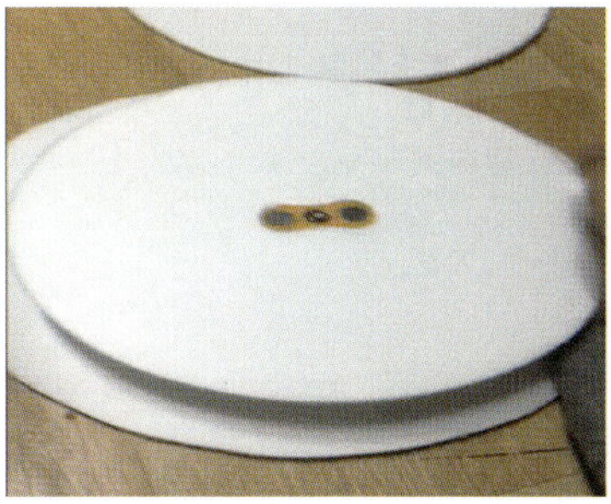

제작 시 참고사항

- 스피너의 회전축을 분리할 때 다칠 위험이 있어 유의해야 한다.

3 밤과 대추 모으기

흥미영역 조작영역　　**표준보육과정** 자연탐구영역

대상연령 만 2~4세

자료소개 및 주요기법 선정배경

- 이 자료는 수학적 지식과 사회성 발달을 위한 교재교구이다.
- 이 자료는 짝게임 혹은 팀게임의 형식으로 제작되었다. 자료를 통해 영유아는 인지적 능력을 발달시킬 뿐 아니라 또래와의 관계에서 바람직한 사회적 기술을 발달시킬 수 있다.
- 활동 후에 조작영역에서 활용할 수 있다.

준비물 분유통 2개, 나무도안(대추나무, 밤나무), 하늘색 색상지, 회전판 도안 2장, 밤 사진, 대추사진, 할핀 2개, 화살표, 펀치, 노란색 시트지, 투명시트지, 양면테이프, 가위, 칼, 자, 바구니 2개

제작방법

1. 게임판 만들기

1) 2개의 분유통 옆면에 맞추어 하늘색 색상지를 감싸 붙여준다.
2) 분유통 옆면에 각각 대추나무와 밤나무를 오려 붙인다.
3) 투명시트지로 통을 감싸 준다.

2. 게임자료 만들기

1) 분유통 뚜껑의 지름보다 약 4cm가량 작게 1~4 숫자 원형판, 밤과 대추가 대칭으로 놓인 원형판을 만든다.
2) 뚜껑의 한 가운데를 송곳으로 뚫는다.
3) 화살표를 만들어 할핀에 꽂아 회전판을 완성한다.

제작 시 참고사항

- 화살표를 돌리는 방식이므로 회전의 정도를 시험하여 제작한다.
- 밤과 대추는 교육목표에 따라 실물자료를 활용할 수 있다.

4 먹이를 주어요

흥미영역 조작영역 **표준보육과정** 자연탐구영역

대상연령 만 2~4세

자료소개 및 주요기법 선정배경

- 이 자료는 수학적 지식과 사회성 발달을 위한 교재교구이다.
- 이 자료는 짝게임 혹은 팀게임의 형식으로 제작되었다. 동물들에게 먹이를 주는 과정에서 영유아는 인지적 능력을 발달시킬 뿐 아니라 또래와의 관계에서 바람직한 사회적 기술을 발달시킬 수 있다.
- 활동 후에 조작영역에서 다양한 게임형식에서 활용할 수 있다.

준비물 펠트지(갈색, 검은색, 미색, 분홍색, 흰색, 하늘색, 주황색, 녹색, 노란색, 살구색), 일회용 그릇, 노란색 골판지 인형 눈, 솜, 글루건, 가위, 양면 테이프, 실(분홍색, 미색, 연회색, 회색), 바늘, 상자

제작방법

1. 동물 그릇 만들기

1) 하늘색, 분홍색, 갈색 펠트지에 강아지, 토끼, 원숭이 도안을 한 쌍씩 그리고 오린다.
2) 각 도안을 바느질하여 눈, 코, 입을 달고, 솜을 넣는다.
3) 노란색 골판지를 일회용 그릇 6개에 맞게 오려서 옆과 바닥 부분을 감싼다.
4) 3)에서 만든 세 개 그릇에 2를 붙인다.

2. 동물 먹이 만들기

1) 노란색, 미색, 주황색 펠트지에 바나나, 뼈다귀, 당근 모양의 도안을 그려 오려준다.
2) 오린 펠트지를 실로 꿰매고 솜을 넣어 준다.

3. 보관상자 만들기

1) 상자를 머메이드지로 포장한다.
2) 상자에 강아지, 토끼, 원숭이, 바나나, 당근, 뼈다귀를 붙여 장식하여 준다.

제작 시 참고사항

- 동물 먹이 모형이 작으므로 입에 넣지 않도록 주의한다.

5 사계절을 맞춰보아요

흥미영역 조작영역 **표준보육과정** 자연탐구영역

대상연령 만 3~4세

자료소개 및 주요기법 선정배경

- 이 자료는 사계절의 특징 인식을 위한 교재교구이다.
- 이 자료는 교사와 영유아가 사물에 적합한 그림을 붙이고 떼면서 활동할 수 있도록 제작되었다. 게임을 통해 사계절의 특성에 대한 지식과 인식능력을 향상시킬 수 있다.
- 활동 후에 조작영역에서 놀이할 수 있다.

준비물 하드보드지 1장, 펠트지(빨간색 1장, 초록색 1장, 연두색 1장, 노란색 1장, 주황색 1장, 살구색 1장, 검은색 1장, 보라색 1장, 흰색 1장, 하늘색 2장, 아이보리색 2장), 작은 종이박스 1개, 양면테이프, 글루건, 글루건 심, 실, 바늘, 벨크로 테이프(주황색, 하늘색, 분홍색), 자, 목공본드

제작방법

1. 사계절 책 만들기

1) 하드보드지를 4등분으로 자른다.
2) 펠트지로 봄, 가을(아이보리색)과 여름, 겨울(하늘색)로 나눠서 겉표지를 붙인다.
3) 펠트지로 사계절 특징을 꾸미고 다섯 가지 특징을 골라 벨크로 테이프를 붙인다.
4) 각 판이 분리될 수 있도록 벨크로 테이프를 세로로 모두 붙인다.

2. 제시자료 만들기

1) 사계절마다 고른 다섯 가지 특징 모양을 두 겹씩 오려 솜을 넣고 바느질한다.
2) 특징들 모형 뒷면에 벨크로 테이프를 붙인다.

3. 주사위 만들기

1) 작은 종이박스를 정사각형 모양으로 자른다.
2) 상자 안에 구슬 몇 개와 딸랑이 하나를 넣고 본드로 붙인다.
3) 상자 크기와 같은 크기로 펠트지를 색깔별로 자른다.
4) 한 면씩 연결하여 바느질한다.
5) 검은색 펠트지로 숫자를 1~3까지 붙인다.

제작 시 참고사항

- 영아의 수준에 따라 활동을 조절한다. 작은 모형이 계절별로 다섯 개씩 제작되었으므로 분실에 유의한다.

6 요구르트 왔어요

흥미영역 조작영역 **표준보육과정** 사회관계영역

대상연령 만 3~5세

자료소개 및 주요기법 선정배경

- 이 자료는 좌표인식과 수인식을 위한 교재교구이다.
- 이 자료는 뽑기공에 나온 호수에 방문하여 요구르트를 붙이는 형식의 게임으로 제작되었다. 게임을 통해 공간좌표능력을 향상시킬 수 있다.
- 활동 후에 조작영역에서 놀이할 수 있다.

준비물 빈 요구르트 병, 우드락 판 2개, 접착융(검은색), 펠트지(빨간색, 주황색, 노란색, 흰색, 녹색, 분홍색, 갈색, 회색), 벨크로 테이프(초록색, 파란색), 꽃 리본끈, 가위, 글루건, 탁구공, 바구니, 뽑기 상자

제작방법

1. 기본판 만들기

1) 우드락에 머메이드지로 활동제목을 만들어 붙인다.
2) 접착융으로 현관문을 만들어 그 위에 호수를 붙인다.
3) 머메이드지로 도어락도 만들어 현관문 위에 붙인다.

2. 제시자료 만들기

1) 요구르트병 옆면에 분홍색 펠트지를 붙인다.
2) 요구르트병 뚜껑쪽에 초록색 펠트지를 붙인다.
3) 탁구공에 호수를 펠트지로 만들어 붙인다.

제작 시 참고사항

- 요구르트병은 잘 씻어 말린 후 사용한다.

게임형 자료

7 누구 키가 클까요?

생활주제	건강과 안전	누리과정	신체운동건강영역
자료유형	융판자료 / 게임	주요기법	단추 끼우기
흥미영역	조작영역	대상연령	만 3~5세

자료소개 및 주요기법 선정배경

- 이 자료의 교육목표는 게임을 통해 건강한 몸을 만드는 습관을 아는 것이다.
- 이 자료는 유아의 흥미를 자극할 수 있도록 단추 끼우기 활동 형식으로 제작되었다. 주머니에서 카드를 꺼내 건강에 좋은 카드를 고르면 인형을 단추 한 칸 위로 올리고, 건강에 좋지 않은 카드를 고른 경우 인형을 단추 한 칸 아래로 내린다. 카드를 전부 뒤집었을 때 인형이 더 높은 칸에 있는 사람이 승자이다.
- 이야기 나누기가 끝난 후, 과학영역이나 조작영역에서 유아들이 게임을 할 수 있다.

준비물 펠트지(하늘색, 파란색, 노란색, 갈색, 연두색, 분홍색, 주황색, 상아색, 검은색), 단추, 글루건, 가위, 실(빨간색, 파란색), 바늘, 눈알

제작방법

1. 기본판 만들기

1) 정한 색상의 펠트지로 기린과 자 모양을 잘라 붙인다.
2) 기본 배경판에 일정한 간격으로 자 옆에 단추를 단다.
3) 주머니를 만들어 기린 옆에 붙인다.

2. 제시자료 만들기

1) 정한 색상의 펠트지로 두 명의 어린이를 만들고 가운데 단춧구멍을 낸다.
2) 건강관련 카드 도안을 잘라 코팅하여 주머니에 넣는다.

3. 뒷판 만들기

1) 완성된 기린 자 게임판을 보드판에 붙여 튼튼하게 한다.
2) 고리를 달아 벽에 걸 수 있도록 한다.

제작 시 참고사항

- 자의 간격이 일정하도록 제작하며, 주머니와 카드의 크기를 잘 맞추어 제작한다.
- 바느질이 필요하므로 뒷판은 맨 마지막에 붙인다.

게임형 자료

8 동물원에 가요!

흥미영역 조작영역 **표준보육과정** 자연탐구영역

대상연령 만 3세

자료소개 및 주요기법 선정배경

- 이 자료는 동물들의 특징에 관심을 갖도록 하는 교재교구이다.
- 이 자료는 짝게임 혹은 팀게임의 형식으로 제작되었다. 주사위를 던져 나오는 칸에서 동물의 촉감을 경험하고, 동물의 특징과 이름을 말해보는 게임이다. 이를 통해 동물에 대한 관심뿐 아니라 또래와의 바른 의사소통능력을 기를 수 있다.
- 활동 후에 조작영역에서 다양한 게임형식으로 활용할 수 있다.

준비물 펠트지(흰색, 갈색, 검은색, 살구색, 황토색, 녹색, 분홍색), 솜, 글루건, 가위, 골판지(초록색), 모루, 색종이, 반짝이 색종이, 뽕뽕이, 비닐 주사위

제작방법

1. 동물의 촉감판 만들기

1) 펠트지와 색종이로 동물들의 특징을 만들어서 각 칸에 붙인다(낙타-펠트지, 돼지-펠트지, 기린-펠트지, 양-솜, 사자-모루, 얼룩말-펠트지, 물고기-반짝이 색종이, 달팽이-골판지, 토끼-뽕뽕이, 악어-골판지, 개구리-비닐, 코끼리-펠트지).

2. 배경판 만들기

1) 하드보드지에 길게임을 위한 길 밑그림을 그린다.
2) 길을 12칸으로 나누고 배경을 붙인다.
3) 길을 모루로 꾸며준다.
4) 길 게임판 여백에 색종이로 풍선을 만들어 꾸며준다.

제작 및 게임 시 참고사항

- 입체적인 재료들이 떨어지지 않도록 견고하게 제작한다.
- 동물에 대해 영유아가 이야기할 수 있는 시간을 충분히 제공한다.

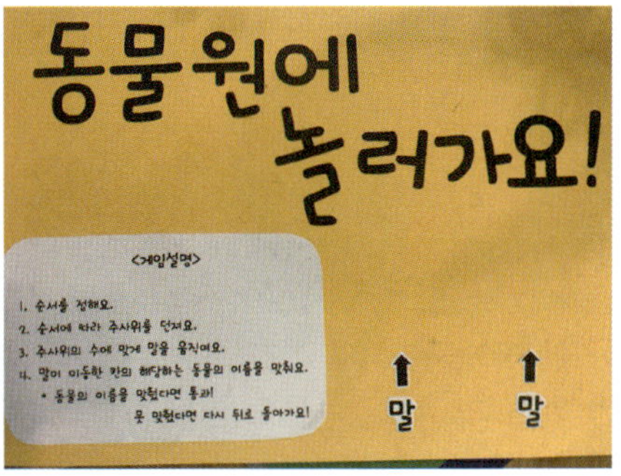

9 강치야 놀자

흥미영역 조작영역 표준보육과정 사회관계영역

대상연령 만 5세

자료소개 및 주요기법 선정배경

- 이 자료는 우리나라 역사와 동물에 관심을 갖도록 하는 교재교구이다.
- 이 자료는 짝게임, 혹은 팀게임의 형식으로 제작되었다. 게임의 획득물을 통해 성취감을 경험하고 놀이에 대한 즐거움을 느낄 뿐 아니라 또래와의 관계에서 바람직한 사회적 기술을 발달시킬 수 있다.
- 활동 후에 조작영역에서 활용할 수 있다.

준비물 펠트지(회색, 검은색, 연분홍색, 흰색), 하드보드지 4절 1개, 상자 3개, 물티슈 뚜껑 2개, 솜, 실(회색), 바늘, 색지(파란색, 연분홍색, 베이지색, 진분홍색, 주황색, 노란색, 연두색, 하늘색, 보라색), 시트지

제작방법

1. 게임판 만들기

1) 하드보드지 반을 칼집을 내어 접고, 분홍색 색지와 파란색 색지를 하드보드지 양면에 붙인다.
2) 색지를 길 모양으로 만들어 판에 부착한다.
3) 게임판을 구상하여 꾸민다.
4) 시트지를 붙이고 마스킹 테이프로 마무리한다.

2. 강치 만들기

1) 회색 펠트지에 강치 얼굴의 도안을 그린다(눈, 볼, 수염을 자른다).
2) 물티슈 뚜껑보다 작은 크기로 입을 자른다.

3) 강치의 얼굴과 상자로 몸통을 꾸민다.

4) 회색 펠트지와 솜으로 꼬리를 입체적으로 만들어 부착한다.

5) 강치 얼굴과 몸통을 글루건으로 붙인다.

3. 게임자료 만들기

1) 고등어, 오징어, 새우, 배, 룰렛 도안을 오린다.

2) 폼 보드를 코팅한 룰렛과 같은 크기로 자르고, 할핀으로 고정시킨다.

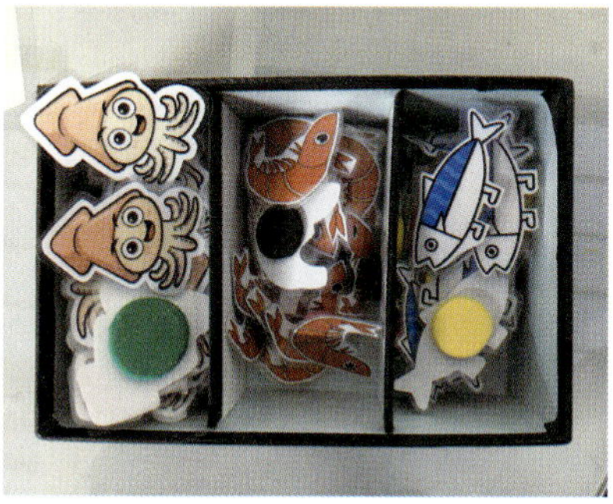

제작 및 게임 시 참고사항

- 룰렛을 이용해 게임판의 길을 건너 먹이를 획득하고 도착지점에 도착 후 강치에게 더 많은 먹이를 나누어 주는 쪽이 이기는 게임이다. 게임의 내용물을 잘 이해하고 게임할 수 있도록 지도한다.

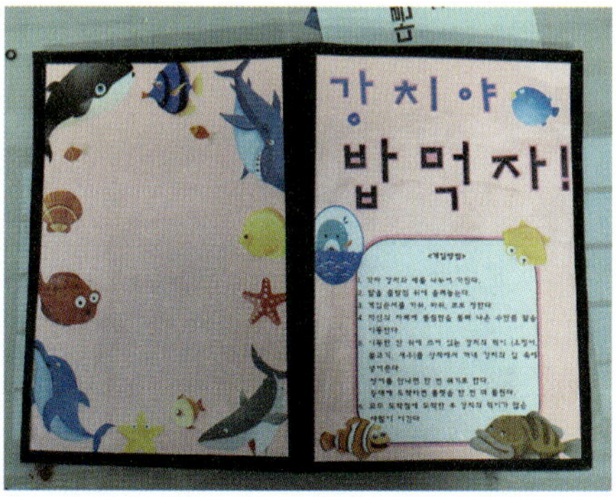

10 배고픈 펭귄

흥미영역 수 조작영역 **표준보육과정** 자연탐구영역

대상연령 만 5세

자료소개 및 주요기법 선정배경

- 이 자료는 수개념과 수세기에 관심을 갖도록 하는 교재교구이다.
- 이 자료는 짝게임 혹은 팀게임의 형식으로 제작되었다. 게임의 물고기 획득물을 통해 성취감을 경험하고 놀이에 대한 즐거움을 느낄 뿐 아니라 숫자의 많고 적음, 수의 크기 등을 알 수 있다. 특히, 자석으로 제작된 게임판은 활동 중 영유아의 흥미를 유지시키는 역할을 한다.
- 활동 후에 조작영역에서 다양한 게임형식에서 활용할 수 있다.

준비물 아이클레이(흰색, 검은색, 하늘색, 노란색), 한지(흰색, 연한 하늘색, 하늘색, 남색), 펠트지(베이지색, 하늘색, 검은색, 흰색, 빨간색, 주황색, 노란색, 파란색, 연두색), 코르크지, 함석판, 고무자석, 동전자석, 숫자레터링, 가위, 칼, 하드보드지, 사포, 실, 바늘, 눈알, 투명시트지, 글루건, 자, 테이프, 양면테이프, 풀, 솜, 노끈, 모루, 실, 원형 자석, 자석

제작방법

1. 게임판 만들기

1) 게임판

– 양면테이프를 이용하여 함석판에 남색 한지를 붙인다.

– 판 위에 올려놓을 카드(하늘색)와 들고 있을 카드(흰색)를 만들고 고무자석을 붙인다.

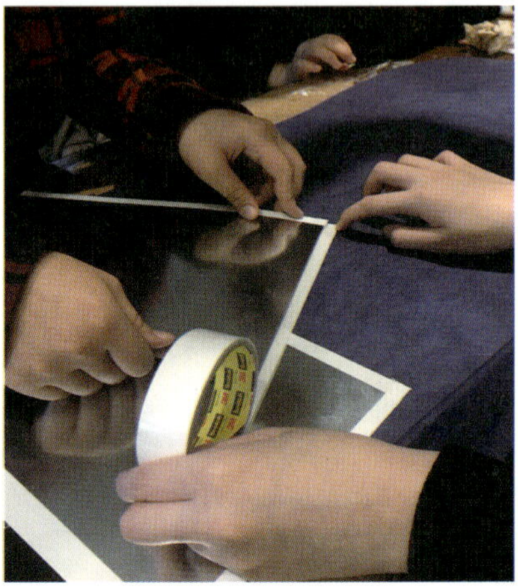

2. 이동 말(펭귄)과 획득물 만들기

1) 펭귄

– 아이클레이로 펭귄의 몸통과 팔다리를 만든다.

– 펭귄 발바닥에 원형자석을 붙인다.

2) 획득물

– 물고기, 문어, 조개 도안에 솜을 넣고 버튼홀 스티치로 바느질을 한다.

3. 보관상자 등 만들기

1) 숫자 보관 가방

– 큰 원과 긴 직사각형의 조각을 버튼홀 스티치 방법으로 바느질하여 바구니를 만든다.

2) 물고기 보관 상자

– 코르크 판을 절개하여 긴 직사각형 통을 만들고 사포로 문질러 매끄럽게 한다.

3) 주사위

– 만들어진 반원 볼의 가장자리를 절연테이프로 감싸주고, 바닥에 검은색 부직포를 덧붙여 준다.

제작 및 게임 시 참고사항

• 주사위로 펭귄을 움직이며 판의 카드와 손에 들고 있는 카드를 비교하여 물고기를 획득하는 게임이다. 판의 카드가 다 사라지면 게임이 끝나며 영유아의 수준에 따라 다양한 방법으로 활용할 수 있다.

체험형 자료

1. 빨간모자와 비밀의 숲
2. 봄, 여름, 가을, 겨울
3. 색깔 나라로 오세요

1 빨간모자와 비밀의 숲

자료소개 및 주요기법 선정배경

- 이 자료는 감각적 경험을 중심으로 이루어진 체험형 교재교구 프로젝트(숭의여대 2017년도 오감 체험 키즈페어)의 일부이다.
- 빨간모자 이야기를 모티브로 감각적 활용요소를 추출한 후 이를 교재교구로 제작하였다. 일반적인 교재교구보다 큰 규모로 제작되어 빨간모자 이야기의 전체를 체험할 수 있도록 구성되었다.

♧ 빨간모자의 집이 궁금해요!

구성 빨간모자의 집 입구와 숨어 있는 늑대

활동방법

1. 입구에서 빨간모자에 대한 설명을 듣는다.
2. 빨간모자를 쓰고 질서 있게 활동을 시작한다.

♧ 할머니에게 음식을 드려요.

구성 각종 빵과 음료, 과일 등

활동방법

1. 판을 돌려 바구니에 음식을 담는다.
2. 다음 활동을 위해 선생님에게 바구니를 전달한다.

♧ 꽃향기 맡으며, 할머니 집으로!

구성 꽃밭, 향기판, 꽃 화분

활동방법

1. 꽃향기를 맡는다.
2. 향기를 확인하고 화분에 해당 향기를 꽂는다.

♧ 늑대, 범인을 찾아라!

구성 늑대 대형 입체 퍼즐, 늑대의 몽타주

활동방법

1. 늑대의 몽타주를 확인한다.
2. 퍼즐을 돌려 늑대를 찾는다.

♧ 내 손을 찾아봐!

구성 다양한 감촉의 손이 들어 있는 창구멍과 촉감집

활동방법

1. 늑대 손의 촉감을 경험한다.
2. 같은 촉감이 느껴지는 손을 고른다.

♧ 살려주세요!

구성 마이크, 데시벨측정기계, 기념팔찌, 팔찌상자, 청각측정판

활동방법

1. 마이크에 대고 “살려주세요!”를 외친다.
2. 목소리 데시벨을 측정한다.
3. 목소리의 위치를 다른 사물들 소리와 비교하여 살펴본 후, 기념팔찌를 뽑는다.

♧ 늑대 뱃속으로! 할머니를 구해줘!

구성 늑대터널, 할머니 인형과 주머니

활동방법

1. 늑대터널로 들어간다.
2. 할머니를 구출하여 선생님에게 전달한다.

♧ 늑대를 맞춰라!

구성 커다란 늑대, 공 20개

활동방법

1. 일정거리에서 늑대 배에 공을 던진다.
2. 다섯 개가 배에 붙으면 다음 활동으로 이동한다.

♧ 할머니, 빨간모자가 왔어요!

구성 다양한 촉감의 바닥판

활동방법

1. 길을 따라 다양한 바닥판을 밟아 이동한다.

♧ 나만의 빨간모자

구성 빨간모자,
꽃 스티커

활동방법

1. 원하는 꽃 스티커를 골라 모자를 꾸민다.

♧ 빨간모자와 비밀의 숲 포토존

구성 할머니의 집 마당 배경판

활동방법

1. 원하는 곳에서 사진을 찍는다.

2 봄, 여름, 가을, 겨울

자료소개 및 주요기법 선정배경

- 이 자료는 감각적 경험을 중심으로 이루어진 체험형 교재교구 프로젝트(숭의여대 2017년도 오감 체험 키즈페어)의 일부이다.
- 계절을 테마로 감각적 활용요소를 추출한 후 이를 교재교구로 제작하였다. 일반적인 교재교구보다 큰 규모로 제작되어 봄, 여름, 가을, 겨울의 분위기와 활동을 체험할 수 있도록 구성되었다.

봄, 나비가 가져간 봄꽃 찾기

구성 봄 나무, 나비, 꽃 그림, 단어

활동방법

1. 봄 나무에 달려 있는 나비를 잡는다.
2. 나비 안에 있는 꽃 그림 또는 단어를 확인하고, 알맞은 바구니에 넣는다.

봄, 살아있는 딸기를 찾아라!

구성 소리나는 딸기, 소리나지 않는 딸기, 볼풀공 등

활동방법

1. 딸기밭에서 소리나는 딸기를 다섯 개 찾아보도록 한다.

♧ 여름, 계곡으로 떠나요!

구성 대형제작 수조, 물고기, 뜰채 등

활동방법

1. 뜰채로 장애물을 피해 물고기를 잡는다.
2. 잡은 물고기 캡슐을 열어 젤리를 획득한다.

♧ 여름, 맴맴매앰~ 매미를 잡아라!

구성 원두막, 여름 배경판, 매미 등

활동방법

1. 제한시간 30초 동안 숨어 있는 매미를 찾는다.
2. 잡은 매미를 활동판에 부착한다.

♧ 가을, 허수아비와 함께 무게를 재어요.

구성 허수아비 모형, 여러 가지 곡물, 비교판

활동방법

1. 허수아비의 양팔에 자연물을 넣어 수평을 맞춘다.
2. 다양한 곡물의 무게를 비교해 본다.

♧ 가을, 곡식 촉감 맞추기

구성 촉감상자, 궁금이 상자, 가을배경판

활동방법

1. 궁금이 상자 안에서 캡슐을 꺼내 가을 곡식을 예상한다.
2. 가을 곡식 촉감 상자에서 같은 촉감을 찾는다.
3. 찾기에 성공하면 잠자리를 배경판에 붙인다.

♧ 겨울, 겨울의 스포츠 하키!

구성 하키 공, 레일, 하키 채, 바리케이트

활동방법

1. 출발선에 두 명의 유아가 선다.
2. 자신의 레일에서 공을 쳐서 골대로 넣는다.

♧ 겨울, 신나는 얼음낚시

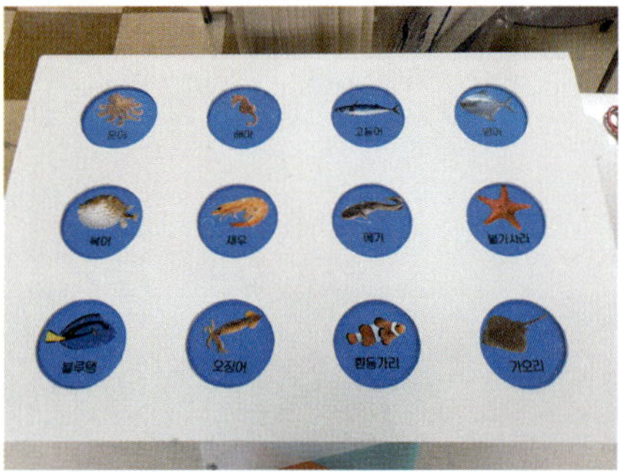

구성 낚싯대, 물고기 통, 얼음낚시 박스, 궁금이 판 등

활동방법

1. 낚싯대로 구멍에서 물고기를 잡는다.
2. 자신이 잡은 물고기가 무엇인지 그림자를 통해 유추한다.

3 색깔 나라로 오세요

자료소개 및 주요기법 선정배경

- 이 자료는 감각적 경험을 중심으로 이루어진 체험형 교재교구 프로젝트(숭의여대 2017년도 오감 체험 키즈페어)의 일부이다.
- 색깔을 테마로 감각적 활용요소를 추출한 후 이를 교재교구로 제작하였다. 일반적인 교재교구보다 큰 규모로 제작되어 색깔의 느낌과 관련된 활동을 체험할 수 있도록 구성되었다.

빨강, 이상한 나라의 장미정원

구성 장미넝쿨 터널, 다양한 촉감 바닥, 장미투호 등

활동방법

1. 장미를 터널 입구에서 장미투호놀이를 한다.
2. 맨발로 장미정원에 들어와 발바닥의 촉감을 경험한다.

♧ 노랑, 내가 좋아하는 바나나

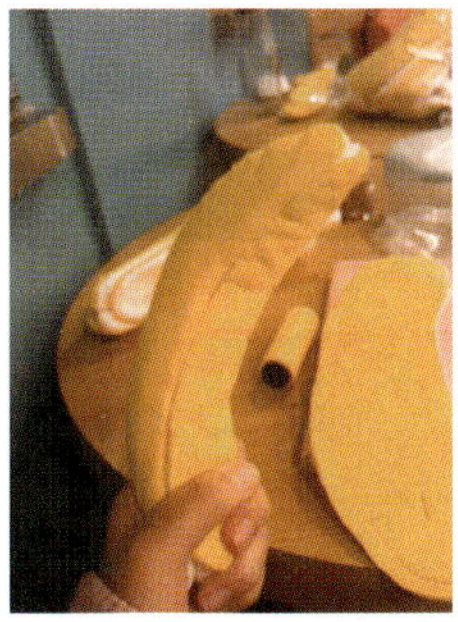
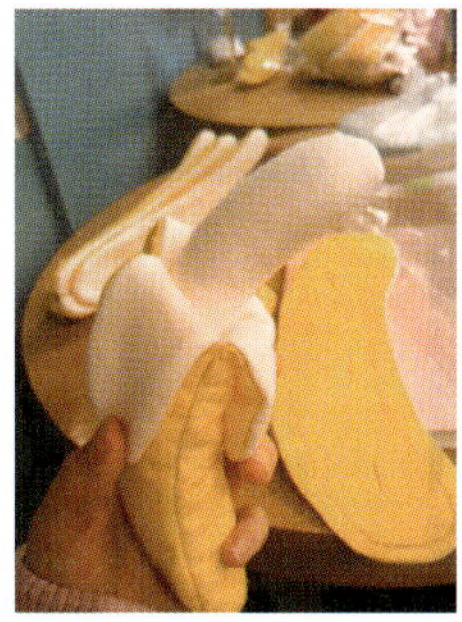

구성 바나나, 미션종이, 바나나맛 사탕 및 젤리, 집게, 야자수 배경 등

활동방법

1. 집게를 이용하여 바나나를 따서 바구니에 담는다.
2. 바나나를 까서 미션종이를 확인 후 해당 상품과 교환한다.

♧ 노랑, 정글에서 열리는 연주회

구성 드럼, 바나나 귀로, 오션드럼, 탬버린 등

활동방법

1. 다양한 악기를 탐색한다.
2. 친구와 함께 연주해본다.

♧ 초록, 숲 속에서 열리는 축구 한 판

구성 축구게임판, 숲 속 배경 등

활동방법

1. 활동규칙에 따라 게임판을 조작한다.
2. 먼저 공을 넣는 사람이 승리!

♧ 초록, 숲 속 작은 집으로의 초대

구성 숲 속 작은 집, 집 안의 전등, 다양한 느낌의 판

활동방법

1. 숲 속의 작은 집의 주변과 집 안을 탐색한다.
2. 우체통(느낌판)을 탐색한다.

♧ 파랑, 바닷속에 누가 있을까?

구성 대형 제작 배, 다양한 바다생물, 집게 바구니 등

활동방법

1. 배 안에 들어가 바다생물을 잡아 바구니에 담는다.
2. 화살표를 따라 배 밖의 그림자 퍼즐판의 알맞은 칸에 바다생물을 넣는다.

♧ 파랑, 물고기가 퐁당

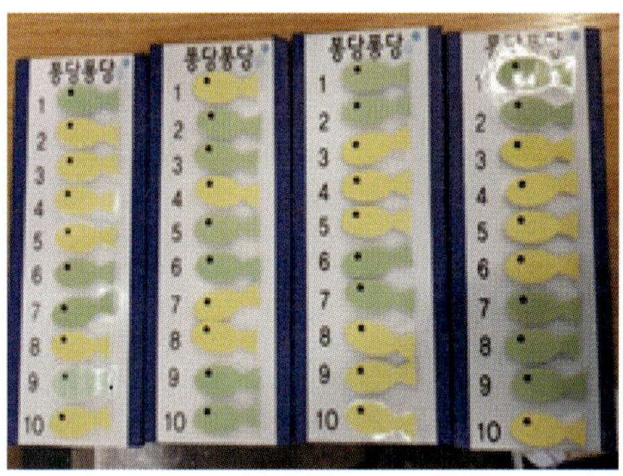

구성 촉감 게임판, 점수판 등

활동방법

1. 순서를 정하고, 주사위를 굴려 해당 칸으로 이동한다(펭귄판은 물고기 반납).
2. 자신 위치의 촉감과 같은 촉감의 생물이 몇 마리인지 가운데 판에서 찾는다.
3. 그 수만큼 물고기를 가져온다.

Chapter 12

SNS 연계 협력적 교과교재 제작

SNS(Social Network Services)는 온라인상에서 여러 사람과 관계를 맺으며, 관심사나 활동을 공유하고 관계망을 구축하는 형태의 인맥 서비스이다(네이버 오픈사전, 2017). 대표적인 SNS는 카카오톡, 라인, 스카이프 등과 같은 모바일 메신저, 페이스북, 인스타그램, 트위터, 미투데이 등의 마이크로 블로그 등이 있는데, 이러한 환경은 더욱 늘어나고 활성화될 전망이다(문혜성 · 박경모, 2013).

또한 멀티미디어 교과교재로서의 동영상 및 QR코드 제작과 활용은 SNS에 익숙한 세대들을 중심으로 더욱 늘어날 것이다.

협력적 교과교재란 교육적 목표와 의도를 가진 교육도구가 영유아교육 공동체의 협동과 노력으로 제작되는 것을 말하며, 협력학습의 교육적 효과를 달성하는 교과교재 및 그 과정을 의미한다.

1. SNS 연계 협력적 교과교재 제작 활동의 목표

영유아 교육기관에서 대부분의 멀티미디어 교과교재는 교사에 의해 제작 및 제시된다. 멀티미디어 교과교재에 사용되는 기자재가 주로 컴퓨터 매체나 프로그램들로 구성되어 있어, 교사의 조작과 기능이 요구되기 때문이다.

그러나 컴퓨터와 정보통신(Information Technology) 환경은 영유아의 일상생활에 깊숙이 스며들어 있으며, 인터넷 발달로 인한 SNS 환경도 영유아의 부모나 또래 인적 관계망에 영향을 미치고 있다.

따라서, 협력적 교과교재 제작을 통해 또래와 협력하는 즐거움을 경험하고 함께 제작한 교과교재의 SNS 연계를 통해 현대적 소통방식을 바람직한 방법으로 알 수 있다.

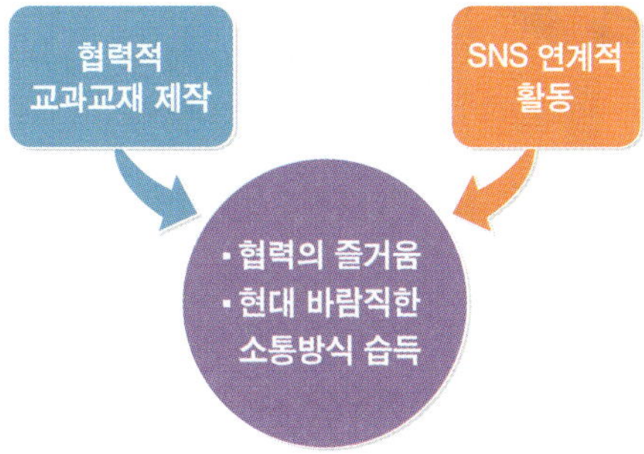

| 그림 12-1 | SNS 연계 협력적 교과교재 제작활동의 목표

2. SNS 연계 협력적 교과교재 제작 활동 순서

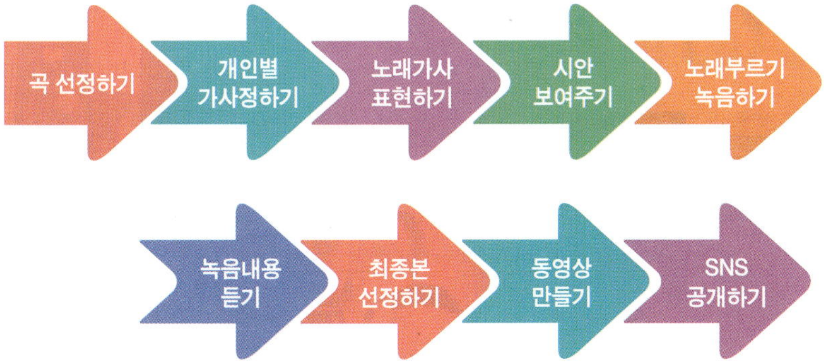

| 그림 12-2 | SNS 연계 협력적 교과교재 제작 활동 순서

1) 곡 선정하기

제작하고자 하는 협력적 교과교재의 곡을 정한다.

- 생활주제 및 교육내용, 특별한 행사 관련 내용
- 긍정적인 정서를 유발하는 가사를 담은 곡
- 영유아가 희망하는 곡

2) 개인별 가사 정하기

각 영유아가 표현해야 할 가사를 정한다.

- 제비뽑기의 방식 혹은 자유로운 방식으로 한다.
- 신체표현이나 극 놀이로 함께 표현하고자 할 경우에는 배역이나 역할을 정한다.

3) 노래 가사 표현하기

가사를 구체적으로 표현한다.

- 그림 | 8절 · 16절 도화지에 표현
  8절 · 16절 도화지에 다양한 기법으로 표현
  (잡지, 색종이 콜라주, 긁어내기 등)
- 사진 | 신체표현이나 표정을 사용하여 표현
  극 놀이 기법인 STOP-MOTION 으로 표현
  개인 사진 이야기 나누기 후 표현 및 활용

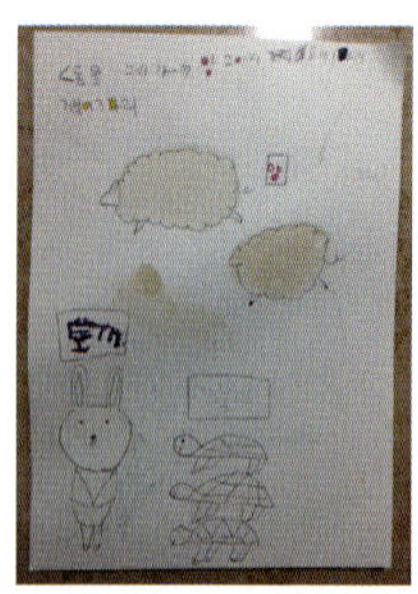

■ 노래 가사 표현 시 유의사항

- 영유아의 연령에 적합한 방식으로 표현하도록 지원
- 영유아의 표현활동 시간 동안 해당 노래를 지속적으로 들려줌

4) 시안 보여주기

영유아의 표현물이 어떻게 노래와 함께 표현되는지 미리 영유아에게 보여준다.

- 가사순으로 표현물을 놓는다.
- 노래를 부르며 표현물을 한 장 한 장 넘긴다.
- 시안 보여주기를 통해 결과물에 대한 기대감을 고취시킨다.

5) 노래 부르기와 녹음하기

녹음은 스마트폰으로 하며, 노래 부르고 녹음하기를 반복한다.

- 교사의 피아노 · 기타 · 우크렐레 MR 반주에 맞추어 노래 부르기
- 유아의 리듬악기와 교사의 반주를 녹음한 후 노래 부르기

6) 녹음내용 듣기

녹음을 마칠 때마다 들어본다.

- 영유아와 녹음한 곡을 사용할지 상의한다.
- 다시 부르겠다고 할 경우, 다시 부르고 녹음하기를 반복한다.

7) 최종본 선정하기

동영상 작업이 이루어질 최종본을 선정한다.

8) 동영상 만들기

교사의 스마트폰 혹은 동영상 제작 프로그램을 통해 작업한다.

- 영유아의 표현물을 순서대로 연결한다.
- 동영상 작업 시 해당 표현에 노래 가사를 삽입한다.
- 영유아가 부른 노래를 가사에 맞추어 표현물을 삽입한다.

9) SNS에 공개하기

다양한 SNS를 활용하여 결과물을 공개한다.

- 최종적인 영상을 함께 확인한다.
- 영유아와 함께 유튜브(You Tube), 부모님의 카카오톡 등으로 최종영상을 공개한다.
- 영유아에게 공개된 영상보는 방법을 안내한다.
- QR코드로 제작하여 발송 및 공개한다.

QR코드

3. SNS 연계 협력적 교과교재 제작 활동의 교육적 의의

이 활동을 시범적으로 경험한 예비 영유아교사들은 활동의 적절성 · 유용성 · 활용성에 대해 다음과 같이 평가했다.

구분	학습자(n=90)		
	순위	M	SD
현대 교육환경 적절성	3	4.22	(.55)
교육목표 적절성	4	4.20	(.56)
교육내용 적절성	1	4.58	(.54)
교수-학습 과정 적절성	2	4.39	(.61)
적절성 전체		4.35	(.42)

구분	학습자(n=90)		
	순위	M	SD
학습 동기	4	4.37	(.62)
학습 과정	2	4.53	(.52)
학습 결과	3	4.51	(.56)
학급 분위기	1	4.62	(.48)
전체		4.51	(.44)

구분	학습자 (n=90)		
	순위	M	SD
활용가능성	1	4.48	(.56)
활용 여부	2	4.34	(.73)
전체		4.41	(.61)

| 그림 12-3 | 예비 영유아교사의 SNS 연계 협력적 교과교재 제작활동에 대한 평가

이를 토대로 살펴본 SNS 연계 협력적 교과교재 제작 활동의 교육적 의미는 다음과 같다.

1) 멀티미디어 및 SNS에 대한 지식, 기술, 태도를 학습할 수 있다

컴퓨터와 주변기기에 관심을 갖고, 인터넷 환경의 바람직한 활용에 대한 학습 기회를 제공할 수 있다.

2) 공동체 소속감과 긍정적인 정서감을 함양할 수 있다

교사 주도로 이루어진 멀티미디어 교과교재 교수-학습 방법과 달리, 교사의 계획과 영유아의 적극적인 참여를 통해 결과물을 도출할 수 있는 이 활동은 활동에 대한 동기부여, 과정에 대한 격려, 결과물에 대한 기대감을 통해 만족스러운 학습효과를 경험할 수 있다.

특히 교사와 영유아가 아름다운 선율과 노래 가사를 기억하면서 편안하고 부드러운 정서를 경험한다. 또한 개인 노력의 총합과 결과물에 대한 성취감과 공동체에 대한 소속감과 같은 긍정적 정서를 갖게 된다.

3) 예술과 기술을 통합적으로 경험할 수 있다

문학 · 미술 · 음악과 같은 다양한 분야를 통합한 활동에서 나아가 컴퓨터 환경을 사용하면서 창의적이고 보다 풍성한 교육자료와 경험을 즐길 수 있다.

4. SNS 연계 협력적 교과교재 제작 활동 제안

1) 학기 초

생활주제 '유치원과 친구'
제안 곡 – 꼭 안아줄래요

학기 초에는 친구들과 공동체를 이루는 과정에서 작은 갈등과 다툼이 발생한다. 이야기 나누기 및 신체활동 등 다양한 방법이 있지만, 화해에 대한 내용을 담은 노래 가사를 표현하고 함께 노래를 불러봄으로써 갈등 상황에 대한 사회적 지식과 기술을 향상시킬 수 있다. 또한 이를 SNS에 공개함으로써 언제든지 어디서나 친구들과 함께 제작한 작품을 보고 들을 수 있어 또래관계에 대한 긍정적인 정서 증진과 교육효과를 기대할 수 있다.

꼭 안아줄래요

꼭 안아줄래요 내 친구 아픈 마음을
내가 속상할 때 누군가 그랬던 것처럼
친구의 잘못은 따뜻한 용서로 안아주고
친구의 실수도 이해로 안아줄래요

어쩌다 생긴 미움은 어떡할까
사랑으로 사랑으로 안아줄래요

꼭 안아줄래요 따뜻한 마음으로
꼭 안아주세요 포근한 마음으로
행복 꽃이 활짝 우리들 마음에 피어나게
꼭 안아 줄래요 내 친구를 꼭 안아줄래요

작사: 한경아 / 작곡: 윤학준 / 노래: 장유나 · 이은우, 2015 KBS 창작동요대회곡

2) 특별한 행사

특별한 날 '어버이날, 부모님 생신'

제안 곡 – 참 좋은 말, 내가 제일 좋아하는 말, 아빠 힘 내세요

어버이날이나 부모님 생신 등과 같은 특별한 날들이 있다. 이때 영유아는 부모님께 카네이션, 효도쿠폰 등의 선물뿐 아니라 직접 제작한 영상을 실시간으로 전송하거나, 미리 공지된 시간에 유튜브와 같은 채널에 영상을 공개하는 방식으로 사랑과 메시지를 전달할 수 있다. 또한 부모참여수업 시 부모님과 함께 작품을 만들고 노래를 불러 영상을 제작할 수 있다. 이러한 과정을 통해 가족에 대한 긍정적 정서를 향상시킬 수 있으며, SNS를 통해 가족들과 함께 제작한 작품을 감상함으로써 특별한 교육효과를 기대할 수 있다.

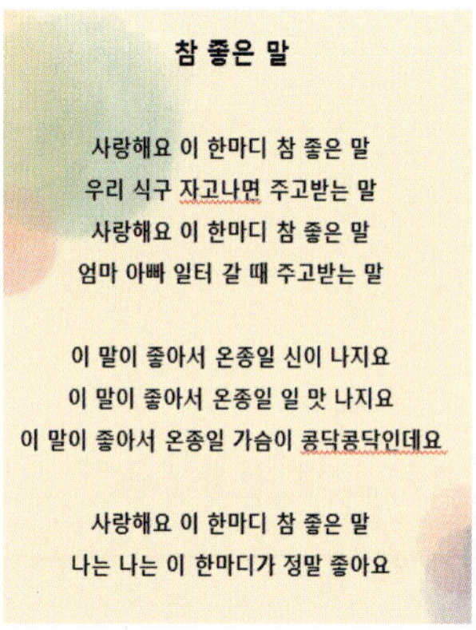

작사: 김완기 / 작곡: 장지원
2007년 MBC 창작동요제 대상곡

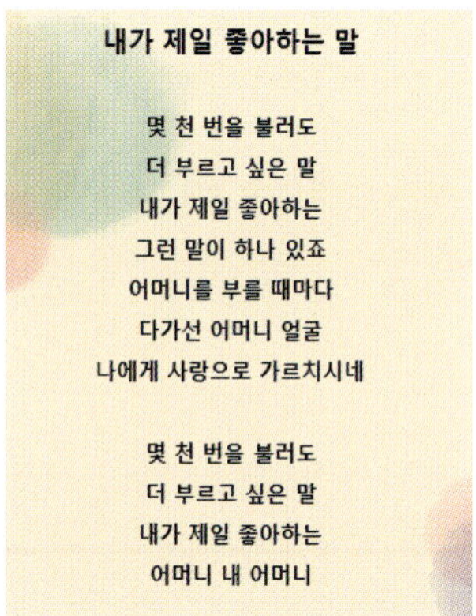

작사: 정하나 / 작곡: 정예경
1995년 MBC 창작동요제 대상곡

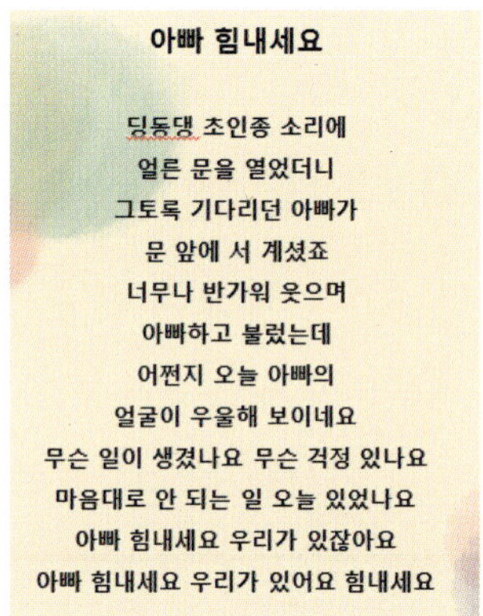

작사: 권연순 / 작곡: 한수성
1997년 MBC 창작동요제 입상

3) 학기 말

생활주제 '형님반이 되었어요', '졸업'

제안 곡 – 친구에게, 형님반에 간다네, 졸업가

아직 어리지만 선생님의 가르침과 배움 속에서 학기말을 맞이한다. 이때 함께 소중한 추억을 만들고 앞으로의 배움과 가르침들을 기약하는 노래를 함께 부를 수 있다.

이 시기의 협력작품과 공유는 의미 있는 학습경험으로 기억될 수 있다. 또한 5년 후, 10년 후 친구들과의 약속을 영상에 함께 담아 공동체적 연대감을 강화할 수 있다.

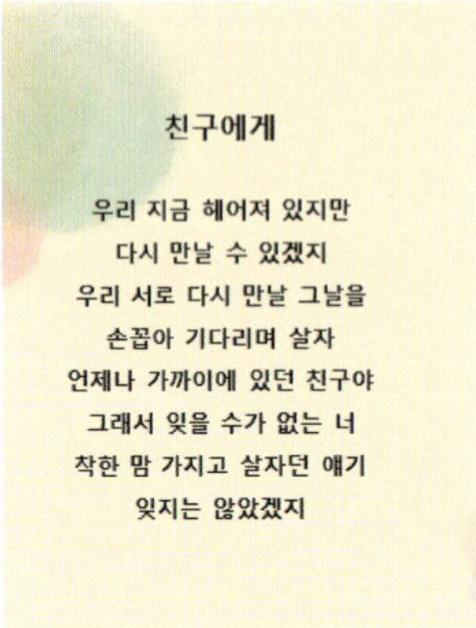

작사 · 작곡: 이강산
1991년 파랑새 창작동요 1집

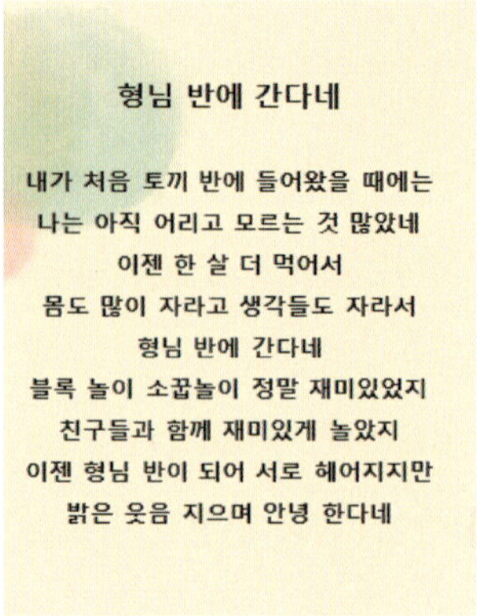

작사 · 작곡: 김진영
창작동요

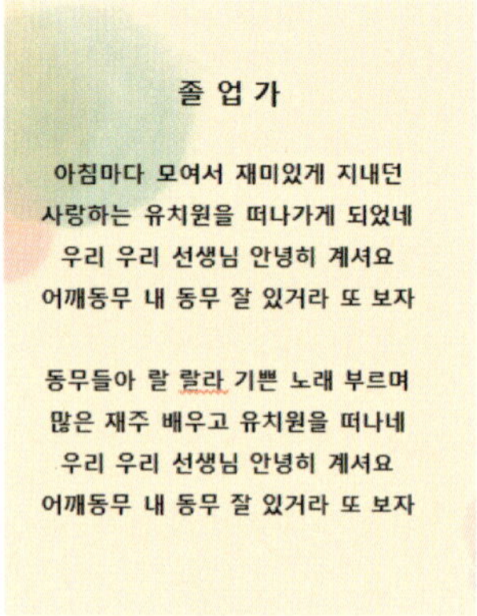

작자 미상
창작동요

4) 다양한 영역 활동의 교수-학습 방안

(1) 음악: 새 노래 배우기 / 미술: 표상을 위한 능력 향상

대부분의 새 노래는 이야기 나누기 후 교사의 반주에 맞추어 반복적으로 부르며 배우거나 가사를 몸으로 표현해 보면서 배운다. 또는 자유선택시간 및 일상생활의 공간에 지속적으로 곡을 노출시키며 영유아가 익숙해질 수 있도록 한다.

협력작품 제작과 SNS 연계를 통해 영유아는 새 노래를 더욱 의미 있고 즐겁게 배울 수 있다. 특히 가사의 내용을 생각하고 표현하면서 언어에 대한 이해능력도 확장될 수 있다. 자신이 1차적으로 표상한 내용을 2차적으로 신체로 표현하고 친구들의 표현내용과 함께 제작된 영상을 감상하면서 의사소통기술은 흥미로운 예술표현과 경험으로 전이된다.

(2) 문학: 스토리텔링을 위한 표현력 향상

문장의 내용을 그림으로 표상하기 위해서는 이해력, 상상력, 창의성 등이 요구된다. 특히 창의성의 하위요소인 독창성, 유연성, 정교성, 재정의 능력은 이 활동과 관련이

깊다. 책만들기 및 글을 그림으로 표현하는 활용에서 노래 가사를 그림으로 표현해 보는 것은 더욱 활동을 흥미롭게 한다.

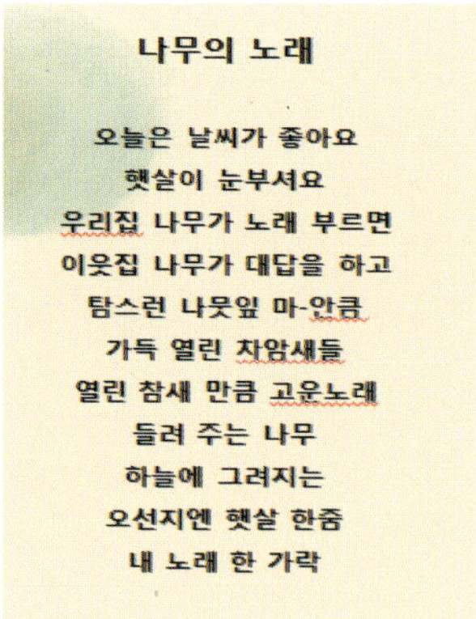

작사: 최신영 / 작곡: 김동신
1999년 MBC 창작동요제 입상

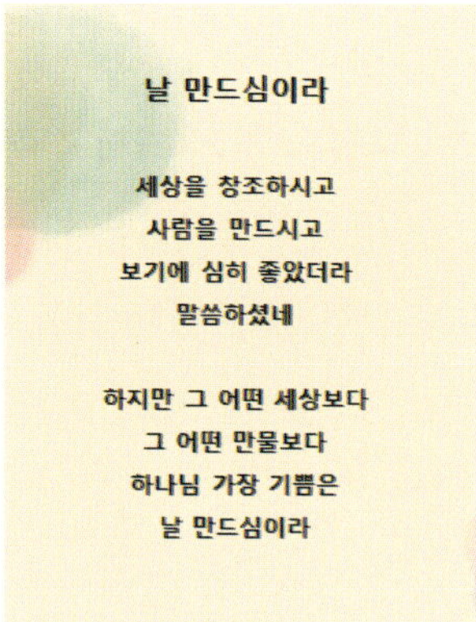

작사 · 작곡: 송세라
파이디온 선교회

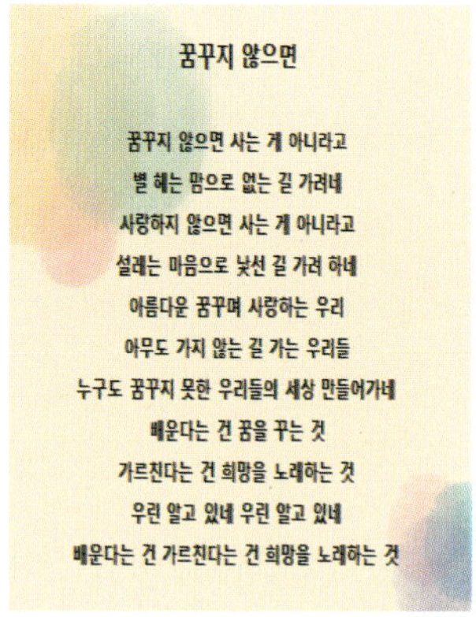

작사: 양희창 / 작곡: 정혜선
대안학교 간디학교 교가

5. SNS 연계 협력적 교과교재 제작 시 유의사항

1) 개인정보보호법

최근 인터넷의 발달과 컴퓨터 환경의 보편화로 개인정보유출로 인한 사회문제가 심각해지고 있다. 이에 2011년 3월 29일 개인의 권익 보호를 강화하기 위한 「개인정보보호법」이 제정되었고, 「동법 시행규칙」이 2017년 10월 19일부터 시행되었다(법제처 국가법령정보센터, 2017, 11).

기업과 기관들은 개인에 대한 정보를 수집하거나 활용할 때, 개인정보 수집이용 동의서 및 개인정보 활용 동의서를 받는다. 영유아교육기관의 영유아와 SNS 연계 활동을 진행할 때에 영유아의 사진, 독특한 작품 등이 개인정보에 대한 권리를 침해하고 있지 않은가 고려해야 한다. 특히, 영유아의 사진이나 신상에 대한 자료는 부모에게만 공개하여 「개인정보보호법」을 준수하도록 한다.

2) 활동의 목적 유지

영유아와 함께 콘텐츠를 제작하고 이를 SNS에 공개하고자 할 때, 더욱 좋은 결과물을 남기고자 영유아의 자유로운 표현과 노래 솜씨를 저해하는 과도한 지도활동이 이루어질 수 있다. 이 활동은 영유아가 표현과 노래를 능숙하거나 완벽한 작품을 만드는 데 목적으로 두는 활동이 아니다. 이 활동은 전체 작업을 통해 친구들과 협력하는 즐거움을 경험하고, 현대적 바람직한 소통방식을 알아가는 것을 목적으로 한다.

따라서 교사는 영유아가 즐겁게 참여할 수 있는 학급 분위기를 조성하고, 개별 유아의 노력을 격려하며, 함께 추억을 남기는 마음으로 활동한다.

3) SNS 게시 및 공개도 영유아와 함께

SNS 연계 협력적 교과교재 제작 활용의 교육적 특징은 동영상 만들기를 제외한 모든 활동이 영유아의 적극적인 참여와 즐거움 속에서 이루어진다는 점이다. 이러한 과정을 지켜보면서 협력적 교과교재에 대한 성취감, 공동체 관계성 등에 대한 만족감이 향상된다. 이에 유튜브(You Tube)에 공개하거나 부모님의 카카오톡 혹은 이메일 발송 교육활동의 하나로 진행한다. 컴퓨터 화면상에서 커서의 움직임, 마우스의 클릭, 동영상의 링크와 재생, 공유 숫자의 상승 등을 영유아가 함께 경험할 수 있도록 수업을 구성한다.

Chapter 13

영유아 교과교재 개발과 특허

1. 영유아 교과교재 개발

교육과정을 편성하고 운영할 때, 학습자에게 강조되어야 하는 역량은 교과목마다 다르다. 영유아 교과교재 연구 및 지도법 교과목의 주요한 현장역량중심 교육과제는 국가지식재산에 대한 이해이다. 이 교과목을 통해 학습자들은 국가지식재산으로서의 교재교구에 대해 알고, 영유아 교과교재 연구 및 개발을 위한 태도와 지식, 능력을 기를 수 있어야 한다.

영유아 교과교재 개발은 첫째, 학습자의 창의적 기초역량을 기르는 데 유용하고, 둘째, 지식재산제도 및 특허에 대한 지식으로 개인의 지적 권리에 대한 시야를 넓혀주며, 셋째, 특허등록과 상품화로 확장 · 진행되는 경우에 국가지식재산으로서의 가치를 인정받을 수 있다.

1) 영유아 교과교재 개발과정

첫째, 아이디어 창안 단계이다. 이 단계는 다양한 동기에 의해 새로운 교과교재에 대한 아이디어가 생성되는 단계이다.

둘째, 아이디어 분석 단계이다. 이 단계에서는 창안한 아이디어와 기존 교재교구 간의 유사점와 차이점을 분석하고, 새로 창안한 교과교재의 목적의 명료화, 독창성, 실용성, 실현 가능성, 유용성 등이 정리되는 단계이다.

셋째, 아이디어 구체화 단계이다. 이 단계에서는 아이디어에 대한 설계와 구체적인 모의 제작이 이루어진다.

넷째, 아이디어 검토 단계이다. 이 단계에서는 모의 제작된 교재교구에 대한 수정 · 보완과 피드백이 이루어지며, 종합된 결과는 2단계로 송환되어 재검토한다.

다섯째, 아이디어 확정 단계이다. 이 단계에서는 최종적인 교과교재에 대한 아이디어가 결정된다.

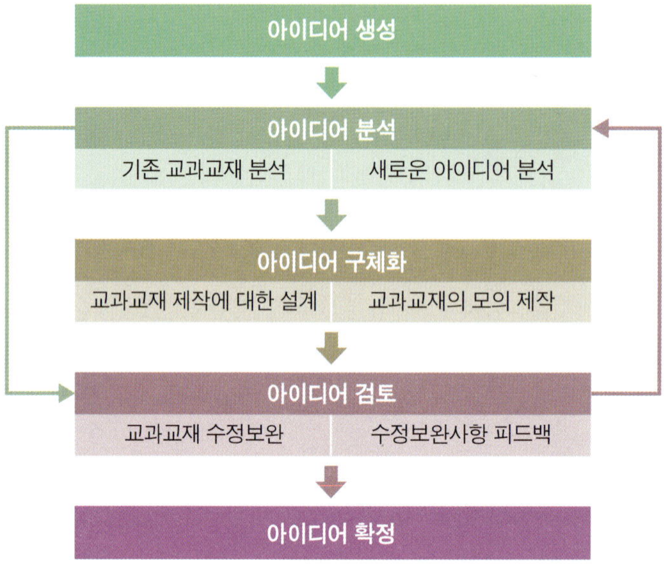

| 그림 13-1 | **영유아 교과교재 개발과정**

영유아 교과교재 연구 및 개발을 위해서는 교과목의 교육목표와 교육내용에 기존 교재교구에 대한 학습과 제작뿐 아니라 새로운 영유아 교과교재 연구 및 개발에 대한 교육목표와 내용이 포함되어야 한다. 이를 통해 학습자들은 새로운 영유아 교과교재 연구과 개발의 필요성과 중요성, 개발의 가치를 이해하고, 실습을 통해 구체적인 개발과정을 경험할 수 있다.

2) 영유아 교과교재 개발을 위한 교수-학습

영유아 교과교재 개발을 위한 교수-학습 전략은 다음과 같다.

첫째, 영유아 교과교재 특정사례접근이다. 기존에 개발되어 특허출원된 영유아 교과교재에 대한 예시를 보며, 교재교구의 개발과정과 교재교구의 특성을 탐색할 수 있다. 또한 영유아 교과교재 이외의 다양한 사례들을 통해 특허의 역할과 영향력을 이해할 수 있고, 연구과 개발에 대한 부담감을 줄이고 새로운 아이디어에 접근할 수 있다.

둘째, 영유아 교과교재 사례분석접근이다. 기존 교재교구의 특성들을 유목화하여, 교육적 가치, 지식재산으로서의 가치, 유사성, 방법의 독창성 등을 분석할 수 할있다. 이를 통해 기존 교재교구의 틈새를 파악할 수 있으며, 새로운 아이디어에 접근할 수 있다.

셋째, 제작된 교과교재 실물에 대한 분석이다. 선배들의 작품이나 판매되는 교과교재를 관찰하여 교육목적 및 활용에 대해 유추하면서 교재교구의 장단점을 파악하고 새로운 아이디어에 적용할 수 있다.

넷째, 팀 빌딩(team building)을 통한 역동적 시너지 효과 창출이다. 아이디어 공유와 서로 간의 피드백을 활성화하여 새로운 아이디어를 발전적으로 도모할 수 있다.

영유아 교과교재는 영유아 교육과 발달특성을 고려한 교육적 도구이므로 발명과 고안을 통한 개발이 이루어질 수 있는 분야이다. 이러한 전략들을 통해 연구 및 개발에 대한 개인적 · 집단적 태도를 기르고, 교재교구에 대한 지식을 함양하며, 연구 및 개발을 위한 지적 · 관계적 능력을 키울 수 있다. 이 과정에서 산업재산권(특허 및 실용신안, 디자인, 상표)에 적합한 아이디어가 창출될 수 있으며, 현장역량 및 국가지식재산으로 가치를 발휘하는 상품화 및 사회적 기여가 이루어진다.

| 그림 13-2 | 특허정보넷 키프리스

영유아 교과교재 관련 특허 및 실용신안에 대한 정보는 무료 지식재산 검색서비스인 특허정보넷 키프리스(www.kipris.or.kr)에 공개되어 있다.

이 사이트는 출원된 발명이나 고안의 행정상태에 따른 아이디어 검색이 가능하다. 이를 활용하여 교재교구 아이디어에 대해 탐색하고, 새로운 발명이나 고안을 시도할 수 있다.

4차 산업시대의 영유아 교육에서는 IT(Information Technology)기술과 AI(Artificial Intelligence)의 활용이 확대되고 강조되고 있다. 과학기술의 발달과 교육적 가치를 융합시킨 영유아 교재교구의 개발이 이루어지지 않는다면, 과학기술발달의 속도에 교육적 가치가 붕괴되는 현실을 맞이하게 될 수 있다. 이에 영유아 교재교구 분야는 현재적 발달을 넘어 새로운 발명과 고안으로 다음 시대를 준비하고 영유아 교육 안에서 현대과학의 발달을 적절히 활용 및 통합해야 할 책임이 있다.

2. 특허와 출원과정(www.kipo.go.kr)

1) 특허

특허(Patent)는 14세기 영국에서 국왕이 특허권을 부여할 때, 다른 사람이 볼 수 있도록 개봉된 상태로 수여한데서 비롯되었다. 그 후 특허증서는 개봉된 문서 'open'이라는 뜻을 갖게 되었다.

최초의 특허법은 갈릴레오의 양수, 관개용 기계에 대한 특허(1594년)에 적용되었다. 이는 르네상스 이후, 북부 이탈리아 도시국가 베니스에서 모직물공법 발전을 위해 법을 제정하여 제도적으로 발명을 보호하기 위함이었다.

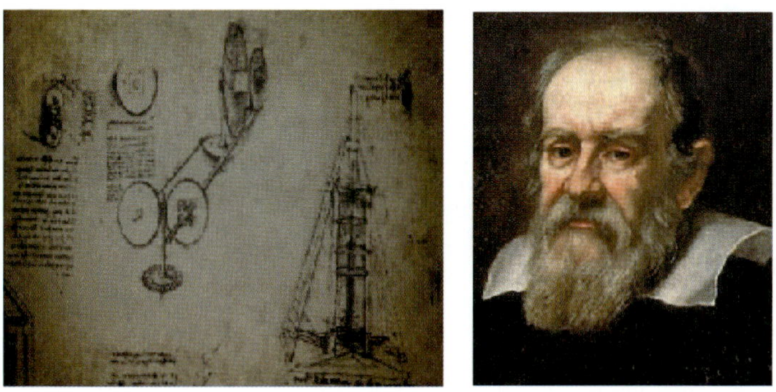

| 그림 13-3 | 갈릴레오의 양수, 관개용 기계에 대한 특허

현대적 특허법은 산업혁명의 근원이 되는 방적기, 증기기관 등이 개발된 영국의 전매조례(Statute of Monopolies: 1624~1852) 선발명주의, 특허에 대한 독점권(14년), 공익에 위배되는 대상에 대한 특허의 불인정 등의 정신을 기반으로 발전되었다. 우리나라는 1908년 한국 특허령을 공포하고 1946년 「특허법」을 제정하였다. 1979년에는 세계지식재산권기구(WIPO)에 가입하였다.

따라서 특허제도란 발명을 보호하고 장려함으로써 국가산업의 발전을 도모하기 위한 제도이며(「특허법」 제1조) 이를 달성하기 위하여 '기술공개의 대가로 특허권을 부여하는 것'을 구체적 수단으로 사용하는 제도이다.

국가는 기술을 공개하고 공개기술을 활용하여 산업을 발전시키며, 이에 대한 독점권을 개발자에게 부여함으로써 사업화 촉진과 발명의욕을 고취시켜 산업발전의 선순환을 기대할 수 있다.

특허는 산업재산권으로 지식재산권의 한 종류로서, 기술적 창작의 원천, 핵심기술을 말한다. 지식재산권(Intellectual Property)는 산업재산권, 저작권, 신지식재산권으로 분류되고, 특허는 실용신안, 디자인, 상표와 함께 산업재산권에 해당된다.

산업재산권	• 특허 : 기술적 창작의 원천, 핵심기술(발명) • 실용신안 : 라이프사이클이 짧고 실용적 개량기술(고안) • 디자인 : 심미감을 느낄 수 있는 물품의 형상, 모양 • 상표 : 상품 식별이 가능한 기호, 문자, 도형 결합
저작권	• 저작권 : 문학, 예술 분야의 창작물(표현) • 저작인접권 : 연주자, 음반제작자, 방송사업자의 권리 • 컴퓨터 프로그램
신지식재산권	• 반도체 직접회로배치설계 • 영업비밀 • 퍼블리시티권 • 식물신품종보호권

| 그림 13-4 | 지식재산권의 종류

특허권을 받기 위한 출원발명은 첫째, 산업상 이용이 가능해야 하고(산업상 이용가능성), 둘째, 출원하기 전에 이미 알려진 선행기술이 아니어야 하고(신규성), 선행기술로부터 쉽게 생각해 낼 수 없는 것이어야 한다(진보성). 특허권은 설정등록을 통해 그 효력이 발생하며 출원일로부터 20년간 특허권이 존속된다. 실용신안의 경우에는 10년간 존속되며, 이들은 권리를 획득한 국가 내에서만 효력이 있다.

특허출원원칙에는 선출원주의와 선발명주의가 있다.

선발명주의는 출원의 순서와 관계없이 먼저 발명한 출원인에게 권리를 부여하는 것이다. 이는 발명가를 보호할 수 있어 사업체를 가지고 있지 않은 개인발명가들이 선호하는 제도이다. 그러나 발명가는 발명의 시기와 경과를 증명하기 위해 관련 일지를 작성하고 증인을 확보하는 불편함을 감수해야 한다.

선출원주의는 발명이 이루어진 시기에 관계없이 특허청에 먼저 출원한 발명에 권리를 부여하는 제도이다. 기술의 공개에 대한 대가로 권리를 부여하는 합리적인 절차와 신속한 발명의 공개를 유도한다는 이점이 있다. 이는 발명을 조속히 공개하여 산업발전을 도모하고자 하는 특허제도의 취지에 부합하는데, 이러한 측면에서 우리나라는 선출원주의를 채택하고 있다.

2) 특허심사절차

특허 심사는 보통 다음과 같은 절차로 구성된다.

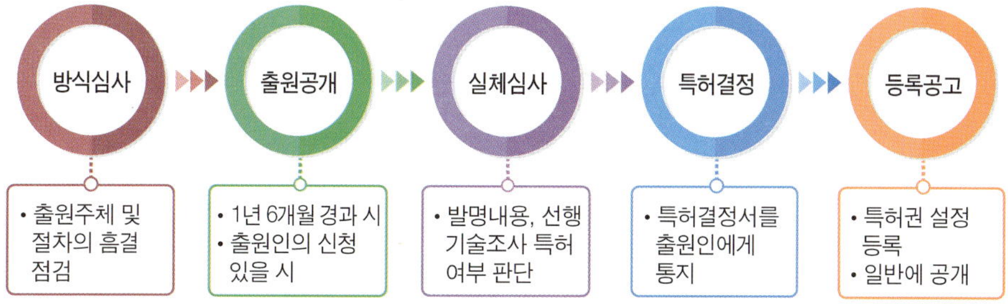

| 그림 13-5 | 특허 심사 절차

첫째, 방식심사는 서식의 필수사항기재, 기간 준수, 증명서 첨부, 수수료 납부의 여부 등 절차상의 흠결을 점검하는 심사단계이다.

둘째, 출원공개는 출원 후 1년 6개월이 경과하면 그 기술내용을 특허청이 공보의 형태로 일반인에게 공개하는 제도이다. 심사가 지연될 경우 출원기술 공개가 늦어지는 것을 방지하기 위해 도입한 제도이다.

셋째, 실체심사는 특허 요건, 즉 산업상 이용 가능성, 신규성 및 진보성 등 특허에 대한 실질적인 심사가 이루어지는 단계이다.

특허심사 절차 가운데 실체심사과정에서 발명이나 고안에 대한 거절이유가 발생할 수 있다. 거절이유가 발생하면 「특허법」 제63조에 따라 의견제출통지서를 통해 거절이유에 대해 알 수 있다. 거절이유해소 여부에 따라 특허결정 혹은 거절결정이 이루어진다. 거절결정에 대해서는 재심사를 청구할 수 있으며, 거절결정불복심판을 청구할 수 있다.

넷째, 특허결정은 해당 출원이 특허요건을 충족하는 경우, 심사관이 특허를 부여하는 단계이다.

다섯째, 등록공고는 특허결정 후 출원인이 등록료를 납부하고 특허권을 설정등록하여 권리가 발생되는 단계이다. 이때 설정 등록된 특허출원내용은 등록공고로 발생되어 일반인에게 공표된다.

Worksheet

[새로운 교과교재 연구 및 개발 활동지]

와우! 세상에 이런 것이?

_____ 반 학번 _______________ 이름 _______________

'세상에 이런 놀잇감이 있었으면 좋겠어요~' 이런 생각해 본 적 있나요? 실현 불가능하다고요? 그래도 좋으니 한번 상상 속 원하는 놀잇감을 생각해 보세요.

- 놀잇감 이름(주제)은 무엇인가요?

- 그 놀잇감(교과교재)의 특성은 어떠한가요?

- 이 놀잇감과 유사한 놀잇감이 있나요?

- 이 놀잇감을 만드는 절차를 상상해 보세요.

(1)	(2)	(3)	(4)

어떤가요? 가능한가요?

- 이 놀잇감이 현실화되려면, 무엇이 필요한가요?

부록

부록 1)

[교과교재 제작 활동지 1]

교과교재 계획서 및 결과서

<table>
<tr><td colspan="2">교과교재 구분</td><td></td><td colspan="2">교과교재 종류</td></tr>
<tr><td colspan="2">활 동 명</td><td></td><td colspan="2">연 령</td></tr>
<tr><td colspan="2">생활주제</td><td></td><td colspan="2">누리과정영역</td></tr>
<tr><td colspan="2">교육목표</td><td colspan="4"></td></tr>
<tr><td colspan="6">제 작 과 정</td></tr>
<tr><td colspan="2" rowspan="2">준비물</td><td>사 진</td><td colspan="3">설 명</td></tr>
<tr><td></td><td colspan="3"></td></tr>
<tr><td rowspan="4">제작
방법</td><td>1단계</td><td></td><td colspan="3"></td></tr>
<tr><td>2단계</td><td></td><td colspan="3"></td></tr>
<tr><td>3단계</td><td></td><td colspan="3"></td></tr>
<tr><td>그 외
교수
매체</td><td></td><td colspan="3"></td></tr>
<tr><td rowspan="3">활동
방법</td><td>도 입</td><td colspan="4"></td></tr>
<tr><td>전 개</td><td colspan="4"></td></tr>
<tr><td>마무리</td><td colspan="4"></td></tr>
<tr><td colspan="2">교과교재 유의점</td><td colspan="4"></td></tr>
</table>

[교과교재 제작 활동지 2]

교과교재 상호작용 계획서

<table>
<tr><td>생활주제</td><td></td><td>누리과정영역</td><td></td></tr>
<tr><td>교육목표</td><td colspan="3"></td></tr>
<tr><td>활 동 명</td><td></td><td>연　령</td><td></td></tr>
<tr><td>활동유형</td><td></td><td>집단유형</td><td></td></tr>
<tr><td>활동자료</td><td colspan="3"></td></tr>
<tr><td colspan="4">상 호 작 용 계 획</td></tr>
<tr><td>도입</td><td colspan="3"></td></tr>
<tr><td>전개</td><td colspan="3"></td></tr>
<tr><td>마무리</td><td colspan="3"></td></tr>
<tr><td>상호작용
유의점</td><td colspan="3"></td></tr>
</table>

[교과교재 제작 활동지 3]

교과교재 활용 계획서

교과교재 명		자료유형	

<table>
<tr><td rowspan="6">활동
1</td><td>활 동 명</td><td colspan="3"></td></tr>
<tr><td>누리과정 영역</td><td></td><td>활동유형</td><td></td></tr>
<tr><td>대상연령</td><td></td><td>수업자료</td><td></td></tr>
<tr><td>교육목표</td><td colspan="3"></td></tr>
<tr><td>활동방법</td><td colspan="3">도입:

전개:

마무리:</td></tr>
</table>

<table>
<tr><td rowspan="6">활동
2</td><td>활 동 명</td><td colspan="3"></td></tr>
<tr><td>누리과정 영역</td><td></td><td>활동유형</td><td></td></tr>
<tr><td>대상연령</td><td></td><td>수업자료</td><td></td></tr>
<tr><td>교육목표</td><td colspan="3"></td></tr>
<tr><td>활동방법</td><td colspan="3">도입:

전개:

마무리:</td></tr>
</table>

부록 2)

[모의수업 시 자료에 대한 동료 평가지]

생활주제에 따른 이야기 나누기 자료 제작

__반 학번 __________ 이름 __________

* 점수 5–4–3–2–1–0

	자료명	이름(팀)	생활주제와 자료의 적합도	교육내용과 자료기법의 적절성	자료크기 적절성	자료의 흥미성	자료의 안전성	자료의 완성도	자료를 통한 교수–학습	총점	총 평 가
1	유치원의 생활										
2											
3											
4											
5											
6											
7											
8											
9											
10											
11											
12											

[모의수업 시 자료에 대한 동료 평가지]

흥미영역에 따른 교재교구 제작

_____반　학번 ______________ 이름 ______________

* 점수 5–4–3–2–1–0

	교재교구 명	이름(팀)	흥미영역과 자료의 적합도	교육내용과 자료기법의 적절성	자료크기 적절성	자료의 흥미성	자료의 안전성	자료의 완성도	자료를 통한 교수–학습	총점	총 평 가
1	양말 딸랑이										
2											
3											
4											
5											
6											
7											
8											
9											
10											
11											
12											

참고문헌

김정원, 김유정, 박현미(2005) 영유아를 위한 교재 교구 연수 및 지도법. 양서원.

문혜성, 박경모(2013). 대학교육의 스마트러닝에 대한 요구분석과 활성화 방안. 한국정보기술학회, 11(5), 175-190.

서현아, 좌승화, 오성숙 외 3인(2016). 멀티미디어 교수매체, 공동체.

유구종, 강병재, 박선희(2013). 영유아 교육에서의 교육방법 및 공학. 창지사.

이상욱, 정희영, 장은희 외 9인(2014), 21세기 영유아 교육과정. 학지사.

이옥섭, 유경애, 이춘수, 강순미(2014). 영유아를 위한 교수매체. 동문사.

임부연, 오정희(2014). 영유아 교수-학습법. 동문사.

정연희(2016). 유아교과교재 및 연구법. 창지사.

네이버 오픈사전, 2017

법제처 사이트, 국가법령정보센터, 2017, 11

특허청 사이트 www.kipo.go.kr

특허정보넷 키프리스 www.kipris.or.kr

http://blog.naver.com/natural_jy/100209713546 네이버 블로그

http://hyderay.blog.me/150046885684 네이버 블로그

찾아보기

■ ㄱ

가방융판 87
각인 16
감각기관 13
감각형 62
감각형 자료 60
개인정보보호법 357
개인차 66
게시판 56
게임형 64
게임형 자료 60
견학 42
겹치기 82
경제적 지각 36
경험의 원추 14
고대 21
고무 자석 91
고안된 경험 41
공감각 13
공상 47
과학화 23
교과교재 11
교수 11
교수 기능 18
교수공학 25
교수매체 11, 50
교수-학습자료 11
교육공학 23, 25
교육목표 11
교육적 매개체 11
교재교구 11, 59
구성놀이자료 59
구체성 14, 39
극화 경험 42
근대 22
근접성 · 인접성의 원리 37
기계화 23

■ ㄴ

낚싯줄 81
내면화 16
녹음 · 라디오 · 슬라이드 · 사진 · 그림 43
놀이자료 11

■ ㄷ

단순성의 원리 37
대근육 활동자료 59
대리경험 40
동시 53
동요 54
동화 52
디오라마 14
디오라마 자료 95

■ ㄹ

르네상스 22
링크 358

■ ㅁ

막대인형 92
막대 자석 91
매개적 보조 기능 18
매체 11
맥락과 형태 지각 36
멀티미디어 자료 17, 100
모자 인형 93
모형 14
몬테소리 교구 32
미술자료 60
민감한 시기 32

■ ㅂ

범교육 27
보드자료 14, 80
비체계적 탐색 38

■ ㅅ

사용 기자재 14
사전경험 66
산업화 23
삼각융판 86
상징적 경험 41, 43
상호작용 17
상호작용 계획서 72, 78
생활주제 53
선택적 지각 36
세계도회 22
소음 46
손가락 인형 94
손인형 93
순서안내 55
슬라이드 14
시각 13
시각자료 24
시각적 상징 43
시범 42
시안 351
시청각자료 25

시청각적 경험 41, 42
시청각통신 25
신체놀이형 60, 62
실물 14

■ ㅇ
아동연구 23
언어적 상징 43
연속성의 원리 37
영아살해 22
영유아 교재교구 12
영화 14
예술경험영역 54
완결성의 원리 37
원추의 나열 44
원형 자석 91
유사성의 원리 37
융판자료 14, 85
은물 22
의사소통 45
의사소통영역 53
이야기 나누기 51
인본주의 22
인형과 극화놀이자료 60
인형자료 14, 92

■ ㅈ
자극-반응 25
자기교정적 32
자기중심적 16
자발적 참여 17
자석보드 90
자석자료 14, 90
자유선택놀이 59
작업 31
잡음 46
전경과 배경의 원리 38
전시 42
정보전달 기능 18
정육면체 융판 88
제시자료 84
제시자료 만들기 88
제작 결과서 71, 77
제작 계획서 69, 70, 75, 76
제작 주체 14
조작적 놀이자료 59
조작 주체 14
조작형 63
조작형 자료 60
주의집중 38
줄인형 95
중세 22
지각 35
직접경험 40, 41
집중시간 16

■ ㅊ
참고대상물 47
책과 녹음자료 60
청각 13
체험형 64
체험형 자료 60
촉각 13
추상성 14, 39

■ ㅋ
칼집내기 82
커뮤니케이션 25
콘텐츠 358

■ ㅌ
테이블 인형 94
텔레비전과 영화 43

■ ㅍ
평가와 수정 68
평면융판 85
평면적 · 입체적 80
표본 14
프랑스 혁명 22

■ ㅎ
학교체제 23
학습결과 18
학습결과물 57
학습경험 12
학습경험구성 기능 18
학습동기 16
학습양식 66
학습자 특성 66
행동적 경험 14, 41
현대 22
협력적 교과교재 348
활동의 주도성 11
활용 계획서 74, 79
회전효과 83
흥미영역 59

■ 인물
데일 14, 25
몬테소리 32
벨로 25, 45
쉐넌-슈람 25, 46
쉐넌-위버 46
올센 25, 40
코메니우스 27
콘스탄티누스 황제 22
퀴니와 마가릭 59
프뢰벨 28
호반 25, 39

■ 기타
ASSURE 모델 66
OHP 자료 96
PPT자료 14
SNS 348, 352
TP 자료 97
TV 14

저/자/소/개

■ **정경미**

총신대학교 기독교 유아교육 전공 철학박사

현) 더 푸릇 교육연구 대표

장안대학교 유아교육과 겸임조교수

i–mbc 지식과 미래 독학사 시험문제 출제위원

더 하심 연극세상 음악감독

동화 '엄마의 립스틱', '너와 함께 있단다' 저자

영유아 교과교재연구 및 지도법

1판 1쇄 인쇄 — 2018년 7월 25일

1판 1쇄 발행 — 2018년 7월 30일

저　　자 - 정 경 미

발 행 인 - 강 철 원

발 행 처 - 양 성 원

주　　소 - 경기도 파주시 검산로 173번길 29-20

전　　화 - 031-946-3861(代)

팩　　스 - 031-946-3864

이 메 일 - tnwpub@naver.com

홈페이지 - tnwpub.co.kr

출판등록 - 2015년 8월 31일 제 2015-000211 호

ISBN 979-11-6126-124-9

정가 20,000원